# 精神分析治療的理論與實務

林家興　編著

# 編著者簡介

## 林家興

學歷：美國肯塔基大學諮商心理學哲學博士

美國南加州精神分析學院進階精神分析治療結業

經歷：美國舊金山總醫院、麥考利神經精神醫院及列治文心理衛生中心實習心理師

美國洛杉磯太平洋診所亞太家庭服務中心心理師兼助理主任

台灣輔導與諮商學會理事長

台北市諮商心理師公會創會理事長

台灣師範大學學生輔導中心主任

台灣諮商心理學會創會理事長

台灣師範大學教育心理與輔導學系教授兼系主任

財團法人華人心理治療研究發展基金會董事

執照：美國加州心理師考試及格

台灣專技高考諮商心理師考試及格

現任：台灣師範大學教育心理與輔導學系兼任教授

財團法人董氏基金會董事

# 自序

為什麼要編寫這本書？2017 年 8 月我從台灣師大心輔系退休，編寫這本書成為當時退休生活的規劃之一，但為什麼要花了將近四年的時間來做這件事呢？我沒有更好的事情可以做嗎？閱讀精神分析文獻和編寫這本書的念想總是出現在我的心裡，好像是一件未竟事務般地縈繞在心頭。二十多年前，當我來到台灣師大任教時，曾經想過有機會的話，可以開設精神分析這類的課程，來和學生分享我在美國所學習的精神分析，可惜事與願違，這個願望直到退休都沒有實現。或許透過編寫這本書，能讓我的宿願得以完成吧！

精神分析的理論理解和臨床應用是一個逆風前行的學習經驗和過程，不僅我個人有這樣的感覺，而且也聽了不少人有這樣的抱怨。雖然市面上已經有許多翻譯的精神分析書籍，可是閱讀起來總是霧裡看花，摸不著頭緒。有經驗的人都說，閱讀英文原典會比中文翻譯的書更容易理解，雖說閱讀英文精神分析原典是最佳的學習方式，但是對多數華人來說，這也是相當費勁和折騰的一件事。我很好奇市面上是否有華人以中文書寫方式，有系統的介紹古典和當代精神分析的專書，結果發現幾乎沒有。於是，編寫一本精神分析治療的專書，幫助有興趣的治療師和學生可以透過中文去理解精神分析的理論和實務，成為編寫本書的另一個理由。

為什麼我會選擇《精神分析治療的理論與實務》作為書名，而不是《精神分析的理論與實務》呢？基於個人的受訓背景、臨床工作經驗，以及對於心理治療的認同，我選擇精神分析治療作為書寫的主題。在書寫的過程中，我再三評估自己的能力是否可以勝任這個工作，多次在自不量力和勇於挑戰之間搖擺，最終我想以自己多年撰寫諮商與心理治療專書的經驗，加上對於精神分析的興趣和後天的努力，應該可以勝任本書的編寫。至於精神分析和精神分析治療之間有何異同，本書第一章會有詳細的討論。

本書約有 19 萬字，內容分為三部分十四章：第一部分是緒論和總結，包括第一章、第二章和第十四章。第二部分是精神分析理論，包括第三章至第六章，分別介紹驅力心理學、自我心理學、客體關係理論和自體心理學四個流派。第三部分是精神分析治療的實務，包括第七章至第十三章，論述精神分析治療如何開始、採用何種態度和技術、工作同盟與治療歷程、如何了解潛意識溝通、如何分析抗拒與移情、如何處理反移情和個人議題，以及精神分析治療如何結束。

在閱讀精神分析中文翻譯的書籍時，我發現西方學者姓名的中文翻譯各行其是，沒有一個統一的中文譯名可以依循，例如：自體心理學創始人 Kohut 的中文名字就有寇哈特和科胡特，很容易誤解為兩個不同的人。為了方便各地華人的閱讀，本書直接採用西方學者的英文名字，不作中文翻譯。我料想本書讀者多數具有大學教育程度，直接閱讀西方學者的英文名字不會有困難，而且容易與其他精神分析文獻對接，應該也會樂見這樣的選擇。至於術語和學派名稱則會翻譯成中文，如果有不同的譯名，我會在文中加以註明。

本書適合哪些人閱讀呢？我在編寫這本書的時候，預設的讀者是心理衛生相關領域的學生和專業人員，包括：諮商心理師、臨床心理師、輔導教師、精神科醫師、心理衛生社會工作師、精神科護理師等，以及這些領域的高年級大學生和研究生。這是一本相當專業的書籍，任何想了解和學習精神分析治療的人，只要有耐心或在教師的講解之下閱讀，應該可以從本書獲得很大的學習效果。對於正在實習並且想要採用精神分析取向從事臨床工作的心理師、諮商師和治療師，相信本書可以提供比較清楚的臨床指引。

如何閱讀本書？精神分析的初學者可以從本書第一章開始逐章閱讀，有經驗的治療師則可以根據自己的需要和興趣，直接閱讀緒論和總結、精神分析理論各章，或者精神分析治療實務各章。根據本書試閱者的經驗，本書的理論部分比較不好理解，實務部分則比較容易理解，因此讀者也可以先從容易理解的實務開始閱讀，然後再回頭閱讀較難理解的理論部分。

要學好精神分析治療只靠閱讀書籍是不夠的，除了閱讀本書，讀者最好還要有機會接受個人體驗，以及在督導之下從事臨床接案工作，實際運用精神分析的理論和技術在個案的心理治療。本書可以說是精神分析治療相關文獻的重點整理，能幫助初學者快速掌握精神分析主要概念和臨床方法的理解。據我所知，精神分析進階課程的學習都是透過精神分析原始文獻的大量閱讀和討論。我會鼓勵讀者在閱讀本書之後，進一步從本書所列的參考文獻中找到適合的文獻做延伸閱讀。

精神分析有許多的術語或專有名詞，讀者如果想要了解某一個特定的術語，可以查閱本書所附的中文索引和英文索引，很方便的可以找到術語出現的頁碼。有些術語會很早出現，但是它們的定義或解釋可能出現在後面，讀者閱讀時若遇到不甚了解的術語時，可以透過中文索引和英文索引找到定義術語的頁碼。

本書非常適合作為精神分析相關課程的教科書，以及諮商與心理治療相關課程的參考書。我認為每個治療師對於精神分析都不能太陌生，閱讀本書可以相當程度的滿足治療師所需要之精神分析基本素養。在閱讀本書之後，讀者如果感覺自己開始喜歡精神分析的話，就可以進一步參加精神分析進階的訓練課程，展開以精神分析治療為專長的繼續教育。本書也可以作為讀書會的指定書籍，在有經驗的治療師導讀之下，可以獲得很好的學習。

本書的完成，我要感謝洪雅琴、洪美鈴、涂繼方、陳波蓉和許玉霜諸位心理師朋友的試閱和回饋，提供如何讓本書更容易閱讀和理解的修改建議。也要特別感謝蘇俊濠心理師，他給予本書非常多而有幫助的修改建議和參考文獻，有助於本書內容的充實和完整。更要感謝王麗文老師，她曾經在美國洛杉磯的 Reiss-Davis Child Study Center 接受兒童精神分析訓練，當我遇到不容易說清楚的術語和概念時，我會和她討論，這樣的討論持續在本書編寫的過程中。

最後，我要感謝心理出版社林敬堯總編輯和郭佳玲責任編輯的專業協助，讓本書得以順利出版。在校對時，我和編輯盡量做到沒有錯別字，也盡量讓本書的書寫和編輯容易閱讀，儘管如此，書中可能還有一些錯誤或疏漏的地方，期待讀者把書中的缺點和疏漏告訴我，把本書的優點告訴你的朋友，衷心感謝你對本書的閱讀和支持。

林家興

於新竹鳳山溪畔

2020 年 11 月 13 日

# 目次

# 表次



# 圖次

# 第一章

# 緒論

這是一本介紹精神分析治療（psychoanalytic therapy）的書，在論述精神分析的理論和治療實務之前，筆者認為有必要先做一個導論，介紹精神分析的創建者 Freud 及其評價、精神分析的流派，以及精神分析與精神分析治療的異同。

## 第一節　Freud 簡介與評價

學習精神分析治療的人一定要認識Sigmund Freud這個人，以及各方對於他的評價。本節透過Freud簡介與評價，希望有助於澄清對Freud和精神分析的一些誤解和批評，至少可以用比較公平和客觀的角度來學習精神分析治療。

### 一、生平簡介

當心理師被問到，誰對心理學的貢獻最大？Freud 總是名列第一。Freud 之於心理學，就像愛因斯坦之於物理學。Freud 的許多概念，像是壓抑、投射、防衛、昇華、反向形成、潛意識動機等，早已滲透到當代人的意識裡，增進了人們對心理學的認識。因此，以下先用簡潔的文字來介紹Freud，透過他的成長和經歷來了解其發展精神分析的時代背景。

Freud於1856年5月6日出生於奧地利的佛萊堡（Freiberg）（現在隸屬於捷克境內的摩拉維亞）。他是猶太人，4歲時隨同家人遷居維也納，在那裡一直住到1938年，才和女兒Anna獲准離開納粹占領的維也納，前往英國倫敦，1939年9月23日在倫敦漢普斯特斯區辭世，享年82歲（Jacobs, 1992）。

Freud於4歲之後，主要在維也納成長和生活。他成長在達爾文《物種起源》出版後的年代，人開始被視為動物的一支，同樣可以當作科學研究的對象。德國科學家和哲學家Gustav Fenchner認為，人的心理可以被科學研究和量化。達爾文和Fenchner對Freud和當時年輕人的心智發展有著巨大的影響。

19世紀中期，德國物理學家Hermann von Helmholtz提出「能量不滅定律」，認為能量有一定的數量，只能轉移但不能消滅，此定律和當時物理學的各種動力學說，廣泛滲透到大學實驗室和科學家的心裡。Freud就讀醫學院的時候，肯定受到當時思潮的影響。Freud雖然就讀醫學院，但是他的主要興趣始終是想作為一名科學家。他於1881年獲得維也納大學醫學學位，1882年進入維也納綜合醫院，並在那裡認識了後來的妻子Martha Bernays，交往2個月便訂婚。1885年他憑藉發表的臨床報告，受聘為維也納大學神經病學講師，並且獲得一項獎學金的資助前往巴黎，師從神經病學教授Jean-Martin Charcot醫師學習催眠療法，但是他認為催眠療法只有短暫的效果，無法針對病根做處理，後來就放棄了（Jacobs, 1992）。

一年之後，Freud返回維也納，並於1886年結婚，由於經濟生活的需要，他只好離開維也納綜合醫院，開設私人診所來養活自己和家人。婚後九年，他倆有了六個子女，最小的是Anna，她後來成為Freud的主要詮釋者。Freud在自己的私人診所有很多機會可以接觸到病人，從觀察、分析和治療病人中，發展他的精神分析理論。

Freud開始執業的時候，當時可用於幫助神經障礙病人的治療方法十分有限，身為一名神經科醫師，他想要尋找治療神經障礙和歇斯底里症（又稱為癔症）的方法。Freud 回到維也納後，他向 Joseph Breuer 醫師學習情緒宣洩（catharsis）的方法，希望透過鼓勵和傾聽病人的宣洩而緩解症狀。Breuer 與 Freud（1893-1895）合著的《歇斯底里症的研究》（*Studies on Hysteria*）（又譯為《癔症的研究》）可以說是精神分析的誕生。在書中，Freud認為歇斯底里症症狀的根源是被壓抑的，是與性直接或間接關聯的痛苦經驗。Freud使用催眠治療遇到了幾個困難：第一，他發現有些患者無法被催眠；第二，他質疑催眠中的暗示，太強調治療師的主導角色，而忽略了患者的自主性；第三，他親眼觀察到催眠後的移情（transference）現象，即 Breuer 的一位患者從催眠狀態中醒來時，熱情地抱住他；第四，他發現患者的問題都與幼兒期的性創傷有關，但 Breuer 無法接受這個觀點（Bateman & Holmes, 1995）。

後來，Freud 發現透過自由聯想（free association）可以獲得病人問題行為背後的材料和知識。他的自由聯想方法讓他發現病人心理問題背後有一些心理能量（psychic energy）在運作，它們是問題行為的原因，他逐漸發現到這些心理能量是潛意識的。從此以後，他把生理學和神經學擺在一旁，成為一位心理學研究者，診療室成為他的實驗室，躺椅成為他的工具，病人的訴說成為他的研究資料。Freud用他無窮的精力和看透人心的心智，創建了精神分析，他在 1896 年一篇以法文發表的文章中，首次使用「精神分析」這個詞。

1890 年代，Freud 在父親過世之後開始對自己的潛意識進行密集的自我分析，並見識到內在心理動力的運作。他根據從自我分析和病人分析所獲得的知識，開始建構人類的人格理論，這樣的建構終其一生。Freud曾說：「我的人生只有一個目標，就是去推測心理結構是如何組成的，裡面的力量是如何互動的」（Hall, 1979）。

Freud 在 1900 年出版《夢的解析》，這本書不僅引起世人的注意，也為他帶來了擁護者。二十世紀的頭十年，精神分析以一種理論、醫療技術和運動為定位，緩慢但逐漸的發展開來。從初始每週三晚上五位醫師定期在他家聚會，漸漸增添了多位醫師和少數非醫師的成員。到了1908年，成立維也納精神分析學會，並且舉行第一屆國際會議（Jacobs, 1992）。

Freud可以說是一位醫師、科學家、心理學家，以及哲學家。在1896年一封給友人的信上，他寫道：「作為年輕人，我有著追求哲學和知識的渴望，我正從醫學轉到心理學來滿足我的渴望」（Hall, 1979; Schwartz, 1999）。Freud對人性的一手知識，讓他對人性抱持悲觀和批評的觀點。他認為人性中的非理性力量是如此的強大，理性力量很難成功地對抗它。少數人可能可以過著一個理性的生活，但是多數人卻更舒適地過著妄想和自我欺騙的生活。Freud看過太多的病人，對邏輯與理性的力量沒有信心，竭盡所能地去維護他們的癡心妄想，因此人們抗拒去認識他們人性的真相。

Freud是一位社會批判者，他認為整個社會更大程度在反映人的非理性，致使每個新世代的人們都誕生在一個非理性的社會。非理性的人們和非理性的社會如此的惡性循環，只有少數一些人的靈魂可以獲得自由。Freud認為，唯有應用心理學的原則來撫養和教育孩子，情況才有可能改善。因此，家長和教師都要接受心理的再教育，他們才能成為理性和真理的實踐者。Freud知道這是一件艱難的工作，但是他也不知道是否還有別的方法可以創造一個更好的社會和更好的人們。Freud毫無疑問是一位非常有智慧、具有超級的心靈，如同莎士比亞、歌德、達文西，在歷史上少見的、對人類文明有卓越貢獻的人（Hall, 1979）。

## 二、評價

在眾多心理學理論當中，沒有一個理論像Freud及其精神分析一樣，遭受到各方的攻擊和嘲笑。在近代科學歷史當中，大概只有和達爾文《物種起源》所引起的撻伐可以比擬。Freud冒犯眾怒的主張，包括：嬰兒會有性和攻擊的慾望、人性中蘊含亂倫的傾向，以及用性的動機解釋人的行為。Freud的性是廣義的，是指感官愉悅和滿足的意思，但是許多自認清高的人被 Freud 的人性觀點所激怒，罵他是性變態。Canning（1966）對所有的批評進行邏輯分析，他做結論說，多數批評是沒有意義的，就科學的證據來說也是不合理和沒有根據的。

Freud終其一生，不斷地修改自己的觀點和理論，在他死後，精神分析有了很多的修正和發展。後來的精神分析學者也不斷地進行理論的擴充和修訂，然而Freud心理學的許多基本原則和內容並沒有很大的改變。當代精神分析學者在 Freud 的理論基礎上做了四點擴充：

1.提高對自我的重視，增加自我在引導行為有影響力的看法。Freud認為，自我是本我的僕人，但是自我心理學則給予自我更加獨立於本我的地位，這個重要的改變使精神分析同等重視意識歷程和潛意識歷程對人的影響。

2.提高對客體關係的重視，增加母嬰關係和照顧環境對人格發展有重要影響的看法。Freud認為，客體只是被用來滿足驅力的，客體關係理論認為驅力是尋求客體，嬰幼兒會內化與父母的關係，並影響日後的人格發展和心理疾病的形成。

3.提高對前伊底帕斯時期心理發展的重視。Freud 認為，伊底帕斯（Oedipus）（又譯為伊狄浦斯）是人格發展的關鍵時期，當代精神分析認為，伊底帕斯之前的心理發展更為重要，會影響自體的發展和人格的統整。

4.提高社會和文化對人類行為和人格影響力的看法。Freud認為，人格主要受到生物驅力的影響，當代精神分析認為，人格同時也受到社會和文化的影響。事實上，人格當中的超我承載著社會和文化的影響，但早期學者比較忽視這方面的影響。

Freud對於人們解決自身內在衝突和社會衝突的能力是悲觀的，這個觀點成為人本心理學者對 Freud 的嚴厲批判。但是 Hall（1979）認為，

Freud對人性並不悲觀，他理解到個人和社會的衝突是非常巨大的，但卻總是堅信愛和理性最終將會戰勝仇恨和非理性。Freud終其一生，致力於治療病人，觀察和分析人性，並發展出一個有系統的理論去解釋人們的行為，再加上英文標準版24冊偉大的論文集，足以證明他是一位非常人本的思想家。

眾多的批評之一是方法論的問題，Freud用來驗證他的假設，欠缺實證研究（如因果關係、假設考驗）的支持。Freud透過病人觀察和分析材料進行理論的建構和推論，他依賴自己的臨床觀察和資料分析，進行思考和推論，卻無法明確說明他的研究方法（如研究對象、研究工具、研究程序和資料分析），也沒有系統地蒐集研究資料，讀者只能相信他的演繹和推論的結果，很難複製他的觀察研究。Freud也沒有使用一般科學報告的慣例，使人懷疑精神分析的科學價值和地位。第二個主要的批評是理論的問題，精神分析被認為是不好的理論，很難用實證研究加以證明，許多概念和變項很難進行量化和預測。

精神分析在科學界的地位會引起爭議，是因為實證論者認為，精神分析是一個封閉的意識形態系統，他們認為精神分析缺乏科學的假設考驗及實證研究基礎。如果精神分析學者願意聆聽這種挑戰，而不將這些挑戰解釋為抗拒或忌妒，則精神分析學界可能會有兩種反應：第一種反應是承認精神分析在實證研究上的證據確實很薄弱；第二種反應則認為，強調用科學的方式了解精神分析是錯誤的，精神分析是語言學的一種訓練過程，他們關注的是現象的意義及詮釋，而不是現象的真實（Bateman & Holmes, 1995）。

Spence（1982）認為，當精神分析師宣稱「童年經驗影響成人神經症（又譯為精神官能症）」時，他們所關心的是患者如何呈現他的故事，而非客觀事實本身。根據此一觀點，精神分析所關心的不是患者所說的是否與事實相符，而是他們對現象的詮釋、方法及內容是否連貫一致，或是否令人滿意。

有趣的問題來了，精神分析既然遭受極大的批判，而且在實證研究上也沒有很多的支持，為什麼精神分析不僅沒有被放棄，而且還受到很多人的重視呢？精神分析成為當代主要的思想和理論，對心理學和社會具有重大的影響力，這又要如何解釋呢？Hall與Lindzey（1970）指出，Freud的寫作風格是高超的，寫作的主題像是性和攻擊，是吸引人的，許多人發現 Freud 的許多概念是引人入勝，令人興奮刺激的。但是高超的寫作風格和令人刺激的寫作主題，並不是 Freud 受人推崇的主要理由，而是他那些挑戰人的思想，對人性既廣且深的洞察，以及他的理論和當代人們的高度相關性。

Freud雖然不是一位一流的科學研究者，但他確實是一位洞察人性、具有原創性的思想家。他的理論獨樹一格，試圖去設想一個一半活在現實世界，一半活在幻想世界的人，被內外衝突和內心矛盾所困擾，但卻能夠進行理性思考和行動。他被自己所不知的一股力量推動著，活在時而清醒時而混亂、時而滿足時而挫折、時而很有希望時而很絕望、時而自私時而利他；簡單地說，對很多人來說，這種對複雜人性的描繪卻具有十足的效度。精神分析提醒我們，人不是自己心理的主人，我們很容易被潛意識的心理歷程、願望、害怕、衝突，以及幻想所左右，在精神分析問世之前，我們對潛意識的存在一無所知。精神分析的理論知識，幫助我們對人的精神生活和心理行為，有了更正確、更完整，和更深入的了解。

Brenner（1973）用下列十分生動的文字評述精神分析在當代的價值：我們的每一個想法和行為，都遠比我們知道的還要複雜。我們的所思所想，所言所行，一部分受到本我力量，一部分受到童年願望，一部分受到對願望的自我防衛，一部分受到超我道德要求，一部分受到外在現實環境的壓力，以及上述提供慾望滿足的機會之共同影響。有了精神分析的知識，我們才知道驅力和其所引發的幻想，在人類動機上扮演多麼重要的角色。

Freud終其一生鍥而不捨地探究人性和問題的根源，其苦思謎團的人格特質，是他留給精神分析和心理治療學界不朽的遺產。想了解和學習Freud的人，不妨也要了解和學習他這種苦思人性謎團的特質。

從事心理治療的人，應該具備精神分析的基本知識，缺乏這樣的基本知識，猶如在黑暗中工作。心理治療師也應該去學習認識自己的內心衝突，對自己的內心衝突沒有適當覺察和處理的人，很容易在與病人工作時，有困難去控制自己的潛意識願望和害怕，以致於對病人及其治療造成傷害。心理治療師接受個人分析或個人治療是臨床訓練中很重要的一環。只要心理治療在社會上被廣泛使用，精神分析永遠會扮演很重要的角色，既是治療方法，也是了解人類心理的知識來源。

## 第二節　精神分析的流派

本節說明精神分析學派和其他精神動力學派的不同，以及精神分析學派本身的分支流派，讓讀者正確理解什麼是真正的精神分析。內容分為三小節：什麼是精神分析、精神分析的後設心理學，以及精神分析的流派。

### 一、什麼是精神分析

從事諮商與心理治療的人經常會被問到：你是哪個學派？從事精神分析治療的人也常會進一步被問到：你是精神分析的哪個學派？在學習精神分析的時候，文獻上會提到佛洛伊德學派（Freudians）和新佛洛伊德學派（neo-Freudians），古典精神分析學派和當代精神分析學派，也會提到精神動力學派。閱讀有關精神分析發展史的文獻（Mitchell & Black, 1995; Schwartz, 1999; Zaretsky, 2004）時，我們會看到不同陣營的學者在爭論誰的觀點才是正統的精神分析，誰的觀點已經背離Freud的主張等。到底什麼是、什麼不是精神分析學派，要根據什麼來判斷呢？

Freud 主張精神分析有五個基石：潛意識、伊底帕斯情結（Oedipus complex）、抗拒、壓抑，以及性驅力，他認為遵循這五個基石的觀點才是精神分析，背離這五個基石的觀點就不是精神分析。Fromm（1992）以及 Chessick（2007）歸納精神分析有七個基本原則：

1.一個人的發展經常是由被遺忘的童年事件所決定。

2.人類的行為和認知大部分是由根植於潛意識的非理性驅力所決定。

3.想要意識這些驅力一定會激發抗拒和防衛機制，特別是壓抑。

4.意識和潛意識材料的衝突會導致心理困擾，如神經症、焦慮和憂鬱。

5.從夢和無心的行為，如特定的舉止和口誤，可以發現潛意識的材料。

6.透過治療的介入，讓潛意識意識化的結果，人可以從潛意識的影響下釋放出來。

7.精神分析歷程的核心是移情，病人藉著對分析師情感的投射，重新體驗早年的衝突。

Freud和他忠誠的核心成員便是依據上述五個基石，以判斷某人的觀點和理論是否屬於真正的精神分析。有關精神分析的學派，Munroe（1955）寫了一本書，書名叫做《精神分析思想的學派》，她認為精神分析有四個基本概念是被所有精神分析學派接受的，那就是：心靈決定論、潛意識、目標導向，以及早年經驗。在書中，她根據是否遵循Freud的性驅力理論，將精神分析學派的學者分為佛洛伊德學派（The Freudians）和非佛洛伊德學派（The non-Freudians）。佛洛伊德學派的學者包括：Anna Freud、Melanie Klein，以及Heinz Hartmann等人。非佛洛伊德學派的學者包括：Adler、Jung、Karen Horney、Erich Fromm、Harry Sack Sullivan、Erik Erikson，以及 Otto Rank 等人。

事實上，新或非佛洛伊德學派的學者早期都是 Freud 的追隨者，但是後期因為在性驅力理論等的觀點上與 Freud 不合而漸行漸遠。大約在

1910～1913 年期間，Adler 和 Jung 分別反對 Freud 的性驅力，但還是自稱自己的理論是精神分析。Freud（1914c）在《精神分析運動史》一書中指出，Adler 和 Jung 的理論和他的精神分析是完全不相容的，並認為將三者都稱為精神分析，將會導致普遍的混亂。後來，Freud取得勝利，Adler為其理論命名為個體心理學（individual psychology），Jung為其理論取名為分析心理學（analytic psychology）。其他學者像是 Horney、Fromm、Sullivan 等人，則是對 Freud 的理論做了明顯的修正，不強調性與攻擊驅力，而重視社會與文化經驗對人格的影響。

廣義而言，精神分析不是 Freud 一人的傑作，在精神分析過去超過120 年的歷史中，前 50 年基本上精神分析是 Freud 一人出於天賦異稟的傑作。Freud不僅把精神分析視為一種人格理論和治療方法，而且把它當作半個政治性運動，而成為非常強勢的領導人，對反對的聲音提高警覺，並將他人的創新想法視為背叛與不忠（Mitchell & Black, 1995）。早期精神分析理論界的重要人物，例如：Jung、Adler、Sandor Ferenczi 和 Rank等人，都因為想法明顯背離Freud的教條，而被Freud思想的主流排除在外。

Adler 和 Freud 基本上對人的看法就相去甚遠。Freud 強調人類的性驅力和潛意識對於人類行為具有決定作用，而且是追求立即的滿足；Adler則認為，社會興趣和家庭環境對人類行為具有較大的決定作用。Freud認為人性本質是非理性的、具有內在衝突性，人和社會也常是對立的；Adler則強調個人抉擇、責任，追求生命意義和成功，認為人們都樂於結交朋友，並能和諧相處，因此人格也是一個整體，為追求生命意義和未來的目標而努力（黃堅厚，1999；Corey, 2001）。

Jung 和 Freud 對於性驅力（libido）的看法極為不同，Freud 認為性驅力的心理能量是以追求性的滿足為目的，而 Jung 則認為性驅力的心理能量是在追求全部心理需求的滿足，並且認為人類追求意義和性驅力滿足是一樣的強烈。他們兩人對於潛意識的看法也不一樣，Freud認為潛意識裡都是不見容於意識與道德的意念和衝突，因此被壓抑到潛意識裡，然後伺機而動，而 Jung 則認為潛意識裡的東西並非都是邪惡的，需要了解它，並容許它有適當的表現機會，最後潛意識和意識兩者的融合統整成為完整的人格（黃堅厚，1999）。

由於 Adler 和 Jung 各自發展自己的人格理論，明顯不屬於精神分析。至於 Horney、Fromm、Sullivan、Erikson 和 Rank 等五人被 Munroe（1955）歸類為非佛洛伊德學派，但是從廣義精神分析的觀點來說，這五人更常被稱為新佛洛伊德學派，這是維護和反對 Freud 性驅力理論兩個陣營的學者選擇不同之命名所導致的差異。

從 1950 年代之後，當代精神分析（contemporary psychoanalysis）（這個名詞本章稍後會解釋）無論在理論上或臨床實踐上，已經和 Freud 的時代有很大的不同。Freud 的主要理論，如驅力、伊底帕斯情結、性與攻擊驅力在人類動機中的中心位置等，皆已受到當代精神分析的批判。同樣的，Freud 提出的基本技巧，如中立性、對病人願望蓄意挫折、退化到幼年神經症等，也都被修改和重新概念化（Mitchell & Black, 1995）。

新佛洛伊德學派基本上還是接受 Freud 的多數主張，包括：三我的人格結構、潛意識的存在和重要性、童年經驗對人格有重大影響，以及焦慮與防衛機制的觀點等。他們不認同的觀點，包括：性驅力是主要的行為動機、人性是悲觀的，以及忽視社會和文化對於行為和人格的影響。綜合上述，可以說古典精神分析、當代精神分析、新佛洛伊德學派都是精神分析的一種。

精神動力是一個涵蓋精神分析，並比精神分析更為廣泛的概念，一般學者（McLeod, 2017）通常把佛洛伊德學派、榮格學派、阿德勒學派，以及新佛洛伊德學派合併通稱為精神動力學派。精神動力學派的理論具有下列的共同點：強調內在驅力的重要性、強調潛意識對人類人格和行為的影響，以及人類思想情感和行為都根源於早年經驗等。

## 二、精神分析的後設心理學

精神分析的理論體系博大精深，可以簡略分為臨床精神分析（clinical psychoanalysis）、應用精神分析（applied psychoanalysis），以及後設心理學（metapsychology）三大類。臨床精神分析是Freud根據臨床工作和自我分析所發展的人格和心理治療理論，也是本書主要探討的內容。應用精神分析是指，Freud及分析師將精神分析理論應用到文學、藝術、宗教、歷史、哲學、人類學的領域，例如：Freud針對達文西、摩西、哈姆雷特所做的解析，以及針對民俗和宗教所做的研究，都是屬於應用精神分析的例子。

後設心理學是指理論的理論，依據抽象程度，可以把精神分析的知識分為三個層次，最下層的知識是臨床觀察，第二層是根據臨床觀察的資料所發展的理論，最上層、最抽象的知識就是後設心理學，是將幾個理論進行概念化。在精神分析的文獻上，研究心靈（psyche）的叫做心理學，研究心理學的叫做後設心理學。後設心理學可以說是一種對人類心理的起源、結構和功能的哲學推測。

精神分析共有五種後設的觀點，分別是：動力的、經濟的、結構的、起源的，以及適應的觀點（dynamic, economic, structural, genetic, and adaptive viewpoints）。Freud 在思考精神分析理論的時候，曾經提到動力的、地誌的（topological，又譯為拓樸的），以及經濟的後設心理學觀點，後來他用結構的觀點取代地誌的觀點，至於起源的和適應的觀點則是後來的學者加以補充的（Frank, 1995）。

Freud首先採用動力的觀點來解釋人類心理的活動，認為人類的行為背後是一股驅力或能量。能量有其來源、方向、強度，以及內外在客體。能量的來源是多元的，主要的來源是潛意識。潛意識掌握了我們的渴求、記憶、幻想和被壓抑的慾望，個體對潛意識的內容所能經驗到的是一種驅動的力量。Freud認為，我們的內心有與生俱來趨向衝突的先天傾向。

動力的觀點經常用來描述人類的各種衝突，包括：驅力之間的衝突、驅力與環境的衝突、三我結構之間的衝突，以及自我之間的衝突等。衝突發生之後，人可能會採用不同的方式去處理，例如：壓抑、置換或妥協等。

經濟的觀點主要在描述人類心理能量的釋放和貫注。本我採用初級歷程（primary process）運作，它的能量是流動的、不穩定的。自我採用次級歷程（secondary process）運作，它的能量是穩定的、容易延宕和控制的。Freud認為，人類的心理能量包括性驅力和攻擊驅力，而性驅力是生存的、建設的，攻擊驅力則是毀滅的、死寂的。精神分析假設人可供運用的能量總量是有限的，因此能量的運用必須符合經濟省力的原則。能量的壓抑會造成痛苦，能量的釋放會感覺快樂。性和攻擊兩種驅力以不同的比例和組合在運用心理裝置，兩種驅力可能融合、可能抵銷，也可能中和。Freud認為，驅力的源頭是生物的，他認為心理能量隨著嬰幼兒的發展，會貫注到不同的身體部位，例如：口腔、肛門、性器官。心理能量最初貫注在自體上，然後隨著身心發展逐漸貫注到其他客體。

結構的觀點是指相對穩定和持久的心理組織或人格系統。Freud最早期的結構觀點是地誌的觀點，認為人的心理品質可以區分為意識、前意識（preconscious）和潛意識（unconscious）（又譯為無意識）。到了1923年，他才提出三我結構的模式，認為人的心理組織包括本我、自我和超我三個系統（tripartite model）。客體關係學派認為心理的結構是內在客體關係，自體心理學則認為心理的結構是自體（self）。

起源的觀點是從時間的向度來探討心理的發展，包括：心靈的起源和發展歷程、正常和異常的發展、性心理的發展和固著、人格的發展和缺陷、影響心理發展的內外在因素，以及心理的退化等。

適應的觀點特別考慮到個人與環境的互動關係，在這裡的「環境」一詞，特別是指嬰幼兒的重要他人、家庭和社會的影響。環境對人的影響有的是短時間的、急性的，有的是長時間的、慢性的，有利於或不利於心理發展的環境。

古典精神分析和當代精神分析都可以用這五種後設觀點來探討，只是比例和著重點會有所不同：古典精神分析更多採用動力、經濟和驅力結構的觀點，而當代精神分析則更多採用關係結構、起源和適應的觀點。多數精神分析治療師比較認同臨床精神分析理論，較少引用後設心理學理論。

## 三、精神分析的流派

臨床精神分析到底分為幾個分支流派？筆者考察很多文獻之後，發現並沒有一個確切的定論。根據 Bateman 與 Holmes（1995）的觀點，精神分析的分支流派包括：佛洛伊德學派、自我心理學派、克萊恩學派、自體心理學派、人際關係模式、拉岡學派，以及獨立學派等七個。Mitchell 與 Black（1995）在其合著的《超越佛洛伊德：精神分析的歷史》一書中，把精神分析的分支流派分為六個：古典精神分析、自我心理學、人際精神分析、克萊恩學派、客體關係學派，以及自體心理學。The Freud Folder（2015）把精神分析分為七個流派：佛洛伊德學派、Hartmann 的自我心理學、Klein 的客體關係學派、Bion 的後克萊恩學派、Winnicott 的獨立學派、Kohut 的自體心理學，以及 Lacan 的法國學派。在上述六或七種學派當中，佛洛伊德學派又稱為古典精神分析，其餘分支學派通稱為當代精神分析。根據學者們（Mitchell & Black, 1995; Willemsen et al., 2015）的學派分類，以及本節有關什麼是精神分析的討論，精神分析的分支流派整理如表 1-1 所示。

有關人類心理的探討，臨床精神分析發展了四個在概念上可以明確區分的觀點，Pine（1988）主張將精神分析的許多理論、模式和流派整合為：驅力心理學、自我心理學、客體關係心理學，以及自體心理學四個觀點（perspectives），在概念上簡化了精神分析的分支流派，有助於精神分析的學習和應用。中國大陸學者郭本禹（2007）在其主編的《中

表 1-1　精神分析的分支流派

| | 學派名稱 | 代表人物 |
|---|---|---|
| 佛洛伊德學派 | 驅力心理學 | S. Freud |
| | 自我心理學 | A. Freud、Hartmann |
| | 客體關係心理學 | Klein、Bion、Fairbairn、Winnicott、Kernberg |
| | 自體心理學 | Kohut |
| 新佛洛伊德學派 | 人際精神分析 | Sullivan、Fromm、Horney |
| | 拉岡學派 | Lacan |
| | 關係精神分析 | Mitchell |

國精神分析研究叢書》的總序〈精神分析運動的百年回眸〉一文中提到，Freud之後的精神分析運動大致遵循著內部發展與外部發展兩條路徑，內部發展路徑指的是精神分析內部不斷分裂與重組、演變與發展，從Freud所倡導的驅力模式，進一步演化為自我模式、客體關係模式和自體模式，分別對應著精神分析的驅力心理學、自我心理學、客體關係理論，以及自體心理學。

本書在介紹精神分析的理論時，參考了 Pine（1988）以及郭本禹（2007）的觀點，以介紹精神分析四大學派的主要概念為主。以下便是本書第三章至第六章所要介紹的四個理論流派：

1.驅力心理學：驅力心理學又稱佛洛伊德心理學或古典心理學，主要在介紹 Freud 的人格理論，強調驅力和本我對人格發展的影響。

2.自我心理學：自我心理學包括哈特曼學派和安娜佛洛伊德學派，主要在介紹自我的功能和防衛機制，擴充了 Freud 對於自我的論述。

3.客體關係理論：客體關係理論包括克萊恩學派、Fairbairn 和 Winnicott的英國獨立學派，主要在介紹人有尋求客體的驅力，以及自我對客體的態度和情感的發展和表現，擴充了 Freud 有關客體關係的論述。

4.自體心理學：自體心理學主要在介紹Kohut有關自體的障礙和治療

的理論，重視人在前伊底帕斯時期的人格發展，擴充了 Freud 有關自體的論述。

## 第三節　精神分析與精神分析治療

接下來，筆者將引用學者和學會的定義來說明精神分析和精神分析治療的涵義，並討論兩者的異同，最後說明兩者都是深度心理治療。在這一節會出現一些精神分析的重要術語，例如：自由聯想、移情、抗拒、退化、移情神經症（transference neurosis），以及詮釋等。初學精神分析的讀者如果不了解這些術語的話，請先不要緊張，本書在後續的章節中，將會再做詳細的解釋。讀者也可以透過本書後面的中英文名詞索引，找到定義這些術語的頁碼。

### 一、兩者的定義

在討論精神分析和精神分析治療之間有什麼區別之前，有必要先界定一下什麼是精神分析。Freud給精神分析下的定義是：「精神分析……研究的是我們無法察覺……稱之為潛意識的心理過程……精神分析法的特色是自由聯想技術，用以分析（詮釋）觀察到的移情與抗拒現象……凡依此行事者，就是在從事精神分析」（Freud, 1923, p. 253）。

Rangell（1954）從古典精神分析的觀點給精神分析下的定義是：「精神分析是一種治療方法，提供發展移情神經症的有利情境，使病人過去的問題重現於現在。分析師針對妨礙自我了解的抗拒，進行有系統的詮釋，透過對移情神經症和早年神經症的解決，使病人達到人格結構的改變，以增進最佳的生活適應。」

Gill（1984）使用外在指標和內在指標來定義精神分析的特徵。所謂外在指標是：晤談頻率每週至少四次、使用躺椅、一位功能相對統整並可分析的病人，以及一位受過完整訓練的分析師。所謂內在指標是：以移情分析為中心、一位中立的分析師、引導病人退化並發展移情神經症，以及透過詮釋技術來解決神經症。

美國精神分析學會（American Psychoanalytic Association, 2019）對「精神分析治療」（psychoanalytic therapy）下的定義如下：「精神分析治療是以精神分析的理論和原則為基礎的臨床服務。治療的方式和精神分析很類似，只是治療的濃度比較淡。精神分析治療使用精神分析理論去概念化和理解治療歷程，治療聚焦於幫助個案對於心理問題底層的情緒和衝突，增加自我了解和領悟。治療師會協助個案探索潛意識的想法和感覺，探索個案和治療師的關係，詮釋干擾情緒覺察的防衛歷程，以增進個案的自我覺察和適應功能。」

Fancher（1990）對精神分析治療的定義是：所有依據精神分析理論，但是彈性運用分析技術（例如：降低晤談頻率、坐著晤談、使用各種支持性、增強自我功能的技術）的心理治療。精神分析的元素，包括：移情的辨識與運用、早年嬰兒化神經症的覺察、詮釋的使用、抗拒的面質，以及人格結構的改變。Rangell（1954）認為，精神分析使用上述所有的元素，精神分析治療則使用上述部分的元素。精神分析的目標是提供有利的分析情境，發展移情神經症，最終在治療情境和關係中加以解決。相對的，精神分析治療通常不會做到充分發展移情神經症，也沒有企圖最終加以解決。

## 二、兩種觀點

要釐清精神分析和精神分析治療的不同是很難的，美國精神分析學會曾在 1947 年成立一個「精神分析治療評估委員會」（Committee on Evaluation of Psychoanalytic Therapy），以探討精神分析和精神分析治療的區別，但是幾年之後仍然提不出一個有共識的結論（Rangell, 1954）。

對於兩者的區別可以分為兩種觀點：第一種觀點認為兩者是明顯不同的；第二種觀點認為兩者是模糊不同的。持明顯不同觀點的學者認為兩者之間是有顯著的差別，但是持這種觀點的學者屬於少數，以古典精神分析師為主。持模糊不同觀點的學者認為兩者是一個連續的光譜，兩者之間沒有一條明顯的界線，持這種觀點的學者是多數，以當代精神分析師為主。

隨著當代精神分析理論的發展，精神分析和精神分析治療的區別愈來愈模糊不清，兩者的區分可以說只是程度上的不同。筆者綜合幾位精神分析學者（Paolino, 1981; Rangell, 1954; Weinshel, 1992）的看法，來說明兩者的區別只是在程度和著重點的不同，以及表列兩者的區別，如表 1-2 所示：

1.就目標來說，精神分析的目標比較廣泛而模糊的，比較沒有時間的限制，聚焦在人格改變，而非症狀的緩解。相對的，精神分析治療的目標是狹窄而具體的，比較有時間限制，有特定的目標，比較聚焦在症狀或心理困擾的處理。

2.就晤談的頻率來說，精神分析通常每週三至五次，精神分析治療通

表 1-2　精神分析與精神分析治療的區別

| 精神分析 | 精神分析治療 |
|---|---|
| 技術 | |
| 每週三至五次 | 每週一至兩次 |
| 病人躺著 | 病人躺著或坐著 |
| 自由聯想 | 有無自由聯想均可 |
| 早年經驗與衝突 | 早年或當前經驗與衝突 |
| 移情 | |
| 退化的、移情的神經症是必要的 | |
| 神經症的治療主要靠詮釋 | 有彈性地使用各種技術，如詮釋、同理等 |
| 目標 | |
| 人格結構的改變 | 症狀改善、領悟內心衝突或人格改變 |

資料來源：Paolino（1981）

常每週一或兩次。

3.就病人晤談姿勢來說，精神分析通常會使用躺椅讓病人躺著，分析師坐在病人後面。精神分析治療通常會使用椅子，採面對面方式晤談，偶而也會使用躺椅。

4.精神分析使用自由聯想，並且聚焦在早年經驗和衝突。精神分析治療則彈性使用自由聯想，晤談的主題可以是早年的經驗和衝突，也可以是當前的經驗和衝突。

5.兩者都會透過詮釋抗拒和移情來幫助個案，增進自我了解。但精神分析主要使用詮釋的技術，精神分析治療則會兼採其他治療技術。

6.實施精神分析時，分析師的態度比較被動，比較鼓勵病人負責任和自主性。實施精神分析治療時，治療師的態度比較主動和指導性，比較關注病人而非分析歷程。

7.精神分析比精神分析治療更加使用夢的材料，包括夢的內容和抗拒，以及使用夢的聯想和夢的詮釋。

8.精神分析比精神分析治療更多處理童年的經驗和衝突，精神分析比精神分析治療處理更多移情神經症。

9.精神分析比精神分析治療更加重視節制的態度和技術，不會輕易滿足病人的移情慾望。

## 三、兩者都是深度心理治療

由於精神分析理論和技術的多元發展，過去區分精神分析和精神分析治療的外在指標和內在指標已經沒有意義了。Fosshage（1997）重新評估精神分析的外在和內在指標後，認為這些指標已經無法有意義的區分兩者，因此主張兩者其實都是精神分析，說明如下。

雖然國際精神分析學會（International Psychoanalytical Association, IPA）認為每週至少有四次晤談，才可以叫做精神分析，但是很多精神分析機構只要求每週三次，甚至有些機構只要求每週兩次晤談。Fosshage

（1997）發現，有些每週晤談一次的病人，也有顯著的改變；因此，他認為每週晤談的次數已經不是一個有意義的區分指標。同樣的，是否使用躺椅也不是一個有意義的區分指標，躺椅對不同的病人有不同的涵義：有的病人使用躺椅有助於發展移情與幻想，而有的病人則因為看不見分析師，而難以發展充分的安全感去經驗分析師。

病人的功能程度和心理病理也不再是一個區分精神分析和精神分析治療的指標，因為當代精神分析已經適用在不同功能程度和病理的病人，包括神經症和人格障礙。至於受過完整訓練的分析師，在這個指標上也是有問題的，這個指標是學會用來規範會員的資格。愈來愈多的治療師在督導之下從事精神分析，雖然沒有受過正式完整的精神分析訓練，但他們所做的精神分析工作不亞於受過正式訓練的分析師。

一般認為，精神分析在增加病人的退化和移情神經症，而精神分析治療只有濃度較淡的移情。事實上，兩者在移情上只有量和程度的不同，沒有質的不同。而臨床經驗指出，移情出現的多少是因病人和分析師的不同，與是否是精神分析還是精神分析治療反而比較沒有關係。

使用不同技術來區分精神分析和精神分析治療也是不可行的，因為兩者都使用相同的技術，例如：澄清、面質、詮釋、建議、支持和操弄等。古典精神分析認為治療改變的機制主要靠詮釋，但當代精神分析則認為治療改變單獨靠詮釋是不夠的，必須再加上關係和新經驗。當代精神分析和精神分析治療兩者都強調詮釋和關係的重要性。

整體而言，精神分析和精神分析治療都是深度心理治療，有別於一般心理治療，可以從技術、問題，以及自覺三個層面來加以比較，詳如表 1-3 所示。就技術層面來說，一般心理治療使用的技術，主要是傾聽、接納、同理、澄清、具體化和建議。深度心理治療使用的技術，主要是自由聯想、抗拒的詮釋和移情的詮釋。

就問題層面來說，一般心理治療處理的是個案意識層面的問題，主要是個案的煩惱苦和主訴。深度心理治療處理的是個案潛意識的問題，

表 1-3　一般心理治療與深度心理治療的區別

| 類別 | 技術層面 | 問題層面 | 自覺層面 |
| --- | --- | --- | --- |
| | | 煩惱苦<br>↓ | 意識 |
| 一般心理治療 | 傾聽<br>接納<br>建議<br>同理<br>具體化 | 主訴<br>↓ | ↑ |
| | | 重複的困擾<br>↓ | │ |
| 深度心理治療 | 澄清<br>面質<br>抗拒的詮釋<br>移情的詮釋<br>修通 | 莫名的情緒、<br>認知與行為<br>↓ | ↓ |
| | | 慾望與自我<br>的衝突 | 潛意識 |

主要是重複的困擾、莫名的情緒、認知和行為，以及慾望與自我的衝突等。就自覺層面來說，一般心理治療處理的是個案意識到和自覺的問題，深度心理治療處理的是個案潛意識和自己不知道的問題。

筆者認為，把精神分析和精神分析治療視為兩類不同治療理論與方法的觀點，其實是受到美國精神分析發展過程的影響。精神分析在美國被過度醫療化，精神分析訓練的標準化，以及美國精神分析學會入會資格的要求等，這些頗具政治和經濟利益考量的結果，導致精神分析治療不是精神分析的看法。這種將精神分析和精神分析治療視為明顯不同的觀點，是過去時代的產物，已經不適用於當代的社會。

隨著當代精神分析的發展，看重的是如何更貼近個案的心理和需要，和個案產生有意義的連結和關係。精神分析治療和精神分析一樣的看重移情的處理和運用，一樣的透過詮釋和同理去幫助個案意識到自己的潛意識。綜合上述，筆者認為精神分析和精神分析治療是大同小異的概念，兩者都是根據相同的理論和技術來幫助個案增進對潛意識的覺察，只是兩者在應用理論和技術的程度不同，本質上兩者都是深度心理治療。

# 第二章

# 精神分析是心理學的分支

作為一名心理師，筆者想從心理學的觀點檢視精神分析，探討精神分析和心理學的關係、精神分析醫療化的問題、精神分析是心理治療的起源，以及如何學習精神分析治療。閱讀本章有助於認識 Freud 其實是一位心理師、精神分析是心理學的重要組成、精神分析醫療化的問題，以及精神分析治療的訓練等。

## 第一節　精神分析和心理學

影響現代心理學最主要的兩個人是 Freud 和 Wilhelm Wundt（1832-1920），他們都是醫師，但是選擇不同的方式探討心理學。Freud 採用臨床觀察的方法探討潛意識，Wundt 則採用實驗和量化方法探討意識。Wundt 是第一位將心理學從生物學和哲學領域中獨立出來，他命名這門科學為心理學，自稱自己是心理學家。他在德國萊比錫大學設置了第一個心理學實驗室、創辦第一個心理學期刊、撰寫學術風格的教科書，以及培育心理學人才等，對於建立現代心理學有傑出的貢獻，被尊稱為現代心理學之父（Thomas, 2020）。

Freud 一生在知識和科學歷史上最突出的角色是心理學家，他在 1890 年代就已經知道自己是一位心理學家，他曾在給友人的一封信上寫著：「心理學是我追求的目標」，此後 40 年，Freud 基本上是一位心理學家。

而在所有心理學理論當中，最能刺激我們思考、內容涵蓋最完備的，便是佛洛伊德心理學。他的心理學理論涵蓋人格結構、人格動力、人格發展、心理病理學、行為的改變與治療等，很少人的理論能夠對上述各方面都給予同等的注意。以個別學者的貢獻來說，是沒有人能夠和Freud相提並論的（黃堅厚，1999）。

Freud認為，精神分析既是一個心理學的人格理論，也是一個心理治療的方法。佛洛伊德心理學（Freudian psychology）是一個心理學理論系統，精神分析則是一個心理治療方法，Hall（1979）曾用不同的名詞加以區分。Freud希望被後世的人記住他是一位心理師。因為種種的原因，包括 Freud 是一位醫師、多數精神分析師是醫師背景，以及精神分析長期納入在醫學領域，讓我們忽視了精神分析和心理學的密切關聯。1927年，Freud 回答精神分析和心理學的關係，他說精神分析是心理學的分支，不是精神醫學或變態心理學的分支。

由此可知，精神分析和心理學從一開始就因各自不同的興趣而獨立發展。心理學探討的是人的意識，有興趣的主題包括：感覺（sensation）、知覺（perception）、記憶和思考。精神分析探討的是人的潛意識，有興趣的主題包括：動機、情緒、衝突、心理症狀、夢，以及人格特質等。而且，心理學發展於學術機構和實驗室，精神分析發展則於臨床機構，雙方的代表向來很少往來（Hall & Lindzey, 1970）。

二次世界大戰之後，雙方的隔閡開始縮小，佛洛伊德心理學成為學術心理學當中一個重要的觀點。主要的原因是 Freud 一向認為精神分析是心理學的一支，他熱衷探討正常行為更勝於異常行為。二次世界大戰之後，諮商與臨床心理學領域快速擴充，心理學開始重視動機和人格的主題，心理師對精神分析的關注顯著增加。雖然精神分析和心理學雙方的關係愈來愈好，但是還沒有達到完全和諧和理解，在醫學和心理學之間，精神分析仍舊維持和醫學走得比較近的關係。

Fine（1970）於 50 年前擔任美國心理學會（American Psychological

Association, APA）心理治療分會（Div. 29）會長的時候，在當時的紐約哥倫比亞大學校刊上有一篇文章提到，一方面學生被教導 Freud 是一位偉大的思想家，和馬克斯、達爾文齊名，但是另一方面，大學卻沒有提供相關的課程，讓學生有系統的學習精神分析。這個情況到現在依然如此，大學的心理相關系所雖然在很多課程裡，例如：普通心理學、發展心理學、人格心理學、變態心理學，以及諮商與心理治療理論等，都會介紹精神分析，特別是佛洛伊德心理學。但是，大學裡卻很少聘請專長精神分析的教師來開設精神分析課程，因此想要學習精神分析或精神分析治療的學生，必須另外尋找校外的精神分析訓練資源。

為什麼會這樣呢？主流心理學界總是迴避 Freud 的理論，或者批判精神分析的不科學，認為精神分析的理論和假設無法像實驗心理學那樣被驗證。有意思的是，精神分析學界反而堅持認為他們對精神分析的研究方法才是科學的，但我們都知道，多數精神分析師是醫學背景，他們對科學研究的重視不亞於心理學家。Freud終其一生都不斷地在修正精神分析的理論，他過世之後，後來的人也持續不斷地修正和擴充。主流心理學界卻認為精神分析是一個僵化、過時、難以改變的知識系統，其實是對精神分析一百多年來的文獻缺乏了解。

Freud向來不曾掩飾精神分析是心理學的一支，但是令人意外的是，精神分析卻去認同醫學，而非心理學。美國第一位心理學哲學博士、Wundt 的學生、美國心理學會第一任理事長 G. Stanley Hall（1923）曾讚嘆地說，Freud的來臨標示著心理學歷史的偉大時代，可惜大多數心理學家並不如此認為。由於心理學學術界有著濃厚的反精神分析氛圍，因此有許多心理學研究生必須在畢業前後，從大學以外的地方接受精神分析的訓練。Fine（1970）認為，心理學學術界長期排斥精神分析會造成很大的損失，他呼籲心理學學術界更加的重視精神分析，並努力讓精神分析重回心理學的大家庭。

心理學是一門兼具科學與人文的學門，這點也反映在美國心理學會

圖 2-1　美國心理學會的 Logo

的 Logo 上，如圖 2-1 所示。心理學的希臘符號是Ψ，符號的右側代表剛性的科學，左側代表軟性的人文，從 APA 的 Logo 可以體會心理學是兼具科學和人文、醫學和宗教、質性和量化的面向。心理治療也是如此，相較於認知行為學派重視科學的、醫療的和量化的面向，精神分析學派更強調人文的、藝術的、宗教的、質性的面向。科學有兩種：一種是客觀的、邏輯的、知識的、實證的、量化的；另一種是主觀的、直覺的、體驗的、建構的、質性的。但是，美國心理學會以及主流心理學界多年來倡導實證基礎的治療（evidence-based treatment），雖然促進了認知行為治療的蓬勃發展，卻不利於精神分析在主流心理學領域的生存和發展。

筆者認為，當代心理學會更加朝向不同研究典範齊頭並進，諮商與心理治療理論亦會保持多元發展的觀點，對於精神分析理論及其研究，應該會更為包容和尊重。完整的心理學應該包括人類意識和潛意識的探討，缺一不可。如何讓精神分析與心理學雙方有更多的交流和合作，最終朝向整合為一個完整的心理學，則有待雙方的努力。

## 第二節　精神分析醫療化的問題

過去在某些地方，沒有醫學學位是很難成為精神分析師的，這個現象顯然背離 Freud 的主張。在精神分析的領域，lay analysis 是指由非醫師提供的精神分析，這些非醫師背景但受過精神分析訓練的人，被稱為 Lay Analyst。Freud（1926a）在 *The Question of Lay Analysis* 一書中，強烈主張沒有醫學學位的人一樣有權利接受精神分析訓練，並從事精神分析執業。他努力不懈地去維護精神分析的獨立性，不要被醫學所壟斷。Freud（1913）認為，精神分析的執業對心理學的訓練和人性的領悟，遠比醫學訓練來得更重要。他強烈認為精神分析師的訓練背景主要是人文科學、社會科學、心理學，以及個人分析，而不是醫學。

精神分析領域的許多傑出分析師，像是 Anna Freud、Melanie Klein、Erik Erikson、Ernst Kris、Otto Rank 和 Theodor Reik 等，都不是醫師背景。在 1926 年的春天，Reik 被人告到奧地利的一個地方法院，有人告他沒有醫學學位卻在執行精神分析。在訴訟期間，Freud（1926a）曾撰文為 Reik 辯護，後來這件官司並沒有成立。此後，Freud 終其一生為 lay analysis 辯護，並努力避免被醫學壟斷。許多分析師也以悲痛的心情撰寫文章強烈反對精神分析和醫學有緊密的關係，例如：本身兼具心理師和醫師背景的 K. R. Eissler（1965）認為，精神分析是一門人的科學，具有廣泛的社會科學應用性，不要也不應該成為醫學的一個專科分支。長期以來，精神分析和心理學各有自己的專業組織，彼此也少有專業交流，即使在研究所的訓練裡，雙方也很少在一起討論。

Theodor Reik（1888-1969）是奧地利的猶太人，他於 1912 年畢業於維也納大學取得心理學哲學博士，是少數接受 Freud 分析的心理師之一，後來又接受 Karl Abraham 的分析，博士論文是從精神分析的角度研究《聖安東尼的誘惑》這部法國小說。Reik 可以說是一位受過很好訓練的精神分析師，而且已經是維也納精神分析學會的會員。因為猶太人身分的關係，為躲避納粹的迫害，他在 1938 年移民到美國紐約，並從事精神分析的執業和訓練工作。Reik 在申請加入紐約精神分析學會時，因為沒有醫學學位而被拒絕。在無法加入精神分析學會的情況下，Reik於 1948 年在紐約市成立 National Psychological Association for Psychoanalysis（NPAP），這是第一個由心理師成立的精神分析學會和訓練機構，提供精神分析的訓練給非醫學背景的心理衛生人員。

二十世紀初期，由於精神分析被濫用，讓 Freud 非常憂心。當精神分析傳到美國時，正值美國醫學界被批評不夠專業，醫療品質參差不齊的年代，正要積極重建其科學和嚴謹的地位時，精神分析如同手術一般被納入需要標準化的醫療程序。在醫療化和形式化的訓練下，精神分析師被教導什麼是標準化的分析技術，哪些事情是可以做，哪些是不可以做。這樣的氛圍和歐洲受訓的分析師有明顯不同，歐洲分析師比美國分析師顯得更加溫暖、自然、彈性（McWilliams, 2004）。

雖然 Freud 強烈認為精神分析不是醫療的專科之一，但美國精神分析學會卻忽視 Freud 的意見。由於諸多原因的匯集，包括：美國醫學界決心建立他們的科學性和專業性、Freud對於別人誤用和濫用精神分析的憂慮，以及面對外界對精神分析的批判，美國醫學界決定嚴格控管分析師的訓練和界定精神分析為醫療程序，比照手術制定標準化的訓練程序和技術規則。

Otto Rank（1884-1939）是奧地利人，畢業於維也納大學取得心理學哲學博士，也是最早接受Freud分析的心理師，是Freud最信任和得力的助手。在 1926 至 1939 年期間，他先後在法國和美國宣揚「關係的、表達的和此時此地的治療觀點」（relational, expressive and here and now therapy），而不被美國精神分析學會和國際精神分析學會接受，那些曾經接受過 Rank 分析的人都要重新被第二位分析師分析才能成為合格會員。Rank的例子說明了當時精神分析的醫療化和標準化讓精神分析的觀點變得窄化，而不利於精神分析的發展。Rank的「關係的、表達的和此時此地的治療觀點」不僅有助於客體關係理論的發展，也同時影響了後來的存在心理治療、個人中心治療、完形治療，以及心理劇的發展（Kramer, 1995a, 1995b）。

1920年代，當美國精神科醫師面對州立精神病院收容的精神病患者顯得束手無策時，正好精神分析被引進到美國。為了能讓精神分析獲得美國醫學界的接納，紐約精神分析學會的精神科醫師堅持執行精神分析的人一定要具備醫學學位。這個議題曾經在1927年的國際精神分析學會大會上被提到，紐約代表團遭遇由 Ferenczi 率領的匈牙利代表團之強烈反對。Ferenczi主張，處理潛意識的精神分析本身就是專門學問，和醫學訓練裡學到的解剖學和生理學極少有，甚至沒有實際關係。醫學研究的重心在於解剖學和生理學，而精神分析的重心則在心理學，因此一位合格的醫師不一定比一位有知識的外行人還適合從事精神分析。Freud在當時也無法讓紐約代表團相信精神分析的真諦是心理學，而不是醫學（Schwartz, 1999）。

美國精神分析學會從1930至1980年代之間，規定只有醫學背景的精神科醫師才可以接受精神分析訓練並成為會員。只有少數例外，只接受部分歐洲移民來美國的非醫學背景之分析師成為會員，以及那些研究精神分析的學術人員。而且，美國精神分析學會還和國際精神分析學會有一個協議，那就是 IPA 不可以接受沒有美國精神分析學會會員資格的人或組織成為 IPA 會員。雖然全世界各地的心理師、社工師和其他心理衛生專業人員都可以接受精神分析訓練並成為 IPA 會員，但為何單獨美國不行？

由於美國精神分析學會長期歧視非醫學背景的人去接受精神分析訓練，1985年3月，美國加州舊金山灣區的四位心理師在美國心理學會第39分會（精神分析分會）的支持下，前往紐約控告美國精神分析學會。訴訟的理由是，他們認為美國精神分析學會及其部分分會限制非醫師人員接受精神分析訓練與成為會員，共謀聯合壟斷精神分析的訓練和收費，違反聯邦反托拉斯法（Pear, 1992）。這個案子自然造成精神分析界和心理學界雙方的緊張，後來雙方在 1988 年 11 月同意庭外和解，和解的內容主要有三：

1.美國精神分析學會及其會員機構不可以限制非醫學背景的人接受精神分析訓練和成為會員。

2.美國精神分析學會及其會員機構不可以限制其會員在非美國精神分析學會的會員機構進行精神分析教學。

3.美國精神分析學會同意讓獨立的精神分析訓練機構可以直接加入國際精神分析學會，而不需要先成為其會員。

自從 1988 年美國精神分析學會同意開放給非醫學背景的人接受精神分析訓練之後，想要進修精神分析的心理師和其他非醫師的心理衛生工作人員有愈來愈多的趨勢。這是一個好的趨勢，更多的心理師和社會工作師投入精神分析領域之後，反而帶給精神分析更多的活力和影響力。目前，美國各地的精神分析訓練機構，如同其他國家和地區一樣，比較開放的接受各心理衛生專業背景的人來申請精神分析訓練。

精神分析和心理學融合的另一個組織範例是美國心理學會第 39 分會（精神分析），這個分會的宗旨是促進精神分析與精神分析取向心理治療的研究、實務與發展。會員分為兩種：一種是正式會員，資格是具有心理師或心理衛生專業執照的人；另一種是贊助會員，包括國際會員和研究生。目前約有會員 4,800 人。此外，美國心理學會共有 15 種專科認證，其中包括精神分析的認證（Board Certification: Psychoanalysis in Psychology）。

雖然全世界各地區的精神分析學會不再排斥非醫學背景的受訓人員，但是精神分析長期醫療化的問題導致一些不利的後果。第一，導致精神分析孤立在醫院和精神分析訓練機構之內，和整個心理學學術界明顯的隔離，使得雙方不容易交流和相互學習。大學心理相關系所教授不容易接觸精神分析理論的發展和演變，所撰寫的教科書仍然停留在古典精神分析，而忽視當代精神分析的理論和技術。

第二，導致精神分析技術被要求如同手術一般標準化。1940 年代，芝加哥精神分析學院創立者 Franz Alexander 提出「矯正性情緒經驗」（corrective emotional experience）時，便被主流精神分析界嚴厲批評為對病人的操弄（Stone, 1961）。事實上，精神分析在歐洲的實踐是相當多元而有彈性的（Glover, 1955）。Freud 本人在從事精神分析時，也是富有彈性，並且尊重病人的個別差異；但很不幸的，他所建議的分析技術卻被醫療化為分析規則，例如：「你不要回答病人的問題，你要探索」、「要分析個案，不要滿足個案」、「個案遲到一定視為抗拒加以分析」、「不要告訴病人任何關於你個人的訊息」。

事實上，大多數受過完整訓練的資深分析師都會和 Freud 一樣，以較溫暖、較自然和較彈性的態度運用分析技術。筆者十分認同 McWilliams（2004）的觀點，做為精神分析治療師，了解心理學的原則和個別差異的現象，遠比精熟技術還來得重要。多數的資深精神分析治療師都會根據病人的個別差異彈性運用技術。

## 第三節　精神分析是心理治療的起源

我們都知道，精神分析是現代諮商與心理治療的起源，從 1896 年 Freud 第一次使用「精神分析」這個名詞算起，精神分析與其他心理治療的發展至今已超過 120 年，Freud 創立精神分析之後，其他諮商與心理治療理論也因為不同的理由反對它而發展起來。以下透過心理學四大勢力的脈絡來簡述 120 多年來諮商與心理治療學派的流派發展。

心理學的第一勢力是精神分析，精神分析學派的基本假設是潛意識決定人類的情緒和行為，行為都是有意義的，也都是受早年經驗所深刻影響的。精神分析學派主要的興趣在探討潛意識對於人的偏好、行為、動機和人格的影響，因此被稱為心靈決定論（psychic determinism）。心理學第一勢力還包括 Jung 的分析心理學和 Adler 的個體心理學，這些精神動力學派至今仍然深遠的影響著今日的諮商與心理治療之發展。

精神分析被標籤為「心靈決定論」是有道理的，因為「心靈」（psyche）這個詞是指嬰幼兒時期的心靈，也就是說每一個成年的文明人其內心深處仍住著一個古老的心靈（archaic psyche）。成人的言行舉止、人際關係、心理問題、生涯、婚姻等，無不受到古老心靈的影響，特別是那些因為種種原因而被壓抑到潛意識的驅力、渴望、衝突和慾望，以及處理衝突和渴望的防衛和幻想。這些防衛和幻想決定了我們會是什麼樣的一個人，我們會選擇什麼樣的職業和配偶，會過什麼樣的生活。

大約到了 1920 年代，有些學者如 B. F. Skinner、John Watson、Ivan Pavlov 等人，因為不認同 Freud 的潛意識觀點，而發展出行為學派。行為學派是心理學的第二勢力，認為人類行為都是學習而來的，主要是古典制約、操作制約，以及社會學習。人類行為不是受到潛意識或早年經驗的影響，而是受到外在環境的影響，因此被稱為環境決定論。屬於心理學第二勢力的諮商與心理治療學派，包括：行為治療學派、認知行為學派，以及現實治療學派等。心理學第二勢力的發展和進步是很多的，如今認知行為學派的第三波，包括：正念療法、辯證行為治療、接納與承諾治療等，也受到治療師的歡迎。

大約到了 1950 年代，有些人本心理學家如 Abraham Maslow、Carl Rogers 等人認為，人類行為既不是被潛意識所決定，也不是被環境所決定，而是有自由意志和選擇的，因此可以稱為自由選擇論。影響人本心理學的發展主要有兩種思想：一種是存在主義，另一種是現象心理學。存在主義強調自由、選擇與責任，現象主義則強調知覺、主觀經驗與個人意義。屬於心理學第三勢力的諮商與心理治療學派，包括：個人中心學派、存在治療學派，以及完形學派等。

心理學的前三大勢力都是主張科學實證論，也就是認為有一個客觀的真理和真實，心理學的研究和心理治療有一個客觀的真理，正常和標準只有一個。大約到了 1980 年代，有些治療師反對科學實證論的現代主義，認為主觀與客觀並重、理性與價值並重，真理與真實可以是主觀的，真理、正常和標準不只一個，因此這個勢力又稱為社會建構論或後現代主義。屬於心理學第四勢力的學派，包括：焦點解決學派、敘事治療學派等。

在 1950 年代以前，精神科醫師和心理師的心理治療訓練以精神分析為主；1950 年代精神藥物問世之後，多數精神科醫師逐漸轉向生物醫學模式去治療病人，採用精神動力取向的精神科醫師逐漸減少。臨床心理學和諮商心理學在二次世界大戰之後，在美國蓬勃發展起來。由於心理師不容易得到精神分析的訓練，他們轉而去學習其他學派，主要是心理學第二和第三勢力的諮商與心理治療理論和技術，也因此精神分析曾經有一段時間相對於其他學派是沒落的。

很多教科書在介紹諮商和心理治療理論的時候，都會介紹精神分析，並且以 1950 年以前的佛洛伊德心理學或古典精神分析為介紹內容。事實上，精神分析從 1950 年之後，也和其他學派一樣持續的發展，當其他心理學勢力在發展的時候，當代精神分析持續的修正和擴充古典精神分析的理論和技術。很多人對精神分析的了解仍停留在古典精神分析，這是對精神分析最主要的誤解。事實上，當代精神分析是我們需要彌補並重新認識的重要一塊，現代臨床治療師主要依據當代精神分析理論在執業，不再局限於古典精神分析的觀點。當代精神分析包括：自我心理學、客體關係理論和自體心理學。本書在介紹精神分析理論的時候，使用四分之一的篇幅介紹古典精神分析，使用四分之三的篇幅介紹當代精神分析，讓讀者有機會對當代精神分析有一個大致完整的了解。

# 第四節　精神分析治療的訓練

本節從兩個角度來討論精神分析治療的訓練：一個是專業系統的角度；另一個是個人經驗的角度。學習精神分析治療的主要方式，包括：閱讀文獻、參加課程訓練、接受個人分析或治療、臨床接案，以及接受督導等。

## 一、精神分析治療的訓練

既然精神分析是心理學的分支，精神分析治療師的訓練理當由大學來提供，但是由於歷史發展的原因，精神分析與心理學的長期隔離，使得大學難以單獨承擔精神分析治療師的訓練工作。現階段最為可行的訓練方式是由大學和精神分析訓練機構共同合作來完成，並且將精神分析治療的訓練列為執照後的專科訓練。也就是說，有心想要進修精神分析治療的人，必須先在大學完成醫學教育、心理學教育、師培教育，或者社會工作教育，取得醫師執照、心理師執照、輔導教師證書，或者社會工作師執照之後，再進入精神分析訓練機構接受專科訓練。筆者不建議自己的學生太早接受精神分析訓練，因為筆者認為一個心理師或治療師應該先完成心理治療的全科訓練，然後在取得心理衛生相關執照之後，透過繼續教育完成精神分析的專科訓練，包括：課程訓練、臨床實習、臨床督導，以及個人分析。

以筆者為例，也是先完成諮商心理學博士學位，取得加州心理師執照之後，才以在職訓練的方式接受南加州精神分析學院（Southern California Psychoanalytic Institute）的訓練。該學院在 2005 年與 Los Angeles Psychoanalytic Institute 合併更名為 New Center for Psychoanalysis。當時該學院提供精神分析的長期課程有兩種：一種是精神分析訓練，另一種是進階精神分析取向心理治療訓練。筆者衡量自己的需要和所能付出的時間，決定申請進階精神分析取向心理治療的訓練課程，訓練時間兩年，分四個學期進行。訓練的方式包括文獻閱讀、上課聽講、臨床接案，以及臨床督導。每週上課一次，每次四小時，每週接受資深分析師個案督導一次。

精神分析治療的理論課程，筆者參考當年參加的訓練課程，以及目前美國加州幾家訓練機構的課程，彙整如表 2-1 所示。

表 2-1　精神分析治療的課程訓練

| 精神分析理論 | 精神分析技術 | 精神分析觀點的人類發展 | 精神分析觀點的精神疾病 | 其他 |
|---|---|---|---|---|
| 佛洛伊德理論<br>自我心理學<br>客體關係理論<br>自體心理學<br>人際精神分析 | 心理動力診斷<br>治療技術<br>抗拒與移情分析<br>與伴侶、家庭、團體工作<br>短期與長期治療<br>夢的工作<br>治療的結束 | 嬰兒發展與依附<br>兒童發展與伊底帕斯<br>青少年發展<br>成人發展<br>老化、死亡與哀傷 | 焦慮障礙<br>情緒障礙<br>精神病<br>飲食障礙<br>物質濫用與成癮<br>人格障礙<br>身心症 | 個案研討<br>倫理與界限<br>性與性別<br>精神分析與藥物治療 |

在美國，各地都有精神分析學院提供精神分析訓練課程和精神分析取向心理治療訓練課程，兩者的區別在於精神分析師的訓練課程時間比較長，一般是四年，除了上課之外，還要加上接受一週三至五次的個人分析，以及在訓練分析師督導之下進行二至三個個案的分析，並撰寫分析報告。有的學院會提供精神分析博士課程，完成整個訓練課程之後，可以取得精神分析師的資格和精神分析博士學位。

當時筆者是全職工作，參加兩年的密集訓練課程，時間負擔很大，每週有大量的文獻要閱讀，再加上每週要固定接受臨床督導，感覺時間總是不夠用。事實上，同學們的情況都很類似，大家都是 40 歲左右的人，都是有全職工作和家庭要照顧，要兼顧臨床訓練十分辛苦。對於學習精神分析有興趣的人大概也要等到完成研究所教育，取得心理師、醫師或社工師執照後，有了比較多的臨床經驗和收入之後，才開始進修精神分析。

從表 2-1 可知，精神分析訓練課程的內容，包括：精神分析理論、精神分析技術、精神分析觀點的人類發展，以及精神分析觀點的精神疾病四大內容。本書限於篇幅，內容以介紹精神分析的理論與技術為主，對於精神分析觀點的人類發展和精神疾病之介紹為輔，這是首先要跟讀者敘明的。想要學習精神分析觀點的精神疾病，筆者會推薦讀者閱讀李宇宙等人（2007）翻譯自 Gabbard（1990）的《動力取向精神醫學：臨床應用與實務》，該書從精神分析的角度介紹每一種精神疾病的本質、症狀、診斷和治療方法。

## 二、學習精神分析治療的建議

有興趣想要學習精神分析的人，建議可以去參加密集的課程訓練，這樣會比較有系統，而且可以在督導之下從事臨床接案。十分幸運的，在台灣有一個獲得國際精神分析學會認可的台灣精神分析學會。該學會成立於 2004 年，除了春秋兩季每週三的入門課程，在台北、台中、高雄推廣精神分析的概論之外，更在 2017 年展開精神分析師的訓練，以及精神分析取向心理治療的訓練課程。

該學會所辦理的精神分析取向心理治療課程和精神分析訓練課程的訓練時間和內容，和前述美國的課程很類似，前者為期兩年，後者為期四年。台灣的課程內容主要是系統化地介紹精神分析各家的理論與技巧，包含：古典理論、客體關係、自體理論等，以及治療技術、人類發展、精神病理與治療倫理等單元，並且也注重每個人臨床的實務經驗，每位學員都須參與每學期的臨床案例團體督導。

學習精神分析的途徑，除了參加密集的正式訓練課程之外，也可以參加台灣精神分析學會和相關學術團體所舉辦的短期課程。參加這些課程可以評估自己是否真正對精神分析有興趣，然後再決定是否參加密集的正式訓練課程。

有人說，學習精神分析最好的方式是閱讀佛洛伊德文集，但也有人持不同的看法。不管如何，想要閱讀佛洛伊德文集中文版的人有福了，在中國大陸吉林大學車文博教授的主持下，召集專家學者分工合作進行翻譯，於 2014 年由北京市的九州出版社出版。車文博教授根據英文標準版進行翻譯，英文標準版有 24 冊，中文版則有 12 冊。每一冊的書名如下：

1.癔症的研究。

2.日常生活心理病理學。

3.釋夢（上）。

4.釋夢（下）。

5.愛情心理學。

6.詼諧及其與潛意識的關係。

7.精神分析導論。

8.精神分析新論。

9.自我與本我。

10.達・芬奇的童年回憶。

11.圖騰與禁忌。

12.文明及其缺憾。

在選擇精神分析文獻閱讀時，筆者提醒一下讀者，精神分析的文獻有兩類：一類是臨床精神分析（clinical psychoanalysis）；另一類是應用精神分析（applied psychoanalysis）。根據 Hall 與 Lindzey（1970）的觀察，精神分析從一開始就是一個治療神經症的方法和理論，後來逐漸應用到諮詢室以外的地方。第一個將精神分析的領悟應用到文化和社會現象的人便是 Freud，其撰寫的許多著作都是屬於應用精神分析的著作，包括上述中文版的第 2 冊、第 6 冊、第 11 冊、第 12 冊等。這些著作和諮商與心理治療的臨床應用比較沒有密切關係，這也是讓許多讀者產生誤解的地方，以為這些也是臨床理論與方法。

閱讀佛洛伊德文集還有一個提醒，由於 Freud 在其發展精神分析理論的 40 年期間，持續在修正自己的觀點和理論，例如：他對於驅力的觀點和分類做了很多的修正。因此，讀者如果是臨床工作者，想要了解精神分析的概念和理論，最好閱讀 Freud 在 1920 年（當時約 64 歲）之後出版的書籍和論文。

在學習和進修精神分析的時候，如果讀者同時接受個人分析或治療、臨床接案，以及接受督導的話，肯定更能夠體會所閱讀和聽講的精神分析之概念和理論。學習精神分析離不開個人的自我覺察，以及對個案和人性的觀察和思考，單純的閱讀精神分析文獻是不夠的，培養對人性和人類問題的思索，以及對於自己潛意識的好奇和自我了解，可以增進自己對於精神分析的理解和臨床應用。以下歸納精神分析治療的學習態度：

1.要有思索探究人性和人類問題的興趣和習慣。

2.對於專有名詞，例如：戀母情結等，要當作一種比喻來理解。

3.要結合精神分析理論與日常生活，學習用精神分析的概念來了解自己和他人（包括個案）。

4.學習精神分析治療一定要一邊接案、一邊學習，才能夠融會貫通。

第三章

# 驅力心理學

本章主要在介紹Freud的驅力心理學（drive psychology），又稱佛洛伊德心理學（Freudian psychology）或古典心理學（classical psychology）。精神分析理論是一套關於心理結構與人格發展的知識體系，由Freud 從 1895 年開始發展，直到他過世，這套理論不僅關注心理病理的發展，更關注正常人的人格發展。本章分為四節：第一節是潛意識、驅力與心理能量；第二節是人格的三我結構；第三節是性心理發展與伊底帕斯情結；第四節是焦慮與神經症。

## 第一節　潛意識、驅力與心理能量

人類行為的動機是什麼？人為什麼會動、會思考、會感受？Freud認為，人類行為都是由心靈決定，而且行為的動機大部分是潛意識的。本節主要在介紹精神分析的動機理論，包括：潛意識、驅力和心理能量，了解這三個概念有助於學習精神分析的理論。

### 一、潛意識

把心理生活劃分成意識和潛意識（unconscious）（或譯為無意識）是精神分析所依據的基石，在此有需要加以清楚說明。心理品質可以分為三個層次：意識、前意識和潛意識。「意識」或「有意識的」一詞，是一個純粹描述性的名詞，它建立在知覺的基礎上。意識到就是知覺到，但是一種心理活動（如一個觀念）一般說來不是永遠有意識的，而是想到、知覺到才會有意識，因此意識狀態是瞬息萬變的。

Freud（1940）認為，我們所稱的意識，無需去說明它的特性，它與哲學家以及一般人認為的意識一樣。意識之外的心理過程就是我們所說的潛意識。某些潛意識過程很容易轉變為意識，然後又可以退出意識，也能夠再度順利的轉變為意識，它們是可以再現或回憶的。意識總的來說是變動不居的狀態，成為意識僅僅是暫時的。任何很容易從潛意識狀態轉換成意識狀態的潛意識，稱之為前意識（preconscious）。很多潛意識會伺機成為前意識，無論它多麼複雜。

其他還有很多不容易成為前意識的潛意識材料，它們必須透過推論或分析，並以上述方式轉變為意識形式，這些材料被命名為嚴格意義上的潛意識。換句話說，潛意識有兩種：一種是潛伏的，但能成為有意識的；另一種是被壓抑的，是不能成為有意識的。那種潛伏的、只在描述意義上而非動力學意義上的潛意識，稱之為前意識。而把潛意識一詞留給那種被壓抑的、動力學上的潛意識。

前意識的東西轉變為意識，可以沒有我們的任何參與或介入，而潛意識的東西要透過我們的努力才能變成為意識。在主要由思考、記憶、語言等構成的自我的內部，具有的是前意識的品質，這是自我的特性，並且為自我所獨有。本我獨有的心理品質是潛意識。本我與潛意識就像自我與前意識那樣的緊密關聯。

人的最初一切皆屬於本我，由於外部世界的不斷影響，自我從本我中分化出來。在一個緩慢的發展過程中，本我的某些內容轉化為前意識狀態，而被帶到自我當中。本我的其他內容則原封不動的保留在本我中，成了本我中幾乎無法接近的核心。可是，在此發展期間，幼稚和脆弱的自我會把它已經得到的某些材料遣回到潛意識狀態，排斥這些材料，這些材料在本我中會留下痕跡。我們把本我後來的部分稱作被壓抑的。因此，潛意識內容包括兩類：一類是生來具有的；另一類是在自我的發展過程中因壓抑而獲得的。

精神分析的基本概念是心靈決定論（psychic determinism），這裡所說的「心靈」是指古老的或嬰幼兒時期的心靈，「決定」一詞是相對於自由意志（free will）。Freud 是一位科學家，他透過觀察和分析病人，試圖去了解人為什麼會動。他認為人類行為（人會動）的發生不是意外的、偶然的，而是被潛意識和早年經驗所決定的，並且是有意義的。心靈決定論不僅可以解釋心理疾病的症狀，也可以解釋一般人的日常行為和人格特質。

心靈決定論提醒治療師，任何人的言行都是有意義的。我們應該經常自問：「問題的原因是什麼？為何它會發生？」日常生活中的忘記事物或口誤，並不是意外的、無心的，經過 Freud 和無數分析師多年的仔細調查，證明這些遺忘或口誤都是有涵義的，都是由一個慾望、願望或意圖所引起的。平常人們所做的夢，也是遵循心靈決定的原則，每個夢，夢裡的每個影像都是其他精神活動的結果。

我們無法直接觀察潛意識的心理活動，只能觀察它們透過病人的想法、感覺和行動所呈現的影響。我們傾聽病人的聯想和觀察其言行，這些資料都是潛意識心理活動的衍生物，從這些資料可以間接推論病人心理活動的本意（Brenner, 1973）。根據Freud的心靈冰山理論，想法和知覺是屬於意識層面的材料，記憶和儲存的知識是屬於前意識的材料，更多的情緒、情感和慾望則是屬於潛意識的材料，如圖 3-1 所示。

Freud從歇斯底里症病人的觀察中，發覺潛意識的運作是病人所不自覺的，在接受治療之前，病人並不知道症狀或行為的涵義，症狀或行為的原因早被壓抑在潛意識裡，可是病人在日常生活和在診療室的行為表現，好像他還記得。顯然不記得並不等於沒有發生過，例如：一個人對於他聲稱不在乎的人，卻冗長地談論他，意識上知道這個人不重要，但是潛意識卻放不下他。

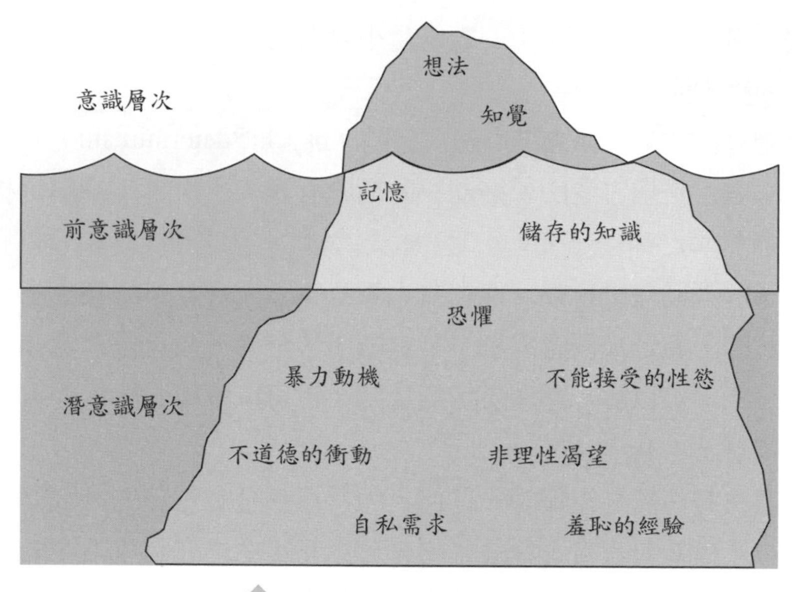


圖 3-1 Freud 的心靈冰山
資料來源：James（2014）

潛意識和前意識之間的真正差別在於，潛意識是在未被認知到的某種材料中產生出來的，而前意識則是和字詞表徵（word presentation）聯繫著。「一件事情如何成為前意識的呢？」Freud（1923）認為，答案是：「透過和與之相應的字詞表徵建立聯繫而成的。」這些字詞表徵就是記憶痕跡（residues of memories）。它們一度曾經是知覺，像一切記憶痕跡一樣，可以再次成為意識的。只有那些曾經是意識知覺的東西因故被壓抑成為潛意識，這類潛意識經過自由聯想和詮釋才能成為有意識。換言之，透過精神分析使潛意識的東西重新與情感（移情）和字詞（詮釋）產生連結，潛意識就會變成前意識和意識。

潛意識的心理歷程本身是無始無終的，也就是說，時間推移的概念不適用於潛意識，在潛意識的世界裡是沒有時間概念的。我們甚至可以說，在潛意識的世界裡，人是不分男女老少，客體是不分你我他的，也不分他、她，還是它。潛意識的這個特性有助於我們將來了解移情的概念。

Freud（1933）原來用潛意識、前意識和意識來描述心理的品質，後來潛意識一詞常常被用來指涉心理領域。因此，潛意識一詞很容易引起混亂。Freud 後來採納 Georg Groddeck 的建議，將潛意識叫做「本我」（id），這個非人稱代名詞更適用於表達心理這個領域的主要特徵，即不同於自我的這一事實。後來，本我、自我和超我，便成為心理結構的三個部分。

## 二、驅力

驅力（drive）也是精神分析理論的基石，坊間有關精神分析的中英文書籍，經常使用本能一詞代替驅力。Bettelheim（1983）認為，佛洛伊德文集英文版將驅力誤譯為本能，嚴重傷害了性驅力和死亡驅力的概念。Freud 本人很少使用本能一詞，除了提到低等動物時。Freud 的德文原文中其實是討論驅力的理論，而不是本能理論。驅力形容的是一種被驅迫的感覺或衝動，首要的驅力是性驅力。

Bateman 與 Holmes（1995）也認為，英文翻譯者將德文的本能（Instinkt）和驅力（Trieb）都翻譯成本能（Instinct），是造成後來難以理解 Freud 本意的原因。德文的 Instinkt 指的是天生的行為模式及反應（本能），而 Trieb 則隱含著敦促或推動自己朝向目標的動力（驅力），生存的動力。不幸的是，英譯本的譯文中會交替使用這兩個詞，而造成理解的困難。本書使用「驅力」來代替「本能」一詞，希望有助於讀者正確理解 Freud 的本意。

根據 Freud（1940）的觀察，人類個體有兩種基本驅力：生的驅力和死的驅力。生的驅力包括自我保存驅力和種族保存驅力，也包括自我愛驅力和客體愛驅力。生的驅力之目標在於不斷地建立更大的統一性，並極力的維護他們；簡言之，是親和的驅力。死的驅力之目標是破壞、取消連結，故而帶來毀滅。就死的驅力來說，我們可以設想它的最終目標是使勃勃生機變成寂靜無機的狀態。

在生物的功能方面，這兩種驅力或者相互排斥，或者彼此結合，例如：吃的活動就是對客體的一種破壞，而破壞的最終目的是吸收客體。性活動是一種攻擊活動，而攻擊是為了最親密的結合。兩種基本驅力共存和相互對抗的活動，造成了人類豐富的生命現象。

Freud（1921）指出，力比多（libido）這個名詞，可以包含所有性和愛的一切驅力，因此可以直接翻譯為性驅力。當初 Freud 提出性驅力是人類行為的動機時，大多數有教養的人把這個名詞當作是一種侮辱，並用泛性論的責難做為報復來攻擊精神分析。曾經有人建議 Freud 使用比較文雅的愛驅力來代替性驅力，但是 Freud 不同意，他說我不願意向怯懦屈服，人們首先在用詞上屈服，然後一點點的在實質上也屈服。

每個驅力都有其來源、目的、客體和強度。驅力的來源是身體的需求或衝動，例如：身體飢餓的狀態會提供能量來刺激飢餓驅力，飢餓驅力會啟動尋找食物的心理歷程。驅力的目的是消除身體緊張、滿足生理需求，例如：飢餓驅力的目的是消除身體飢餓的狀態，當吃飽不餓之後，身體不再釋放驅力，飢餓驅力就消失了。

驅力的客體是指達成驅力目的之客體、工具或手段，例如：飢餓驅力的手段是吃食物，性驅力的手段是性交，攻擊驅力的手段是打架。達到驅力目的之客體或手段是很多樣的，是可以互相替換的。驅力強度是指驅力的強弱程度，能量愈多、強度愈大，例如：一個非常飢餓的人，心裡只想著吃東西，會忽視其他的事情；同樣的，一個陷入愛情很深的人，他會很難想到其他事情。驅力的四個特點可以摘要如下：

1.來源：驅力的來源是身體的緊張。

2.目的：驅力的目的是身體緊張的消除。

3.客體：驅力透過客體或方法達到消除身體緊張的目的。

4.強度：驅力需要的強弱程度。

Freud 根據歇斯底里症病人的觀察，發現潛意識有願望滿足（wish-fulfillment）的目的性，這些願望基本上是要滿足性的需求。Freud 在臨床病人身上看過無數次性驅力如何影響病人的心理症狀，特別是嬰兒性慾（infantile sexuality）。Freud 摧毀人們心中嬰兒天真無邪的主張，被許多分析師接受，但是有許多非佛洛伊德學派的分析師並不接受這個觀點。Freud顯然對此觀點非常堅持，他認為嬰兒性慾在人類的行為動機上扮演很重要的角色。

Freud（1905）在《性學三論》一書中指出，嬰兒性慾的表現，例如：吸吮母親的乳房、吸吮拇指，嬰兒在吸吮時，口腔的肌肉得到快感，很多類似這種性驅力在成長過程中雖然被壓抑而遺忘，但仍會持續影響兒童發展與成人行為（吸菸）。精神分析的一個任務，就是揭開隱藏於童年早期遺忘症的面紗，並獲得早期幼兒性生活的種種現象之有意識記憶。兒童的這些最初性經驗，是與焦慮、禁令、失望和懲罰的痛苦印象關聯的（Freud, 1933）。

Freud（1920）在《超越快樂原則》一書中指出，人類行為的主要動力，除了快樂原則及其衍生出來的現實原則，還有一個更基本、更符合人性驅力的原則，其作用超出了快樂原則，也就是強迫重複（repetition compulsion）原則，它重複以前並回歸到過去的狀態。強迫重複原則似乎是一個比快樂原則更原始、更基本、更具有驅力的東西。

在童年生活的早期活動中和在精神分析治療的事件中，表現出來的一種強迫重複，在很大程度上顯示了一種驅力的特性。兒童喜歡一遍又一遍地聽同一個故事、玩同一個遊戲，這一切和快樂原則並不矛盾，顯然這種重複、這種同一事物的重新體驗本身就是快樂的一個根源。因為驅力顯示了一種恢復事物早期狀態的傾向，因此可以假定在事物已獲得的某種穩定狀態被攪亂時，一種驅力就會產生出來，驅使回復原來的狀態，這種現象叫做強迫重複。

根據上述，人類行為的動機主要有三種驅力：生的驅力、死的驅力，以及強迫重複的驅力。雖然驅力強烈的影響人的精神生活，但真正影響人一生眾多選擇的，不是這些驅力、願望和衝突，而是來自面對驅力、願望和衝突所形成的幻想。所謂幻想就是構成人們心理現實的主觀想像，這些幻想在潛意識裡決定了我們跟誰結婚、從事什麼工作、養成什麼習慣和個性、從事什麼嗜好和休閒活動。

學習精神分析的人，一定要接受人有潛意識這個基本假設，就像學中醫的人要相信經絡和氣血的存在，學醫學的人要相信病毒和細菌的存在一樣。換句話說，中醫師會相信經絡不通、氣血阻塞會生病，醫師會相信細菌和病毒會致病，精神分析師則相信潛意識和驅力會決定人格和心理疾病。精神分析被稱為深度心理學，是因為精神分析探討和處理潛意識的心理內容和心理歷程。

## 三、心理能量的貫注

「心理能量」（psychic energy）是什麼呢？Freud（1933）在《精神分析新論》一書裡曾說，我們可以拋棄力比多這個術語，它和心理能量是同義詞。由此可知，心理能量就是性驅力，就是生命的力量；心理能量包含性和愛的成分，既是一種性感也是一種情感的力量。運作人格三個系統的能量便是心理能量，有人翻譯為「精神能量」或「心靈能量」，用生活的語言來說，就是一個人的生命力或活力。

身體能量和心理能量可以互相轉換，例如：我們思考（心理能量），然後付諸行動（肌肉能量）；或者，我們受到聲音的刺激（機械能量），然後聽到某人講話的聲音（心理能量）。Freud認為，有機體在進行思考和記憶等心理活動時會消耗能量，並且生理能量和心理能量是可以轉換的，生理能量和心理能量轉換的橋梁就是本我和驅力。

在日常生活當中，我們很容易就可以觀察到自己或他人心理能量投注的現象，例如：嬰兒黏著母親不放、戀愛一個人、珍愛一件喜愛的物件、孜孜矻矻的做一件事情。心理能量既是性驅力，也是情感力量，會投注在一個東西上，這種現象叫做「貫注」（cathexis）。心理能量的貫注必定充滿情緒和情感。前述例子也可以這樣描述：嬰兒把情感貫注在母親身上、張三把情感貫注在情人身上、李四把情感貫注在心愛的收藏品上、王五把情感貫注在工作上。我們說人把心理能量貫注在客體上，客體可以是人、事、物，也可以是一種思想或理想。人通常會透過一個客體去釋放緊張、去滿足慾望，這個被心理能量貫注的客體叫做「客體選擇」（object-choice）或「客體貫注」（object-cathexis）。

嬰幼兒時期，人一定會將能量和情感貫注在自己和主要照顧者身上，這是出自生的驅力，也就是生命自我保存的目的。心理能量會貫注在自體和客體上面，但是貫注自體的能量會比貫注客體的多，因此人總是自戀的。人在生病和嚴重焦慮或憂鬱的時候，心理能量會貫注在自我（ego-cathexis）身上；戀愛中的人，其心理能量就會貫注在喜歡的客體身上。

心理能量的貫注有兩種表現的方式：一種是自由流動的貫注，它力求得到緊張興奮的釋放；另一種是安穩的心理貫注，對流入心理結構的能量加以約束，從自由流動的狀態向安穩的狀態轉變。心理活動的初級歷程等同自由活動的心理貫注，次級歷程等同約束的心理貫注，把遵循初級歷程的驅力約束起來，則是心理結構更高層次的任務（Freud, 1920）。

貫注是指驅力或心理能量投注在客體上，貫注是為了釋放身體的緊張興奮，以滿足潛意識的慾望。「反貫注」（anti-cathexis）是指驅力或心理能量用在檢查、評估、核對是否可以釋放緊張壓力，是否可以滿足潛意識慾望。我們可以說，貫注是一種驅力、催促之力，渴望去釋放壓力，滿足潛意識慾望的力量。反貫注則是一種拉力、阻力，一種檢查核對的力量，害怕去釋放壓力、去滿足慾望的阻力。人的內在衝突是指心理能量的貫注和反貫注，或驅力和拉力之間永無止境的角力和鬥爭。一個人一方面渴望去滿足慾望，但另一方面又害怕去滿足，這種內心衝突的狀態便是驅力的貫注和反貫注在相互角力。

根據 Freud 的驅力理論，在人的一生，除了因為生理成熟和衰弱而改變身體的需求之外，驅力的來源和目的基本上是不會改變的。相對的，滿足驅力需求的客體和方法是會改變的，因為心理能量投注的客體是可以置換的，若一個客體或方法不再能滿足需求時，就會被另一個客體或方法取代。也就是說，心理能量貫注的客體，一旦不存在或不再滿足驅力需求時，心理能量就會流動到另一個更能滿足的客體或方法，而成為新的客體貫注。

驅力衍生物（drive derivative）是取代原始驅力的客體，其來源與目的和原始驅力是一樣的，改變的是客體，心理能量的流動和客體的替換是人格動力的主要特點，可以解釋人類層出不窮的行為和人格。成人的興趣、嗜好、偏愛、習慣和態度，都是原始驅力的客體選擇，它們都是驅力衍生物。

## 第二節　人格的三我結構

心理結構是由潛意識、前意識和意識三部分組成，再根據心理的不同功能區分為本我（id）、自我（ego）和超我（superego）三個系統。本我（或譯為原我）代表滿足驅力的功能，自我代表個體與環境互動的功能，超我代表道德和追求理想的功能，每個系統各自有其功能、特質、組成、運作原則、動力和機制。人格結構或組織，只是一種描述人格的方式，是一種比喻或建構，並不是真的有一個結構實體。本我、自我和超我可以合併簡稱為三我或三我系統。三我各自代表一組心理功能，經常是連動的，是互動的，也是彼此消長的，共同影響人格的發展和表現。Freud（1933）在《精神分析新論》一書上畫了一張人格結構圖，如圖3-2所示。

### 一、本我

人格結構當中最古老的部分稱之為本我。本我是天生的、遺傳的，

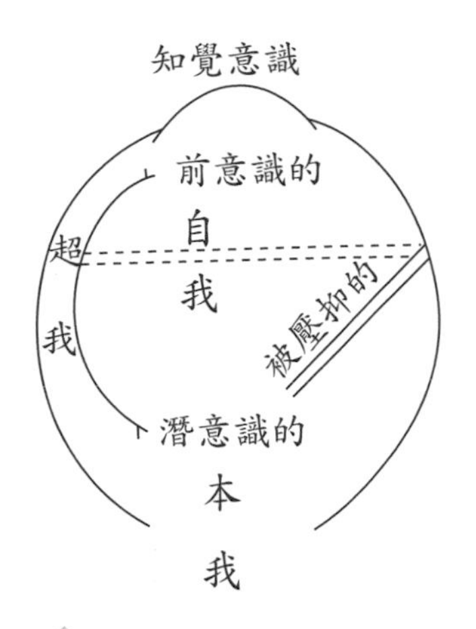


圖 3-2　三我的人格結構
資料來源：Freud（1933）

並且是由驅力構成的。本我充滿了來自驅力的能量，但是它沒有組織，也沒有產生共同的意志。本我的唯一功能就是在有機體受到內外在刺激時，可以立即釋放緊張。本我遵循「快樂原則」（pleasure principle）去釋放緊張，緊張不能釋放時，緊張的體驗便是痛苦或不適，緊張釋放的經驗便是快樂或滿足（Freud, 1940）。

本我採用「初級歷程」（primary process）運作，什麼是初級歷程呢？初級歷程就是一廂情願，也是「願望滿足」（wish-fulfillment），它是不符合現實，也是沒有邏輯的。初級歷程的例子，包括：極度口渴的旅人想像他看到水，飢餓的人在睡眠中夢到食物，性飢渴的人在睡眠中夢到性活動，產生這些降低緊張的客體想像，就是所謂的願望滿足，Freud 認為大多數的夢都是願望滿足。

本我不接受理性和邏輯的約束，也不具有價值觀和道德感，它只想著一件事，就是根據快樂原則如何獲得驅力慾望的滿足。本我只有兩個可能的選擇：一是表現衝動的行為來釋放驅力和慾望滿足；二是接受自我的約束，把驅力壓抑下來，而不立即釋放。Freud 在講本我的時候，是把本我當作真實的心理現實，也就是本我是最早的主觀現實，在個人經驗外在世界之前，內心世界早就存在。

人終其一生，本我仍然保留其嬰兒化的特質，它無法忍受緊張，它要求立即滿足，它的要求是強烈的、衝動的、非理性的、反社會的、自私的，而且是享樂的。它是人格中被寵壞的小孩。它是全能的，它擁有透過想像、幻想、幻覺和夢來滿足願望的力量。它不認識自己以外的人、事、物，本我是一個主觀現實的世界，在這裡它的功能就是趨樂避苦。本我是人格中不容易接觸的部分，只能從夢和心理症狀的研究中去認識它。當我們看到一個人表現出衝動的行為，像是不加思索就拿石頭打破玻璃窗或暴力打人，便知道這些行為是出自於本我的主宰。本我不思考，它只會願望滿足和付諸行動。

## 二、自我

本我透過衝動行為和願望滿足是無法達到生存和繁衍的目的，人的許多需求，像是找食物、找性伴侶，以及許多維持生活所需的事情，需要人去考慮外在現實環境，思考如何去控制和適應環境，這些人與環境互動交流便需要新的心理系統，即是自我。

自我是本我中由於接觸外部世界，而被環境影響所改變的部分，它適合於接納外部刺激，並作為本我的保護物。對自我而言，與外層的關係變成了決定因素，它接受了將外部世界呈現給本我的任務，這對本我來說是幸運的，因為本我在盲目追求驅力的滿足時，常常會忽略最強大的外部力量，從而不可避免的導致自身的毀滅。在完成這個任務時，自我必須觀察外部世界，把外部世界的精確圖像儲存在它的知覺記憶裡，並且遵循「現實原則」（reality principle）來運作。自我在本我的命令下控制著種種聯繫活動的途徑，但在需要與行動之間，插進了一個起到延緩作用的思維活動，以及利用經驗的記憶痕跡。透過這種方式，自我用現實原則取代了本我的快樂原則，以便確保更好的生活適應與成功。

Freud（1923）曾用騎士和馬來比喻自我和本我的關係。自我就像一個騎在馬背上的騎士，可以控制馬的較大力量，所不同的是，騎士是用自己的力量做到這一點，而自我則是使用本我的力量。在這個比喻裡，如果自我的功能好，就可以駕馭強大的本我力量；如果自我的功能不好，本我的原始慾望衝動就會失控。

自我是人格中比較理性、真實及執行的部分，它同時存在意識及潛意識中。Freud認為，自我的任務是控制原始本我的衝動，它根據現實原則，並配合超我的需求，緩和衝動，以適應外在環境。Freud（1933）說，可憐的自我要同時侍奉三個主人，並努力協調三位主人的要求，使它們能和諧相處，而這三個專制的主人就是——外在世界、超我及本我。一個適應良好的人，他的自我是人格的執行者，以人格的最大利益控制本我和超我，同時要與外在世界維持良好的互動。當自我的執行功能順暢，便會達到人格和諧與環境適應的狀態。如果自我太遷就本我、超我，或外在世界，則人格不和諧、環境不適應的狀況便會產生，造成自我內在的分裂、矛盾或衝突。

自我採用次級歷程運作，會使用思考和理性，也會擬定行動計畫。次級歷程可以完成初級歷程所無法完成的事情，那是因為自我有能力區分主觀的世界和外在客觀的世界，也就是可以區分內在心理現實和外在物理現實。次級歷程不會錯認物件的圖像就是物件、幻想等於現實、思想等於行動。自我在現實原則、次級歷程和外在世界交互作用之下，它的許多心理功能，如記憶、思考和行動更加發展和複雜化。自我功能的複雜化，再加上語言系統，人的知覺和判斷就愈來愈精準，使人可以更明智、更有效率的掌握內在衝突和外在環境，來獲得滿足和快樂，因此自我可以說是一個調節本我和外在世界的複雜心理系統。

## 三、超我

人格的第三個系統是超我，超我是人格中負責道德和司法的部分，要求比現實還要高的理想，要求的是完美而非享樂。它是兒童內化父母的道德規範，用來約束自己的慾望和言行，以便獲得父母的認可和避免受到處罰。換句話說，兒童不僅要遵循現實原則去趨樂避苦，還要遵循父母的道德規範，在漫長的兒童成長期中，使得兒童處在長期依賴父母的過程，有利於超我的發展。超我是由自我分化而來，並與自我相對立，構成了自我必須關注的第三種力量（前兩種是外部世界和本我）。不管父母實際上是否嚴厲，超我好像已做出片面的選擇，只選擇父母的嚴厲、禁令、限制與懲罰的功能，而好像不會繼承和保持父母的愛與關心。

超我包括兩個次系統：「理想我」（ego-ideal）和「良心」（conscience）。理想我是兒童對父母期望自己成為有品德者的認知，也是父母獎勵兒童良好行為的標準。相對的，良心是兒童對父母期望自己不要成為沒有品德者的認知，父母透過處罰來建立兒童的良心，例如：兒童如果經常因為髒亂而被處罰，他就能學會髒亂是壞行為。理想我和良心是同一個道德銅板的兩面。

超我代表的是人格中，從父母傳給子女的傳統價值和社會規範。兒童的超我不是反映父母的行為，而是反映父母的超我，也就是說，兒童會內化父母的超我成為自己的超我。因此，父母雖然說一套做一套，但是卻用獎懲的方式要求兒童的行為符合道德標準，而不是自己的行為表現。社會上的其他人，包括教師、宗教人員和警察，也會像父母一樣的影響兒童的超我發展。超我的主要目的是控制和管理會危害社會安定的衝動，這些衝動主要是性和攻擊。不順從、叛逆和性好奇的兒童會被社會視為壞孩子和不道德。

從驅力控制和道德觀點來看，本我完全是非道德的，自我則力爭成為道德的，而超我則是超道德的，因此超我會變得像本我一樣冷酷無情。值得注意的是，一個人愈是想控制他的攻擊慾望，他的超我也就愈殘暴，這種攻擊慾望可能針對他人，也可能會轉向自己（Freud, 1923）。

超我有其嚴厲和殘忍的一面，儘管在健康期間，一個憂鬱症病人像他人一樣，對自我表現出或多或少的嚴厲性，但在憂鬱發作期間，他的超我會變得過分嚴厲的責備、羞辱、虐待可憐的自我，以最可怕的懲罰威脅他，超我則會把最嚴厲的道德標準施加給在其控制下無助的自我。內疚感是自我與超我之間緊張狀態的流露。一段時間之後，憂鬱症狀改善了、好了，超我的批判也沉默了。自我重獲其位置，再次享受人的所有權利，直到下一次憂鬱症發作（Freud, 1933）。

## 四、三我的關係

本我、自我和超我三個系統之間並沒有很清楚的界線，它們並不是真實存在的東西，我們不要把三我想成人體模型中的三個結構（Hall, 1979）。本我、自我和超我三個名詞本身不重要，他們僅是代表整個人格中不同心理歷程、心理功能、心理機制，以及心理動力的稱呼。

自我是從本我中發展出來的，超我是從自我中發展出來的，三者在人的一生持續交互作用。本我是驅力和心理能量的大水庫，供應三我系統運作所需的能量。本我只知主觀的心理現實，不知客觀的物理現實，代表內心的主觀世界，而無視於客觀現實的存在。自我的存在是為了與外在世界適當的互動，以滿足有機體的需要。自我依循現實原則，凡事只問真假；本我依循快樂原則，凡事只問苦樂。

自我是人格的執行者，會去協調和統整三我各自的需求和衝突，以及個體和環境之間的需求和衝突。要完成如此艱巨的工作，自我勢必想方設法，包括使用各種防衛機制，去達成任務。我們要記得，自我是指本我當中有組織、有節制的部分，自我的存在是為了滿足，而不是挫折本我的慾望。自我很難完全從本我中獨立分離出來，它的主要角色是去協調有機體的驅力和外在環境的需要。

人格是本我的驅力和自我、超我的拉力之間彼此角力的結果，三種力量都會使用心理能量，哪一個系統力量強大，就會主宰人格的言行表現。正常的人因為自我功能好而強大，可以把來自外部和內部的壓力協調得很好。人格不正常的人，是因為自我功能不好而衰弱，讓本我和超我予取予求，當本我太強時會太衝動而誤事，當超我太強時會太壓抑而無所作為。

## 第三節　性心理發展與伊底帕斯情結

人類的人格是如何發展的？影響人格發展的因素和事件是什麼？Freud針對人格發展提出性心理發展理論，認為每個人的童年都會經歷伊底帕斯衝突，並深受其影響。Freud對於人類早年性心理發展有其獨特的看法，認為伊底帕斯情結是兒童人格發展的關鍵時期，也是性心理發展的創傷事件，對於人類正常和異常心理發展有著非常重要的影響。

### 一、嬰兒性慾

精神分析對性慾的看法與一般人不同，Freud（1940）發現如下事實：(1)性生活並不僅僅開始於青春期，而是在出生後不久就有了明顯的性慾表現；(2)在性的概念和生殖器的概念之間，必須作出明確的區分，前者是更為廣泛的概念，它包括許多不涉及生殖器的活動；(3)性活動包括從身體的某些區域獲得快感的功能，這些功能後來才成為生育的輔佐，獲得快感的功能和生育的功能經常是不一致的。

從出生之日起，作為性感區出現的，並向心理提出性驅力需求的第一個器官是口腔。起初，所有的精神活動都集中在為口腔性感帶的需求提供滿足，此一滿足除為了得到營養和自我生存，嬰兒固執的堅持吸吮，證實了早期追求滿足的需要。嬰兒努力去獲得超出營養所需的快感，為此，Freud（1940）認為可以而且應該把它叫做性慾。

嬰兒性慾是指嬰兒從自己的身體上獲得性快感之現象。讓嬰兒感到性快感的部位，除了生殖器以外，還有口腔、肛門、尿道、皮膚和其他感覺器官，這一階段稱之為「自體性慾」。一般嬰幼兒為了自我保存的考慮，會把某個外人當成性活動的客體，慢慢的，客體選擇使自體退居其後，因此在一個人的性生活中，性驅力都要尋求其所愛的客體，並從其身上獲得滿足。

Freud（1940）認為，母嬰關係是愛情關係的原型，他認為嬰兒第一個情慾對象是哺乳他的母親乳房，愛起源於得到營養與依附的滿足。嬰兒最初不能區分母親的乳房和自己的身體，當母親的乳房必須與身體分開而轉移到外部時，由於嬰兒常常發現乳房不在，於是把一部分原始自戀的性驅力貫注在乳房這個客體上，慢慢地嬰兒才認識到母親這一完整的客體。由於母親對嬰兒的身體照顧，它變成了嬰兒第一個誘惑者。在這種關係中，母親獨特的、無可比擬的重要性，為孩子整個一生建立了不可更改的第一個，也是最強烈的愛的客體，並成為孩子以後一切兩性愛情關係的原型。

## 二、性心理發展

Freud性心理發展的理論分為五個階段：口腔期、肛門期、性器期、潛伏期，以及兩性期，以下根據 Arlow（1995）以及 Hall 與 Lindzey（1970）的觀點，說明如下。

### （一）口腔期

性心理發展的最早期是口腔期（oral stage），從出生至大約 18 個月。滿足性驅力的主要來源圍繞著餵食和餵食有關的器官——嘴、唇和舌頭。口腔需求以餵食形式的滿足，帶出一種緊張解除的放鬆狀態和誘發睡眠。撕咬和吸吮同時滿足口腔驅力，以及探索外在世界的功能。在口腔期，心理組織的基本定向是吃進令人舒服的東西、吐出令人不舒服的東西。早期口腔需求過度受挫的人會成為悲觀者，相反的，早期口腔需求獲得滿足的人會成為樂觀者。

### （二）肛門期

肛門期（anal stage）在 18 個月至 3 歲之間，快樂和性驅力滿足的主要來源是糞便的存留和排泄。這個階段的基本定向是保留有價值的東西，排除終究是沒有價值的東西。在肛門期，幼兒對身體排便的歷程，以及糞便的味道、觸覺、和糞便玩耍，最能感到興趣和重要。幼兒有時候會認為糞便是自己的一部分，並認為糞便是特別有價值和珍貴的所有物。在訓練幼兒大小便的過程中，如果表現出嫌惡的態度，幼兒會感到羞恥，進而降低自尊感。結果，兒童可能會表現出頑固的行為、叛逆和固執。透過反向形成，兒童可能會用潔癖、過度守時，以及在處理所有物上過於吝嗇，來克服其想要弄髒的衝動。

### （三）性器期

性器期（phallic stage）（又譯為性蕾期）介於 3 至 5 歲之間，性驅力滿足的主要來源轉移到性器官上。對男孩和女孩而言，陽具成為性器期最感興趣的對象，性器官的刺激帶來快感。在性器期同樣凸顯的是性暴露與偷窺的願望。當孩子進入性器期，其心理結構的複雜度開始顯著增加。雖然孩子仍然是自我中心，但是他們與環境中其他人的關係變得更加豐富。他們會愛，也希望擁有那些愛他們的人；他們會恨，也想消滅那些阻礙和挫折他們的人。他們開始對性別差異和生命的起源感到好奇。他們希望去愛和被愛、被欣賞，並與他們欣賞的人相似。他們可能過度理想化自己，或透過感覺去和那些他們所理想化的人合而為一。在這個階段，兒童可能會有強烈攻擊的願望，而陽具可作為攻擊的工具。這樣的願望引發了被父母報復的強烈恐懼，通常是指對陽具的不利。男孩和女孩開始發現男女性別解剖構造上的不同，而產生閹割恐懼。

### （四）潛伏期

隨著伊底帕斯情結的結束，超我系統逐漸鞏固之後，出現了一個相當沉寂的階段，稱之為性潛伏期或潛伏期（latency stage）。兒童在此階段可以被社會化，他們的興趣導向更大的世界，學校教育成為一個更正式的經驗。這個狀態持續到青春期和青少年期。青春期由於生理及心理的劇烈變化，童年的性衝突重新被喚醒。青少年時期的任務便是學習如何掌握童年性願望引來的衝突，成功地解決這些衝突，個體才能夠鞏固他們的性別角色、建立責任感，以及職業選擇等。

### （五）兩性期

在前兩性期（pregenital stage），兒童的驅力基本上是自戀的，兒童主要從自己身體性感區的刺激獲得滿足，到了兩性期（genital stage），男生約 12 歲開始，女生約 11 歲開始，其性器官在生理上開始成熟，兩性的性徵出現明顯的不同，兒童的性驅力逐漸轉向同年齡的異性客體，開始有了兩性生活的想像，其心思和活動開始聚焦在兩性交往、談戀愛、結婚和組織家庭等。性心理發展到了青春期結束之後，個體逐漸成為一個比較有現實感、社會化、有能力去愛和去工作的成人。

## 三、伊底帕斯情結

在生命的開始，性驅力主要圍繞在自體身上，是一種自戀的狀態。在滿足驅力的過程中，幼兒逐漸認識到母親或其他重要他人是其生存、保護與滿足的來源，部分的性驅力開始貫注到母親或重要他人。可是，幼兒的性願望是不可能被滿足，並且充滿挫折、失望和衝突，與重要客體關係變成愛與恨的混合。兒童對於父母這樣愛恨交加的感覺，到了性器期形成「伊底帕斯情結」（Oedipus complex）（或譯為俄狄浦斯情結、戀親情結、戀母情結），可以說是兒童情感生活的一大危機。兒童的性驅力和攻擊驅力到了 3 至 5 歲的性器期，會表現在與異性父母有亂倫的關係，和同性父母則有互相競爭、甚至有將其殺害的意圖。兒童意識到這些潛藏的欲求時，會造成強烈的焦慮，因為這些欲求夾雜著會被一起競爭的同性父母所報復的幻想。潛意識中弒親亂倫的渴望，以及被同性父母報復的恐懼，如何處理如此強烈的伊底帕斯情結即成為每個兒童心理發展的核心議題（Siegel, 1996）。

當男孩進入性驅力發展的性器期，他對性器官開始產生快感，而且學會用手使其興奮。他成為母親的愛戀者，開始透過對性生活的直覺或猜測而渴望占有母親，他透過炫耀男性器官，引以為榮地去引誘母親。總之，他那早期覺醒的男性化使他追求取代父親的地位而占有母親。男孩一直把父親視為情敵，忌妒父親的健壯體魄，和他衣著所標誌的權威。父親現在成為妨礙男孩的敵手，甚至男孩想去之而後快。如果父親不在，男孩就能與母親同睡一床，而父親一回家，他就得重新離開。父親不在場他就感到滿足，父親出現他就感到失望。這已成為男孩深深感受的經驗，而這就是戀母情結的主題，在我們的文明條件下，戀母情結注定是一個可怕的結局（Freud, 1940）。

母親非常明白男孩的性興奮與自己有關，母親遲早認識到放任自由是不對的，禁止男孩擺弄性器官是正確的。當男孩不聽話繼續玩弄性器官時，母親就會威脅要割掉他的性器官，甚至揚言要讓父親動手。這種威脅之所以有效是因為男孩發現女孩沒有陽具，於是在「閹割情結」（castration complex）的影響下，孩子體驗到童年生活的最大創傷。閹割威脅的效果是多重的和不可估量的，它影響著孩子與父母的整個關係，也影響兒童以後與男女的一般關係。兒童的男子氣概是經不起這樣的打擊，為了保存性器官，他不再敢占有母親，他的性生活永遠為禁令所阻止。

女孩也會經歷類似但較男孩複雜的伊底帕斯情結。當女孩進入性器期，她和男孩一樣也是先喜歡母親，想要占有母親，後來發現自己沒有陰莖，認為是被母親閹割了，於是怨恨母親後轉向喜歡父親，發展出對父親性的感覺，因此排斥母親而想要占有父親。女孩最終理解到不能失去母親的愛，因此再度依附母親，效法母親的行為。女孩的伊底帕斯情結最後在認同母親和傳統的性別角色後結束。

原則上，在 3 至 5 歲之間，孩子會對異性父母發展出強烈的情欲渴望，對同性父母會有一種敵意和競爭的傾向。處理這些衝突是自我的責任。在有利的環境下，孩子會放棄或壓抑戀親慾望進入潛意識。然而，這些慾望並沒有被完全刪除，而是繼續用潛意識幻想的方式，影響心理生活的各方面：在成人性生活的型態和對象；在創造、藝術、職業與其他昇華的活動上；在人格的形成；以及在後來發展的神經症症狀，都繼續產生重要的影響。

在有利的情況下，兒童會放棄大部分戀親情結的敵意和神經質衝動，並開始認同自己同性別的父母，特別是認同他或她的道德標準與禁令。我們可以說，超我是伊底帕斯情結的繼承者，超我會以對錯的道德標準來監督和評價自我的思想和行動。當自我做錯時，超我可能會加以懲罰、要求補償或悔改。若自我表現良好的思想和行動，就會用提高自尊和情感來獎勵自己。在某些情況下，超我的功能會很像本我一樣的衝動與苛刻，在憂鬱狀態下，情形特別是如此。

隨著伊底帕斯情結的結束，男孩對母親的客體貫注就必須被放棄。男孩不是以母親自居，就是加強以父親自居。我們習慣上認為後一結果更為正常，它允許把對母親的深情關係在一定限度內保留下來。這樣一來，伊底帕斯情結的解除將加強男孩性格中的男子氣概。女孩身上的伊底帕斯情結，以完全類似的方式結束。女孩可能加強以其母親自居，或者第一次以這樣的方式建立起來，這種結果將會使女孩的女性性格固定下來。

伊底帕斯時期（約 3 至 5 歲）是每個兒童心理發展的關鍵階段，充滿困難和煎熬。在這幾年所發生的事情將會影響日後的人格發展，問題是每個孩子都會經歷伊底帕斯衝突，為何有的孩子發展的比較正常？有的孩子發展的比較不正常？答案通常是，每個孩子經歷伊底帕斯衝突的事件不同、性經驗不同、驚嚇的事件不同，面臨死亡或遺棄也不同、身體疾病不同。除此之外，每個人的先天體質也不同。

Freud認為，伊底帕斯情結是精神分析的基石，他認為每個兒童都會經歷伊底帕斯衝突，但是每個孩子本身的本我和自我強度不同，性慾的固著不同，以及父母照顧者和家庭環境的不同等，在面對相同的伊底帕斯衝突時，每個人的反應和因應便會不同。而且，每個孩子照顧者的照顧品質也不同，因此結果和影響也就不同。未能順利解決伊底帕斯衝突，不僅會影響日後的人格發展，也會導致焦慮和神經症等精神問題。

## 第四節　焦慮與神經症

Freud不僅重視心理症狀的描述，更重視心理疾病成因的探討，他根據治療病人的臨床經驗發展他的焦慮理論和神經症（neurosis）（或譯為精神官能症）致病機制。以下說明 Freud 的心理病理學，包括焦慮和神經症的分類和病因。

### 一、焦慮

焦慮在精神分析理論中是非常重要的概念之一，是身體器官興奮所產生的一種痛苦的情緒經驗。身體器官可能受到內在或外在刺激而興奮，例如：人遭遇危險時，自主神經系統會啟動，產生讓我們不舒服的狀態，如心跳加速、呼吸急促、口乾舌燥、手心冒汗等。焦慮是一種人很清楚可以意識到的狀態，可以很容易將焦慮和其他經驗，例如：飢餓、口渴、性慾和其他身體需求不滿足所產生的感覺（疼痛、抑鬱、難過、緊張）區分出來。

Freud 將焦慮分為三種：現實焦慮（reality anxiety）或客觀焦慮、神經質焦慮（neurotic anxiety），以及道德焦慮（moral anxiety）（Hall, 1979）。三種焦慮的感覺都是不舒服，沒有質的不同，但來源卻不同。在現實焦慮的狀態，來源是外在真實的危險，如遇見蛇、被人用槍威脅生命，或開車失控等。在神經焦慮的狀態下，威脅來自內在本我的驅力欲求，人害怕自己心理強烈難以控制的慾望，而想要去說或去做什麼傷害自己或別人的事情。在道德焦慮的狀態下，害怕的來源是超我的良心，人擔心害怕自己做了一些會遭良心譴責的事情。簡單地說，三種焦慮當中，自我經驗到的害怕，分別是對外在世界的害怕、對本我的害怕，以及對超我的害怕。

人並不知道自己的焦慮是哪一種類型或哪個來源，有可能混合兩種類型的焦慮。焦慮的唯一功能是對自我提供危險的訊號，自我就會採取措施去應付。焦慮有助於人們去防備危險，當危險無法解除，焦慮一直上升，最終會使人精神崩潰。

### （一）現實焦慮

對外在環境危險的知覺會產生現實焦慮，現實焦慮可能是先天遺傳，也可能是後天學習。嬰兒和兒童由於對外在危險脆弱無助，最容易經驗現實焦慮。人在自我還沒有發展出來之前，更是對外在環境刺激毫無招架之力，這些焦慮經驗對嬰幼兒來說便是創傷。創傷的原型是出生的創傷，保護嬰幼兒避免創傷是很重要的事情。

### （二）神經質焦慮

神經質焦慮是因為知覺到來自驅力的危險而產生，害怕自我的阻力無法控制驅力要去做一些衝動的行為。神經質焦慮又可分為三類：一是廣泛型，這類焦慮的人經常擔心可怕的事情會發生，他害怕的是自己的陰影或本我。二是恐懼型，這類焦慮的人對特定的事物，如昆蟲、高處、人群、空曠處、橋梁，或過馬路，這些對事物的害怕是與實際的危險不成比例，這種非理性的害怕是因為危險來自本我，而非外在世界，這些事物代表滿足驅力慾望的誘惑。三是恐慌型，這類焦慮的人在壓力太大的時候，恐慌會突然發作，感覺自己精神要失控、身體非常的不舒服，好像要死掉或發瘋。

人會害怕驅力，是曾經因為驅力慾望釋放之後，得到外在嚴厲的處罰，而學會驅力慾望是可怕的。也就是說，當人因衝動行為而出問題或被處罰，人才學會驅力衝動是危險的。神經質焦慮對自我的精神負擔遠大於現實焦慮，人長大之後，多少學會應付外在的威脅，但是對於內在的威脅，則顯得難以應付或逃避。人格的發展可以說是反映一個人如何處理神經質焦慮和道德焦慮的結果。神經質焦慮不是神經症的人才有，所有正常人也會有，只是程度上沒有神經症的人那麼嚴重。

### （三）道德焦慮

道德焦慮是一個人的自我感到罪惡感和羞愧的經驗，是來自良心的譴責。良心是內化的父母，當人做不到父母和理想我的要求，就會被良心譴責。最初，人害怕的是父母的處罰，後來，內化父母的處罰成為超我和良心，道德焦慮是純粹內在的衝突，而不是與外在環境關係的衝突。

超我的主要敵人是本我的原始驅力慾望，父母的管教主要在反對性和攻擊衝動的表達，結果，內化的父母權威成為良心，持續擔心性和攻擊驅力的蠢蠢欲動。人生的荒謬在於有品德的人總是比沒有品德的人經驗更多的羞恥，因為有品德的人，只要有做壞事的想法，就會覺得羞恥。比較沒有品德的人，因為超我比較弱，也比較不會經驗到良心的譴責。罪惡感是完美的人要為放棄驅力慾望所付出的代價。

現實焦慮有外在真實的危險，但是神經質焦慮和道德焦慮並沒有外在真實的危險，而是害怕自己的害怕本身。以罪惡感為例，當罪惡感太痛苦時，罪惡感的人可能會做一些引來處罰的事情，以減輕其罪惡感，這些人在犯罪時總是會留下一些線索，因為它們渴望被逮捕。同樣的，一個神經質焦慮的人，也可能會因為太過於焦慮，以至於做出一些衝動的行為，這些衝動行為的後果比起焦慮本身還容易接受，也較少痛苦。

## 二、神經症

Freud認為，嬰兒期的部分性驅力在成長的過程中會被壓抑，部分性驅力與青春期會整合發展為成人性行為。性驅力不只表現在性器官的滿足，也表現在親吻、愛的眼神、愛撫和微笑。當部分性驅力被過度壓抑時，會發展為神經症。過度的壓抑會導致不穩定的狀態，在成人之後遭遇壓力或衝突事件，若壓抑失靈，不想要的嬰兒性衝動就會從壓抑中逃出，形成神經症症狀。

壓抑是正常也是異常行為發展的特徵。另外，被壓抑的衝動從壓抑中逃出來成為神經症症狀，就好像被壓抑的衝動在睡眠中，從自我的防衛中逃出來成為顯夢，兩個概念是一樣的。Freud認為，神經症症狀如同顯夢一樣，是一種或多種被壓抑的衝動，和阻止衝動成為意識和行為的力量之妥協結果。

Freud認為，心理症狀如同顯夢的元素一樣，都是有涵義的，而且都是潛意識性幻想的偽裝和扭曲的表達；也就是說，神經症患者是透過症狀來表達部分或全部的性生活。Freud 在 1906 年左右就已經很清楚地表明神經症的心理病因，而不只是症狀，且也清楚的表明正常和異常只是程度上的差別，而不是有無或類別的不同。

Freud以及後來的精神分析師都很關注心理疾病的病因，而不只是症狀，且在思考病因時，總是關注在驅力和反驅力之間的心理衝突。精神分析師仍然從嬰兒和童年的時期，找尋直接導致或間接促成成年心理疾病的事件和經驗。人從嬰兒到童年的心理發展過程，實在有太多出問題的可能性，例如：嬰兒在第一年成長時，如果被剝奪了母愛的正常照顧，其許多自我功能便難以正常發展，與人連結和與環境互動的能力會受到嚴重損傷，成為一個虛弱的心靈（Brenner, 1973）。

人的驅力需要得到適度的控制。太少的控制，驅力會導致一個人無法適應群體生活，成為社會的一份子。相反的，過度的控制，也會導致不適應的後果，如果性驅力被太早、太嚴格的壓抑，這個人享受生活的能力會受到嚴重的損壞。攻擊驅力如果不當的被過度控制，這個人會很難和同儕維持正常的競爭，而且攻擊驅力如果無法向他人表達，往往會向內攻擊自己，表現出自我傷害的行為。

人從嬰兒到童年的發展過程中，超我的發展也有可能出問題。伊底帕斯時期如果沒有適當的結束，會導致超我變得過度嚴厲，或過度放任，或非常不一致。通常驅力被過度放任，會導致自我和超我功能的缺陷。相反的，驅力如果被過度控制，自我會變得太害怕，超我會變得太嚴苛。

自我的限制、驅力的固著，或自我的退化等，只要不會不適當的干擾享樂的能力，也不會干擾社會適應的能力，就稱之為正常。如果它們嚴重干擾享樂能力，以及導致與環境的嚴重衝突，就稱之為異常。由此可知，心理問題是否正常或異常，只是為了實用上的方便，本質上只是程度上的不同。在異常的人當中，愈有病識感、愈年輕，以及愈對自己個性或特質感到痛苦的病人，比較會尋求心理治療的幫助，而且治療的效果也會比較好。

神經症產生的過程大概是這樣的：早年的時候，通常是在前伊底帕斯或伊底帕斯時期，自我和本我有了衝突，這個衝突被自我解決了，解決的方式是自我採用了一些對危險驅力衍生物有效而穩定的檢查和壓抑的方法。方法還包括使用自我防衛、自我認同、自我限制、昇華，以及退化等。這些有效的方法持續被使用，直到發生了一件或多件導致自我無法有效控制驅力時。不管發生的事件是增強了本我驅力，還是削弱了自我，當自我被充分弱化，不能有效控制驅力時，驅力或驅力衍生物威脅要跑到意識層面，並轉成「行動化」（acting out）（這個名詞在本書第十一章第四節會解釋）的行為。當發生自我與本我發生衝突時，部分驅力會透過妥協形成神經症症狀，以便獲得部分的滿足（Brenner,

1973）。

心理運作的失功能，或者自我防衛的失敗，會導致原先被控制和壓抑的本我衝突、性驅力開始進入意識。在驅力想要釋放、自我防衛想要控制但又無法完全控制，部分驅力在兩者的妥協之下，驅力獲得部分釋放和滿足，形成神經症的症狀。

Freud認為，病人從神經症獲得兩種疾病的好處：一是直接好處；另一是間接好處。直接好處是病人的部分驅力獲得釋放，自我在沒有感覺過度的罪惡感和焦慮之下，獲得部分本我慾望的滿足。這種透過「妥協形成」（compromise formation）讓部分偽裝的驅力衍生物表現出來，Freud 稱之為神經症症狀。間接的好處是病人可以從疾病獲得別人的關心、免除工作等。在理論上，直接好處比間接好處更重要，但是在治療實務上，如果間接好處太大的話，反而讓病人更想要留住神經症，而不是去放棄神經症。

# 第四章

# 自我心理學

本章說明自我心理學的發展、理論與概念，以及自我心理學在臨床上的應用。本章包括五節：自我心理學的發展、自我防衛機制、適應與自我功能、發展自我心理學，以及自我心理學在臨床上的應用。

## 第一節　自我心理學的發展

Freud的精神分析理論主要在探討潛意識歷程、性驅力和本我等，因此後人稱其理論為驅力心理學或本我心理學。直到晚年，他才開始關注自我的角色和功能。Freud 最初只是把自我視為知覺內外刺激的感覺器官，把自我視為意識的同義詞，以相對於把本我視為潛意識。

1923 年以前，Freud 以一種鬆散而沒有系統的方式使用「自我」這個名詞，用來指占優勢的、且主要是有意識的念頭之集合。他後來發現不僅本我是潛意識的，自我也有潛意識的一面。等到他發表了《自我與本我》（Freud, 1923）一書之後，在結構理論中正式確立了本我、自我與超我三個系統，自我系統不僅具有意識知覺的能力，而且也具有在潛意識裡運作壓抑和防衛的能力，只不過當時，他認為自我相當被動和虛弱，經常被本我牽著鼻子走。

從 1920 年代初期，Freud 開始修正他的精神分析觀點，主要的修正有兩點：一是比照性驅力一般地重視攻擊驅力，之前偏重性驅力；二是修正結構理論，比照本我一般地重視自我，之前偏重本我，認為自我是為本我和超我服務的，是本我和超我的僕人（Freud, 1933）。

Freud（1926b）在《抑制、症狀與焦慮》一書中，修正他的焦慮理論，以及對自我的看法。他認為自我要面對本我驅力、超我和外在現實的要求，必須有能力協調內外在的衝突，並創造最佳的妥協；自我不只是對本我的被動反應，而且發展出更強大的對抗力量，來牽制本我的衝動，統整個人的功能。Freud對自我觀點的修正，使後來的精神分析師逐漸增加對自我本質和功能的重視，並且標示著精神分析從以本我心理學為主，轉向兼顧自我心理學。

自我心理學是在 Freud 晚期的三我結構理論和自我功能觀點的基礎上，沿著兩條路線發展起來。第一條路線是 Anna Freud（1895-1982）沿著自我防衛機制做進一步的論述。A. Freud是S. Freud最小的女兒，也是兒童精神分析的先驅，更是進一步發展自我心理學的關鍵人物。A. Freud強調一個事實，那就是驅力和本我衝動的表達和欲求滿足，主要是由自我的防衛來決定。

第二條路線是Hartmann沿著自我的適應性、自主性和整合性的功能做進一步的論述。Heinz Hartmann（1894-1970）被後人尊稱為自我心理學之父，他出身於維也納一個良好的家庭，父親是歷史學家兼駐德大使，母親是雕塑家，從小就見識到壯麗的文化和思想。由於接受醫學與精神科的訓練，Hartmann 十分敬重 Freud 及其貢獻。1934 年，他接受 Freud 的分析。

《自我心理學和適應問題》是 Hartmann（1958）開創性的著作，他提出自我心理學的概念架構和治療方式，其目標不在於揭露人類心靈中被壓抑的原始衝動，而是修復心靈本身的結構。Freud之前僅大略提到自我的功能，並沒有多加論述。Hartmann 的論述基本上沒有牴觸 Freud 對驅力理論和自我防衛的觀點，而且還對自我功能增加了原發自主性（primary autonomous）的概念，成為人格組織的一個重要層面，而次發自主性（secondary autonomous）則用來描述在處理驅力衝突的過程中所發展的自我功能（Munroe, 1955）。本章稍後會對原發自主性和次發自主性加以解釋。

Hartmann 之後的自我心理學者，開始重視兒童早年經驗和母嬰關係對自我發展的重要性，發展自我心理學的代表人物是 Rene Spitz（1887-1974）、Margaret Mahler（1897-1985）和 Edith Jacobson（1897-1978）。Spitz 出生於維也納，是一名精神分析師和精神科醫師，1939 年移民美國，主要的貢獻在於強調母嬰關係對於嬰兒的自我發展具有關鍵性影響。Mahler 出生於匈牙利，是一名兒童精神分析師和小兒科醫師，1938 年移民美國，最為人所熟知的是提出兒童發展的分離—個體化理論。Jacobson 出生於德國，是一名精神分析師和小兒科醫師，1938 年移民美國，主要貢獻之一是修訂 Freud 的驅力理論。

從 1940 至 1960 年代，自我心理學是美國精神分析的主要取向，這和當時二次大戰前後，有好幾位重要的自我心理學家，如 Hartmann、Ernst Kris、Rudolph Loewenstein、Spitz、Mahler、Jacobson 等人從歐洲移民美國有很大的關係，這些歐洲分析師開始訓練下一代的美國分析師。到了 1970 年代，隨著客體關係理論和自體心理學的興起，自我心理學才開始沒落。

## 第二節　自我防衛機制

Freud 早在 1894 年就曾經使用「防衛」（defense）一詞，但是隨後 30 年，就很少再使用防衛這個詞，而是使用壓抑（repression）（又譯為潛抑）來代替防衛。一直到 1936 年，他在《焦慮的問題》一書中寫道：「我覺得使用防衛這個舊名詞是更為有利的，防衛是指所有自我使用來應付衝突的方法，壓抑只是其中一種方法」（S. Freud, 1936）。自我在滿足來自內在驅力願望和來自外部世界的期待時，經常需要想方設法的處理各種衝突，這些處理衝突的方法重複使用一段時間之後，就成為防衛機制（Munroe, 1955）。

Freud雖然很早就提到防衛機制這個概念，但是古典精神分析師在實際工作時，主要關注的是本我的材料，以及嘗試去發現和放鬆驅力的壓抑。A. Freud 指出，自我的原型也是潛意識的，且人格中驅力的運作和表現需要透過自我和防衛機制才能觀察。當本我的材料企圖表現出來時，不論是透過衝動或情感，一定會招來自我的防衛動作。

A. Freud 認為，內心衝突的前線不在潛意識的衝動和意識的防衛之間，而是介於三我系統之間，而每一個系統又大多是在潛意識中執行它們的功能，那麼勢必得重新評估用來揭露病人精神生活中潛意識部分的臨床作法。病人的自我一方面要遵循分析師的指示自由聯想，但是另一方面又想要透過防衛拒絕自由聯想。自我會為了滿足神經症的妥協，而發展出複雜的潛意識防衛機制，用某些思考方式讓被壓抑的衝動繼續被排除在有意識的知覺之外（Mitchell & Black, 1995）。

A. Freud 對於自我的複雜性，以及其特有的防衛所做的研究，重新定義了分析師在治療過程中的角色和焦點。自由聯想逐漸被視為妥協的行為，充其量只能成為分析程序的目標，而非如先前天真地認為是可立即使用的工具。縱使病人試圖合作，並且選擇暫停自我的敵對態度及有意識的反對，潛意識的防衛模式與敵對態度，仍舊會在病人的知覺與控制之外繼續運作。

在精神分析時，A. Freud 將焦點從驅力及其衍生物擴充到自我防衛歷程，可以獲得更多的治療效果。在精神分析時，我們很少直接看到驅力，而是透過病人如何使用防衛機制，來了解驅力願望；也就是說，為何驅力尋求滿足時會導致不舒服，並開始運作自我防衛的歷程。畢竟，自我使用各種方法，極力去限制驅力衝動，精神分析師以打破和平的角色出現，因此分析本我驅力，先要分析自我防衛（Levine, 1996）。

A. Freud 主要關注在自我的潛意識與防衛機制。在《自我與防衛機制》一書中（A. Freud, 1936），她即主張自我經常透過各種防衛在督導、調節和對抗本我。自我可用的防衛機制，在性心理發展的不同階段產生，特別是在強烈內外在衝突的時候妥協形成。自我防衛機制有哪些呢？根據 Freud（1915b）、A. Freud（1936）、Hall（1979），以及 Brenner（1973）等人的觀點，常見的自我防衛機制說明如下。

## 一、壓抑

壓抑（repression）（又譯為潛抑）是指，自我將不想要的本我衝動及其衍生物（如記憶、情緒、慾望或幻想），禁止其進入意識層面，就個人的意識生活而言，它們就好像不存在似的。壓抑的過程是潛意識的，也是個體不自覺的，不僅被壓抑的材料不知道，自我壓抑的過程和活動也是不自覺。而且，被壓抑的東西仍然屬於本我的一部分，與自我隔離了，而不為自我所知，例如：一位婦女中年喪女，對於女兒死於車禍的記憶感到十分的痛苦，她將這段記憶壓抑於潛意識裡，讓自己可以好過一些。日子久了之後，每次看到車禍的新聞就會不自覺的哀傷，卻不知道為什麼。

## 二、反向形成

反向形成（reaction formation）涉及一對矛盾的態度，如愛與恨，當一個人在潛意識裡對另外一個人又愛又恨時，為了避免表現出恨，於是潛意識會用過度強調的方式表現愛，例如：用愛代替恨、用溫柔代替殘酷、用順從代替對抗、用清潔代替髒亂。沒有表現的態度不是消失了，而是持續保留在潛意識裡。對矛盾的態度，可能是用愛代替恨，也可能是用恨代替愛，其決定的本質因人而異，最終回到一個問題：「什麼是自我害怕的危險，並對此危險產生預期焦慮？」如果自我害怕懷恨會帶來危險，反向形成便會用強調愛來確保危險不會發生，例如：對於丈夫前妻的孩子懷有敵意的繼母，透過溺愛孩子來證明她沒有敵視孩子。

## 三、隔離

隔離（isolation）或抽離是強迫症患者常用的防衛機制，Freud 最初的意思是指情緒或情感的隔離（isolation of affect）。Brenner（1973）認為，更適當的說法是情緒或情感的壓抑（repression of affect or emotion）。一個與早年痛苦聯繫在一起的記憶或想法，其中情緒被壓抑在潛意識裡，感覺不到了，由於情緒太痛苦，個體只意識到記憶或想法，例如：個案講述自己悲傷的故事時，講得好像是別人的遭遇。個案以十分理性化的態度和冷靜的口吻來講述自己悲傷的事件，便是使用情緒隔離的防衛機制。

## 四、抵銷

抵銷（undoing）是指，一個人表現一個行為或想法，去抵銷之前一個不被接受的行為或想法，例如：一位小孩先打了他懷恨的妹妹，然後因為他的懷恨會產生焦慮，於是他打了妹妹之後，又親吻了妹妹。小孩用第二個動作（親吻），來抵銷第一個動作（打人）。不僅幼童如此，青少年和成人也會如此。對於本我出現攻擊的或性慾的衝動，自我會害怕帶來危險，於是做了一些可以抵銷傷害的行為。

兒童與成人會表現出儀式性行為，也可以用抵銷的防衛機制來解釋，他們會透過儀式有意識或無意識地去抵銷自我認為危險的本我衝動。儀式的意思有時候可以理解，例如：民俗中的放生、懺悔，但很多時候，由於過度的扭曲和隱藏、掩飾，以至於不可理解。由於神奇想法主宰早年的心靈生活，因此抵銷具有神奇的作用。

## 五、否認

否認（denial）是指，透過幻想或行為去否認令人不舒服或不想要的外在現實，例如：一個小男孩在父親面前，號稱自己是世界拳擊冠軍，小男孩透過幻想與行為去拒絕或代替外在現實。否認的原始意義是指拒絕外在現實的感官印象進入意識，當人對外在現實盡量不去注意，外在現實的痛苦後果就好像不會發生一樣，例如：妻子否認丈夫突然意外死亡，認為他只是出遠門工作還沒回來。

## 六、投射

投射（projection）是指，個體把自己的慾望或衝動歸諸於他人。人們特別容易把自己不能接受的潛意識衝動或慾望投射到別人身上，例如：妄想症患者把自己內在的暴力或傷害衝動投射到 FBI，並且深信他處於被 FBI 傷害的危險。投射不僅發生在有精神問題的人，也發生在一般正常人身上。投射是指「並不是我有危險的想法，是他有危險的想法」，例如：戰爭時期，人們把罪惡歸諸於敵人；平常時期，人們把偏見歸諸於外國人或非我族類的人。

## 七、反向攻擊自己

反向攻擊自己（turning against self）是一種涉及自我處罰或自虐的潛意識的防衛機制，例如：小孩心裡很憤怒，卻不能攻擊傷害他的人，於是透過攻擊自己來表達心中的憤怒。憂鬱症患者經驗到憤怒、生氣和攻擊的情緒時，常常會反向攻擊自己，例如：會表現出自我傷害的行為。

## 八、認同

認同（identification）也會被自我用來當作防衛。認同被當作防衛使用時，通常是指個體在潛意識裡仿效吃或吞食的行為動作，例如：將自己喜歡或崇拜的人的特質和行為納為己有，和投射是相反的機制，投射在潛意識裡是仿效排便的行為動作。認同是指將別人好的特質和行為歸為己有，來讓自己感到舒服，例如：某甲以與某富豪見過一面為榮，某乙以和一位漂亮的女孩交往而感到自豪。

## 九、退化

退化（regression）（又譯為退行）是指，人的天生驅力有退化的傾向，在性心理發展階段，當內心衝突太大時，人會退化到更早的、更幼稚的發展階段。一個人的自我功能如果顯著的退化，代表有明顯的心理問題，例如：已經完成大小便訓練的兒童，當遭遇到極大的生活壓力事件時，晚上睡覺可能會尿床。又如：平常可以獨自一人在房間睡覺的兒童，在發生地震之後，要求和父母一起睡才安心。

## 十、替代與昇華

替代（displacement）是指，利用一種需求的滿足去替代另一種需求的滿足，例如：上班時被上司責備的員工，心裡很生氣卻不便直接發作，回到家裡看到小孩沒有寫作業，就衝著小孩發了一頓脾氣，小孩自然也很生氣，可是又不敢對父親發脾氣，正好小貓走過來，他就踢了小貓一腳，成為小孩遷怒的對象。這個例子說明攻擊的驅力想要發洩，會找一個可以接受的客體來替代一個不可接受的客體。

不過替代作用如果是有益於社會文明的，就稱之為昇華（sublimation）作用，也就是以一種社會認可的行為替代一種社會不認可的驅力滿足。昇華屬於正常的自我功能，自我在衡量環境的種種限制後，會盡量去滿足驅力的慾望，例如：小時候喜歡玩糞便的人，長大後玩陶土。這個例子顯示人將原始玩糞便的慾望，改為符合社會認可的活動，持續可以滿足原始驅力的慾望。

A. Freud（1936）從臨床工作中，發現青少年常用的自我防衛機制有三種：禁慾（asceticism）、理智化（intellectualization），以及自我約束（restriction of ego）。青少年在無法處理性衝動時，會採用禁慾來自我保護。青少年在面對焦慮或內外在衝突時，會不自覺地弱化感知、思考、學習等自我功能，或者透過理智化使自己避免去經驗痛苦的情感，例如：

有些青少年動不動就引用哲學思辨或宗教教義去保護自己，避免經驗到性和攻擊的感覺。

早期的自我防衛機制被S. Freud視為病態，後來A. Freud加以修正，認為有些自我防衛機制具有適應的自我功能。我們可以將自我防衛機制大致分為：(1)原始的防衛機制，例如：否認、退化、投射、反向形成等；(2)神經症的防衛機制，例如：壓抑、替代、理智化、抵銷等；(3)成熟的防衛機制，例如：昇華。

## 第三節　適應與自我功能

驅力心理學認為人類行為是源自於驅力間的衝突，以及驅力與現實的衝突。自我的功能是在協調不同驅力之間的衝突，以及驅力與外在世界的衝突。因此，自我是與驅力連結的，能量也是來自於驅力的。驅力無法直接從環境獲得滿足，必須透過自我的次級歷程。嬰兒如果想要從環境獲得滿足，他必須學習容忍驅力滿足的延宕，或者學習放棄某個驅力，以便滿足另一個驅力。為了和諧的兼顧內在的驅力需求和外在環境的期待，自我的功能益發重要。

如同 Freud，Hartmann 也受到達爾文物種起源理論的啟示，但是他採用不同的部分。Freud對人類動機來自性驅力和攻擊驅力的遠見，可以追溯到達爾文的觀點。但是，Hartmann 將重點放在適者生存的概念上，他認為動物的設計是為了能高度適應環境，因此在生物與所處的環境之間存在著持續的互惠關係。以此類推，Hartmann 推論如果人類像所有生物一樣，本質上就是設計成能適應環境，那心理也不會例外。他認為嬰兒是帶著內建的自我發展潛力誕生的，就像種子等待春雨一般，等著一般可預期的合適環境以激發成長。自我功能並非總是在衝突及挫折中打造而成，某些「無衝突的自我功能」（conflict-free ego capacity）是內在本來就有的潛能，人一生下就有的，這些在成長過程中會自然出現的功能，使人們能適應環境，包括：語言、知覺、理解與思考能力。

Hartmann 除了統整 Freud 有關驅力、結構和防衛的理論，還進一步主張自我可以獨立運作其功能，不一定都和驅力衝突有關。他認為在人出生之後，就有一種適應一般生物生存環境的能力。這種自我的功能在一開始的時候，是在沒有衝突的狀態，有機體對此的體驗是愉悅的，這種沒有衝突的自我空間在有機體適應外在世界時，扮演非常重要的角色。兒童會自發性的練習他的手腳、感覺器官、注意他人，以及記憶等，這些都是伴隨有機體在生理發育而自發的活動（Munroe, 1955）。

我們可以說，有一部分的自我功能是獨立發展的，另有一部分是作為處理驅力衝突而發展的，例如：嬰兒要滿足其飢餓驅力的過程，開始學習去期待乳房，乳房出現時停止哭泣，很適應地朝向乳房，並且在乳房不在時，發展乳房的圖像，也因此某一個新的自我功能開始發展。Hartmann使用原發自主性指涉自我獨立於驅力的自主功能，用次發自主性指涉自我作為滿足驅力而發展與本我有密切關聯的自主功能。

Hartmann 對自我心理學的探究始於適應的概念，對適應的定義是：基本上是有機體與環境的互動關係。一方面，有機體具有自己形成適應環境的功能，另一方面，具有能力去影響環境的改變（Blanck & Blanck, 1974）。從有機體這一方面來說，Hartmann 認為心理發展並不只是與驅力衝突、與愛的客體衝突，或與超我衝突的結果，而是從出生就具有內建的心理發展的裝置，他稱之為原發自主性裝置（apparatuses of primary autonomy）。Freud 認為，自我是從本我分化出來的，Hartmann 修訂此一假設，認為嬰兒出生便具有自我的裝置，例如：知覺、意圖、客體理解、思考、語言、記憶、動作發展等。在嬰兒生命早期，心理結構是沒有分化的，沒有本我、也沒有自我。在正常發展的情況下，天生的自我裝置在沒有衝突的空間裡，會發展出各種功能。

從環境這一方面來說，Hartmann 稱之為「一般可預期的環境」，是指母親的需求和嬰兒的需求互動的關係。一個具有適應裝置的嬰兒，誕生在一個一般可預期的環境，進入一個互動關係系統裡。它的調節系統不僅對自己和環境進行適應工作，而且努力去改變環境，來促進更好適應的環境，例如：一位成年婦女已發展到適應現實的階段，成為心理成熟的人。但如果她有了嬰兒，她原有的適應能力並不能使她勝任母親的工作，而必須有能力部分的、暫時的退化，如使用嬰兒似的說話方式，以便可以在母嬰關係中成為好的伙伴。母親暫時放棄高層次的發展，母嬰才能互相適配，同時滿足母職和嬰兒的需要。

Hartmann 保留了精神分析對衝突既有的理解，同時增加對非衝突性的適應性發展的探討。根據自我的起源、功能和變化，將自我功能區分為原發自主性和次發自主性。他提到原發自主性的適應裝置（如語言），在日後也可能捲入衝突（如口吃）當中。Hartmann 精確地區分與歸類，使臨床工作者能更精確地區分心靈功能的衝突與適應面向，但他所描述的無衝突自我功能，也引發另一個疑問：如果心靈主要是由性驅力和攻擊驅力提供能量，這些無衝突自我功能是從哪裡得到能量呢？

對於人類更高文化的熱愛及追求，以及人類動機來自性與攻擊驅力之間的矛盾如何解釋呢？Freud 提出昇華概念作為解決之道，它是一個防衛程序，將性衝動的力量導向能被社會接受，並且又有生產力的追求，例如：偷窺的固著可能轉化成為攝影才華。不過，即使驅力昇華了，它們仍然以偽裝的型態保留其原本性和攻擊的特性。如果自我的無衝突功能真的是自主性，他們需要的應該是不具這種特性的能量。因此，Hartmann 提出「中和」（neutralization）的程序。中和與昇華不同，它實際改變了驅力的性質，就像水力發電廠把洶湧泥濘的河水，轉化為乾淨可用的電力（Mitchell & Black, 1995）。

Hartmann 提出中和驅力的觀點，認為中和的歷程是將驅力中的性和攻擊加以中和，而成為自我可以使用的能量。將驅力馴化的歷程即是中和，嬰兒若有能力馴化驅力和延宕驅力的釋放，將有助於自我功能的發展，例如：飢餓的 3 個月大嬰兒便有一些中和驅力的能力，當他感覺飢餓的同時，會參照過去用哭泣呼喚母親滿足飢餓的記憶痕跡，從漫無目標的哭泣轉變為有目標的哭泣。中和的概念擴大了我們對精神病的了解，Freud 認為精神病是自我與現實的衝突，但 Hartmann 重新定義精神病是中和的失敗，導致自我無法扮演組織的角色，去協調驅力與現實的需求。自我防衛機制的能量來自中和的驅力，如果沒有足夠的能量，自我便無法運作防衛，防衛就會嚴重損壞（Blanck & Blanck, 1974）。

Freud的驅力心理學留下一個有待後人探討的健康自我功能的空間，Hartmann 的自我心理學則彌補了這個空間。Hartmann（1958）提出「無衝突自我空間的概念」，他對此的描述如下：在沒有心理衝突的地方，自我的功能可以依舊運行，包括對外在世界的知覺、意圖、客體的理解、思維、語言、記憶、動作技能、對自體的知覺、現實考驗、時間知覺、防衛、個人特質，以及整合功能，這些自我功能從出生就存在。

Hartmann（1950）對自我的定義如下：自我不是精神分析的人格或個人，也不是主體和客體中的主體，也不是一個對自己的知覺或感覺。自我是一個很不同的概念，他是人格的次結構，是由功能所定義。Hartmann相信自我具有天生的能力，能協助個體去適應生存環境，這些能力包括知覺、注意、記憶、專心、動作協調，以及語言等。在一般正常的環境裡，這些能力發展為自我功能，並且獨立於性和攻擊驅力，可以自主性運作，而不是驅力衝突和挫折的產物。

自我心理學的心理治療目標是去增強自我功能，使其更有能力去評估現實，去組織有效能的行動，更具有適應能力。Hartmann（1958）認為，在精神分析中，自我的統整和綜合角色是很關鍵的。自我欺騙通常伴隨對環境的錯誤判斷，精神分析的工作就是有系統地去消除人的自我欺騙。精神分析可以說是一個協助病人面對自我欺騙和誤解外在世界的一個理論，人在精神分析的歷程中，主要的便是學習如實的去面對真實的內在自己。

精神分析對於適應問題的興趣日益增加，主要是因為精神分析有下列的發展：開始關注自我功能、增加對整個人格的興趣，以及使用「對現實的適應」作為心理健康的指標（Hartmann, 1958）。精神分析增加了自我心理學的觀點，使得精神分析從心理病理學擴充到一般心理學，使精神分析的理論和方法變得更廣、更深，而且更有針對性。

精神分析治療師的工作在於中和衝突的驅力，擴充沒有衝突的自我空間，協助病人發展更多更好的自我功能。自我功能歸納起來有下列幾項（Berzoff, Flanagan, & Hertz, 2011）。

## 一、現實考驗

現實考驗是指，自我具有能力區分內心世界（如願望、害怕）和外在世界（如事件）的不同。這是自我最重要的功能，因為要和外在世界協調和折衝，需要具備正確知覺和了解外在刺激的能力。人在壓力之下，現實考驗能力會承受不同程度的損壞，嚴重的損壞會導致暫時的妄想和幻覺，慢性的妄想和幻覺即顯示精神病的狀態。

## 二、衝動控制

衝動控制是指，自我具有能力去管理攻擊或性慾望，而不會因付諸行動而導致不良後果。衝動控制困難而導致問題的行為很常見，例如：胡亂開車、任意與人發生性行為、酗酒、暴飲暴食等。衝動控制是指，自我具有能力去監控攻擊或性驅力，避免衝動行事而誤事，會等待自我評估行為是否符合內心的道德標準和社會規範。衝動控制良好的人是指具有挫折忍受力，可以延宕滿足，可以容忍焦慮，而不會付諸行動。衝動控制失調的人，容易行事過度控制或過少控制，過與不及都會產生問題。

## 三、情感調節

情感調節是指，自我具有能力監控情緒的來源、強度和表達的方式與對象。情感調節若有問題，則會出現情緒表達過多或過少，以至於損害內在情感的平衡和人際關係。

## 四、判斷力

判斷力是指，自我能夠辨認不同的行動方案、預期和評估可能的後果，以及根據所處時空條件做選擇。好的判斷力即是有能力對行為是否適當做出合理的結論，作出合理結論的過程通常會採用下列步驟：(1)處理當前的事件，會參考過去的生活經驗；(2)根據社會期望和現實條件，評估當前的事件；(3)針對不同的行動方案進行合理可行的評估，並達成最佳的結論。

## 五、客體關係

客體關係是指，自我有能力去建立和維持互為滿足的人際關係。這個能力不僅是要和外在世界的他人有良好互動，而且也要和內在世界的重要他人和平相處，即使當人心情不好、遭遇挫折的時候，也是如此。客體關係能力有缺陷的人，會表現下列後果：沒有能力去愛人、情感冷淡、對人沒興趣、社會退縮、極度依賴，或者有強烈需要去控制關係。

## 六、思考歷程

思考歷程是指，自我有能力進行邏輯的、前後一致的、抽象的思考。在壓力的情境中，思考歷程很容易損壞而失常。嚴重慢性精神病患者便會有思考歷程的障礙。

## 七、防衛功能

防衛是一種潛意識企圖去保護自己，避免感受到強烈情緒的威脅。嬰兒面對外在世界強烈刺激的威脅時，便會發展出防衛，原始的防衛包括：投射、否認和分裂（splitting）等。兒童逐漸成長後，防衛會變得更加複雜，以便用來對付來自內在驅力的衝突，這些防衛包括：壓抑、退化、置換、反向形成等。

## 八、統整

統整功能是指，自我有能力在人格之內組織和整合不同功能，以完成更複雜的生活事務。統整的能力使人可以採用更為整合一致的方式，去感覺和去行動，包括可以統整可能對立的生活經驗、想法和情感，例如：兒童同時對母親有愛又有恨的情感。統整思考、情緒和行動的能力，是達成人格發展和生命成就一個很關鍵的能力。

Hartmann 與其同事所發展的自我心理學理論，其重點可以摘要如下（Blanck & Blanck, 1974）：

1.人類適應的概念，涉及自體的調整以及對環境的調整。適應是可以向前進化，也可以是向後退化，而且是使有機體和環境更加適配在一起。

2.Hartmann 修正 Freud 有關自我的起源和發展的觀點，主張嬰兒天生具有內建的、未分化的原發自主性。在本我和自我分化後，天生的自我功能開始發展。

3.原發自主性的裝置是在沒有衝突的空間發展，這個主張促使精神分析的領域擴展到對正常和異常行為的研究。人類心靈不限於因衝突而發展，也會在無衝突的狀態下發展。

4.Hartmann 導入「一般可預期的環境」的概念，確認母嬰關係對嬰兒發展的關鍵性，增進後人對母嬰連結和客體關係的研究。

5.要將病人視為整體，不要因為太關注某一個特定行為或心理病理學的面向，而忽視整個人。

6.在系統間的衝突之外，增加系統內衝突的觀點。Hartmann 認為，自我的內在元素之間也會有衝突，例如：要還是不要滿足驅力、自主功能和防衛的糾纏、領悟和理想化的衝突等。這觀點有助於對自我功能的了解，以及在治療中強化自我的技巧。

7.強調挫折對發展的重要角色，有助於了解獲得認同的歷程，以及攻擊驅力在發展上的作用。

## 第四節　發展自我心理學

Hartmann 認為，在一個能容納孩子的環境中，孩子與生俱來的潛能自然會開始發展，這個觀點引出許多問題，並由之後的發展自我心理學家繼續追尋答案。我們該如何想像，一個適合天生具備適應性的小孩之必要環境呢？心理發展所仰賴的「一般可預期的環境」包含哪些元素？兒童早年與環境的關係中，是否有些因素會促進驅力的中和，讓驅力衝突變得柔和，並使能量用來進行自我的非衝突性活動？發展自我心理學（developmental ego psychology）是指，探討嬰幼兒早年心理發育與自我功能發展的精神分析理論，主要代表人物有 Rene Spitz、Margaret Mahler 和 Edith Jacobson。本節將分別介紹他們的主要觀點和貢獻。

### 一、母嬰關係是自我發展的關鍵

Spitz（1946）根據對棄嬰收容所嬰兒的觀察，他發現這些孩子的生理需要都得到充分滿足，但與人不斷肌膚接觸和互動的機會卻遭到剝奪，即使有充足的食物、安全的住所、清潔衛生和醫療照顧，每個孩子卻都變得憂鬱、退縮，和體弱多病。如果這種情緒上的饑渴持續超過 3 個月，他們的眼睛協調就會衰退，而且行動遲緩。

Spitz 根據研究結果下結論說，新生兒天生的裝備透過與母親的互動而加速發展，只有母嬰之間反覆互動的關係，才能提供嬰兒情感發展的經驗。Spitz 發現，新生兒是在與母親的兩人互動關係中組織他的自我。嬰兒用其有限的自我功能作為工具，去認識和覺察母親伴侶（maternal partner）的存在。嬰兒與母親在情感上的反覆互動，深深地影響其客體關係的知覺和發展。

對於嬰兒如何獲得最初由「母親—環境」所提供的能力，Spitz（1965）的結論是：母親與嬰兒之間會發展出錯綜複雜的交流模式，在一種母嬰互動的框架中，不斷循序漸進的「行動—反應—行動」的循環中，讓嬰兒能一步一步的，將無意義的刺激轉化為有意義的訊號。因為母親伴侶對兒童的心理發展是如此的重要，Spitz 認為兒童的發展一定要考慮母親的能力，包括：連結關係、適度退化、情感交流等。而且，母親必須具有彈性，隨著嬰兒的快速成長和需求改變而調節自己。母親是嬰兒驅力主要貫注的對象，她必須能夠隨著嬰兒需求變化而調節，以便可以和嬰兒處於相同的頻率和步調。

Spitz 提出「母嬰連結」或「母嬰一體」的觀點，他認為嬰兒在母親子宮內的生理寄生狀態，自出生後便延伸為與母親的心理融合（psychological fusion）。如果嬰兒突然與母親分開，或被任何方式剝奪了這種連結，他將會陷入極大的危險中。心理能力發展較完全的母親，對基本上無助且脆弱的嬰兒而言，就是他的環境。新生嬰兒有如剛恢復視力的盲人一樣，感覺到的不是狂喜，反而是大量無法處理的混亂和無意義的刺激。母親居中協助嬰兒調節與外在刺激的接觸，作為嬰兒的輔助自我（auxiliary ego），處理並調節這些經驗及安撫嬰兒，在混亂的過度刺激中庇護他，直到他發展出能處理與調節經驗的自我能力（Mitchell & Black, 1995）。

母嬰關係是一種生物心理關係，在生命早期階段，主要是生物關係，隨著母嬰的反覆互動，變成主要是心理和社會關係。早期的客體關係主要在確保嬰兒的生存，Spitz 認為心理組織的成熟程度，可以透過外顯的行為指標加以辨識。首先是「微笑反應」，這是一種與人情緒連結的意圖，標示著嬰兒從內在刺激的接受，轉變為對外在刺激的知覺。從對內的貫注，轉變到對外的貫注，這是客體關係的前驅反應。嬰兒開始有能力將餵食的客體置換為記憶痕跡，知覺母親移動的臉部，這些都是思考歷程的前驅，顯示自我的出現，整合功能開始運作（Blanck & Blanck, 1974）。

其次是「陌生人焦慮」，嬰兒到了 8 個月大的時候，遇見陌生人會出現退縮和哭泣，這個反應標示著心理結構的進一步組織。隨著嬰兒可以步行移動的時候，嬰兒會設法靠近母親，但是母親不可能經常守在嬰兒身旁，嬰兒必須學習適應分離焦慮。嬰兒透過內化母親在心中，因應母親不在身旁的焦慮，內化歷程有助於嬰兒從環境中獨立起來。

第三個標誌是說「不」，隨著幼兒會走路，母親開始加以約束，母親用「不」來表達挫折，被幼兒經驗為攻擊和禁令。幼兒感受到挫折和衝突，解決的方式是透過認同母親、學習母親的言行，也跟著用說「不」，來表達挫折和攻擊。而說「不」代表幼兒開始討價還價和判斷的表達，開始一種與客體互動的新方式。說「不」這個指標標示著幼兒開始使用訊息替代行動，更加區分身體和客體表徵，語言成為主要的溝通方式，而不是肢體溝通。

Spitz（1965）以直接觀察和實驗心理學的方法，對嬰兒與主要照顧者之間的客體關係進行研究，他的研究改變了精神分析對於性慾客體（libidinal object）的觀點。Freud 認為，客體是驅力衝動的目標，驅力可以藉由客體得到釋放，性慾客體本身並無固有的重要性。Spitz 保留 Freud 對於性驅力是追求快感的看法，但是加入了新的面向，讓 Freud 原本對早期客體關係發展的想法更加深入與完整。在性驅力的目的上，Spitz 加入一組起源於自我，並在自我中發展的能力，它與性慾快感的追求平行，使關愛與深刻情感的人際連結感受得以發展。Spitz 認為，擁有性慾客體是嬰兒發展上的成就，反映出非常複雜的心理能力，以便建立有選擇、非常個人化的依附關係，即使客體缺席時，仍能在心中保留住。Spitz 也認為，性慾客體不只是作為性驅力的目的和被用來釋放緊張，而且提供嬰兒必要的關係連結，在這連結中，所有的心理發展才得以發生。

## 二、自閉、共生、分離個體化

根據Hartmann所提出的自我心理學理論，嬰兒在出生的時候，即具備原發自主性的天生裝置，以及出生在一個一般可預期的環境，這個環境裡的主要部分是嬰兒的母親。Mahler 認為，幼兒在 4 歲建立自我認同之前，會經歷三個發展階段：自閉階段（autistic phase）、共生階段（symbiotic phase），以及分離個體化階段（separation-individuation phase），說明如下（Blanck & Blanck, 1974）。

### （一）自閉階段

嬰兒出生後的幾個星期，他的定向是混亂的，此階段只求需要的滿足和維持生理的平衡。起初，嬰兒是沒有客體的，無法區分自己和母親的不同，只能區分舒適和痛苦的感覺。

### （二）共生階段

嬰兒到了 3 個月大時，開始隱約覺察另有一個提供需求滿足的客體。共生是 Mahler 借用生物學的概念，用來描述兩個有機體在幻覺和妄想中具有共同的界線。Mahler 將 Freud 所稱的原始自戀，拆成自閉和共生兩個階段，並認為共生的滿足是嬰兒發展的重要階段，如果在共生階段母嬰出現極端的溝通不適配，就嬰兒來說，可能嬰兒的天生裝置有缺陷，無法和母親形成融合共生，結果會發展成精神病或退化到自閉症。Mahler 認為，兒童精神病的病因是共生融合的嚴重失敗。

### （三）分離個體化階段

Mahler 將這個階段進一步細分為四個次階段：

1.孵化（hatching）：嬰兒從 5 至 9 個月大，以逐漸提高警覺，以及特定的視覺模式為特點。在生理發育的幫助下，特別是幼兒開始走路時，幼兒開始從與母親融合共生的狀態孵化出來，如果母親的支持行為愈多，幼兒愈能夠順利的從共生的軌道分離出來。

2.練習（practicing）：從9至15個月之間，幼兒積極投入外在世界，對自己的新能力感到洋洋得意，認為自己是全能的，身體雖然離開母親，但心理上仍然感覺與母親融合為一，分享著他認為母親是無所不能的感覺。

3.複合（rapprochement）：發生在 15 至 24 個月之間，在這個次階段，幼兒經驗到一種重要的心理不安定，既想要離開母親自由行動，但卻顯得猶豫，想要母親留在他的視線範圍內，經由行動或是目光接觸，他能調節這個新的分離經驗，而母親可能會將其實是進步的需要誤以為是退步，並以不耐煩的態度或拒絕回應，使尚未具備獨立運作心理能力的幼兒產生害怕被拋棄的焦慮。在複合次階段，若母親明顯的缺乏接納與情緒上的理解力，會造成孩子持續的憂鬱氣質。

4.分離個體化（separation-individuation）：充分經驗分離個體化次階段的幼兒，逐漸建立真實的身分認同和客體恆常，能夠區分自體和客體表徵。

在性質上，分離個體化的問題是屬於前伊底帕斯，與伊底帕斯的問題不同。伊底帕斯的動力強調競爭的議題、性驅力與攻擊的衝突，以及主要探討父親的角色，而前伊底帕斯的動力以母親的角色為中心，探討最後將參與伊底帕斯掙扎的心理結構，在形成過程中遇到的障礙。如果這些心理結構有缺陷，會造成許多有嚴重後果的較早期問題。前伊底帕斯病態的表現，往往不是明顯的症狀、罪惡感或有衝突的猶豫不決，而是更普遍的心理功能混亂，例如：強烈而無法調節的感覺狀態、波動極大的自我或他人形象、不穩定的情緒和人際關係等，像是被虐狂與嚴重憂鬱病態就有這些特性（Mitchell & Black, 1995）。Blanck 與 Blanck（1974）認為，分離個體化的失敗會導致邊緣型人格障礙。Mahler 有關兒童分離個體化的人格發展理論，指出邊緣型人格障礙的病因所在，這一點有助於我們對邊緣型人格的理解、診斷和治療。

## 三、驅力理論的修訂

Jacobson 的主要貢獻就是修正 Freud 的驅力理論，並將驅力理論、結構理論和客體關係整合在一起。Freud認為，驅力是天生的，但是自我心理學家重視環境的影響，Jacobson 在兩個觀點之間架起了一個橋梁，她認為生物和經驗是互相影響，共同影響兒童心理的發展。Jacobson 和 Hartmann 一樣，認為驅力不是天生的，而是在兒童早期生活經驗中慢慢形成的。嬰兒出生之後開始對舒適和不舒適的經驗作記號，兒童早年的主觀經驗促進了性驅力和攻擊驅力的發展。性驅力會從感覺好的經驗中產生，正常情況下，性驅力會多於攻擊驅力。但是，早年經驗太多的挫折，攻擊驅力就會很多，並干擾正常的發展。性驅力有助於整合好和壞的客體，以及好和壞的自體。相反的，攻擊驅力有助於分離和建立自己和他人的形象。性驅力和攻擊驅力對心理發展都很重要，缺一不可。性驅力是拉在一起，攻擊驅力是推開分散，兩種驅力和環境統整的經驗是建立自我認同所必需的（Michell & Black, 1995; Tuttman, 1985）。

Jacobson 的貢獻在於進一步說明嬰兒未分化的心理狀態，她主張不僅自我和本我未分化，性驅力和攻擊驅力也未分化，嬰兒的這些驅力受到外在刺激的影響之下，逐漸分化成性和攻擊驅力。為了說明她的觀點，Jacobson明確定義下列幾個名詞：自我（ego）是指一種心理結構；自體（self）是指一個人身心的總稱；自體表徵（self-representation）是指自我系統內身心自體的表徵。Jacobson 使用「表徵」一詞，主要是為了更精準的區別內心經驗到的人和外在現實的人之不同，也就是內心世界的客體和外在世界的客體之不同（Blanck & Blanck, 1974）。

Jacobson 認為，表徵的形成是這樣子的：表徵包括滿足嬰兒驅力的好客體和挫折嬰兒驅力的壞客體，當然好壞客體都是同一個人，直到嬰兒 6 個月大時，才覺察到好壞客體是同一個人，並將兩個表徵融合在一起。在嬰兒覺察母親是一個人之前，嬰兒不是只有餵食經驗，而且還有很多滿足和挫折的經驗。嬰兒從第二年開始，從渴望為母親的一部分，轉變為渴望像母親一樣，部分內化的機制啟動了選擇性認同。幼兒一方面想要和母親依賴和共生，另一方面又想要獨立、自我發展，客體的特質內化成為兒童的自體形象。

Jacobson 認為，攻擊驅力具有幫助兒童成長的特質。兒童在第一年年底，開始經驗到不只是挫折，而且還經驗到企圖、擁有、忌妒、對抗、失望和失敗等，兒童透過這些學習區分自己和他人的感覺。愛和攻擊驅力促進兒童發展身分認同感，以及考驗內在和外在的現實，這些是其自我認同和客體關係建立的基礎。客體關係的發展，不僅兒童要先建立自我認同，而且性驅力要超過攻擊驅力。性驅力有助於建立自我形象，提升自尊和形成自我概念，選擇性的認同變成自我持久的一部分。

大約在6個月大的時候，嬰兒開始有能力區分自己和別人，逐漸的，性驅力和攻擊驅力隨著好壞經驗的刺激而分化，成為新的系統：自我和超我。到了第三年，幼兒逐漸從分離發展到自主，而對自己的表徵愈來愈符合現實。兒童逐漸發展自己的認同，並且學習區分想像和真實的自體和客體，超我則經過較長的時間發展，直到青春期才鞏固建立。在正常發展的情況下，性驅力和攻擊驅力是維持平衡的，並引導自己和他人的成熟分化。但是，兩種驅力的不平衡就會導致人我界線的模糊，就像我們在精神病患者身上觀察到的症狀。Jacobson 認為，父母親對兒童自我和超我的發展具有關鍵的影響，父母之愛是正常自我和超我發展的保證，但是挫折的經驗和父母的要求，也同樣有助於兒童發展有效能、獨立的自我功能（Tuttman, 1985）。

# 第五節 自我心理學在臨床上的應用

## 一、自我與防衛機制的分析

根據Alexander（1933）對壓抑運作的描述，壓抑的開始是因為超我知覺到內在驅力試圖成為意識，並且想要透過行動加以釋放的緊張。當內在驅力和超我產生衝突，自我因為感受到害怕而啟動壓抑來拒絕驅力的意識化和行動化。自我所感受的害怕是超我發出要求自我去壓抑驅力的信號。自我經常處在兩股相反的力量之間：一股是來自本我的驅力，另一股則是來自超我的否認。自我的傾向是尋求兩股勢力的妥協，例如：調整本我的傾向，使其採用一種可以被超我接受的方式尋求部分滿足，這種歷程稱之為原始驅力的馴化或昇華。正常人會有較多的昇華，神經症或精神病的人昇華的能力相對較少。心理有問題的人通常一方面執著於驅力的釋放，另一方面卻又因為發展了太強的超我，以至於自我沒有足夠的能力去適當地處理兩方嚴重的衝突。

驅力衝動隨時想方設法進入意識，並且尋求滿足，它們不會想一直停留在潛意識。驅力衝動總是會引起自我的焦慮和超我的警戒，因此治療師透過分析自我來進入潛意識是比較可行的。根據 A. Freud（1966）的歸納，自我和精神分析的關係有三個層面：第一，執行自我觀察的功能；第二，自我是精神分析師的對手，提供假資料或拒絕提供資料，妨礙精神分析的工作；第三，自我是精神分析的對象，將潛意識的自我防衛機制意識化。

本我的分析和自我的分析有何不同？在分析本我的所有材料當中，自我是以抗拒的型態呈現。在精神分析過程中，自我會變得活躍，會以各種方式阻礙本我進入意識。自我會運用防衛機制去妨礙病人的自由聯想，對治療師表現敵意，設法鞏固對本我衝動的防衛。對自我抗拒（ego resistance）進行分析，有助於讓自我的潛意識防衛變成意識化。

自我防衛不僅在防衛本我衝動的欲求滿足，也在防衛情感的欲求滿足，自我對情感的防衛力量並不少於對驅力衝動的防衛。當本我驅力被拒絕時，其所伴隨的情感也會連帶改變，個案在精神分析之內或之外的情感變化，讓我們知道一定有自我在背後運作。由於自我能運用的防衛方法很有限，我們觀察個案常用的防衛方法是哪一種，對付本我衝動的方法，很可能也會用來對付不受歡迎的情感。

A. Freud（1966）研究病人用來對付情感的防衛方法，和精神分析中自我採用的抗拒之間，發現神經症症狀的形成和自我防衛機制是相當一致的。也就是說，病人在精神分析中，對待自由聯想的態度，和病人對待本我驅力的需求，以及對待不受歡迎的情感，其對待方式和歷程是很一致的。她透過歇斯底里症和強迫症來說明病人的症狀形成和自我防衛機制的平行現象。歇斯底里症病人常用壓抑的防衛來對付潛意識性衝動，也用類似的方法來抗拒自由聯想，例如：變得沉默不語、腦筋空白。而強迫症病人常用隔離和抵銷來對付本我衝動，在精神分析時，病人不是沉默不語，就是說話時將情感隔離起來。

根據 Freud 的結構理論，一個人的性和攻擊衝動會持續地與他的良心和現實限制產生衝突，有時候這些衝突會導致神經症症狀。精神分析治療的目標便是要在身體需求、心理渴望、個人良心，以及社會現實之間取得平衡。自我心理學家主張，處理衝突的最佳方法是從和意識、前意識與現實維持密切關係的自我下手。

在臨床上，A. Freud 強調精神分析師要留意病人的自我防衛，他們會表現在病人的自由聯想，然後協助病人辨識、標記和探索防衛。對 A. Freud來說，對壓抑的材料直接解釋，不如協助病人了解用哪些防衛去抗拒潛意識材料的意識化。A. Freud的貢獻在於扮演Freud結構理論和自我心理學的橋梁角色。

根據Hartmann的觀點，精神分析師的工作在於中和衝突的驅力，擴充沒有衝突的自我空間，協助病人發展更好的適應能力，但Hartmann認為，他所謂的適應能力是指自我和環境相互調節的意思，而不是要求自我去適應環境。Hartmann的貢獻在於擴充精神分析關注的範圍，從心理病理學擴大到一般人類發展，從本我心理學擴大到本我心理學加上自我心理學。

## 二、工作同盟和矯正情緒的治療經驗

Freud認為，神經症的核心就是對內心衝突的壓抑，自我心理學家則是愈來愈注意心理發育過程中的干擾。Freud 的焦點放在伊底帕斯衝突上，由認知及語言結構較為成熟的後期童年建構。自我心理學家所探討的是前伊底帕斯問題，往往發生在語言出現之前。自我心理學家認為移情不只是可理解為禁忌渴望的表達，也能看作是一個舞台，在這個舞台中，我們能從病人和治療師建立關係時，有哪些部分是不尋常的，他和病人會一起對病人早年經驗困難的發展做出解釋，並透過這過程修復病人心理的某些部分。

Freud將自我描述為仲裁者，在許多強勢又相互競爭的參與者之間進行調解，但自我心理學家針對嚴重心理病態的核心難題卻提出一個和他不同的見解：人如何用有缺陷的裝備工作？如果基本的心理結構是不具足的，一個人怎麼去做大部分人認為理所當然的事，例如：接近、走開、追求樂趣、調節感覺呢？

在正常情況下，自我知道如何在本我、超我和現實環境之間的衝突中，找到一個妥協，使三我心理能量可以協調合作。在這種情況下，我們會說這個人自我的統整功能很正常，並且能夠將驅力導向昇華而獲得適應和成就。神經症的人相較之下，其自我在統整和昇華兩方面的功能都有明顯的損壞。正常情況下，當一個驅力起來，自我會努力去改變外在環境，讓驅力需求獲得滿足。但是在一個神經症的衝突中，自我改變自己，而不是改變外在世界，自我適應外在現實的能力明顯受損（Nunberg, 1933）。心理治療的任務便是去運用本我的能量，使個案更能夠容忍超我，提高自我統整和昇華的功能，透過對本我、自我和超我的改變，神經症患者降低對內在危險的焦慮，以及學會充分的能力去應付焦慮，而不會感覺到害怕。

對自我心理學家來說，病人和治療師之間的經驗創造出一個機會，讓治療師可以理解病人心理瓦解的特性，以及他企圖補償的適應努力。分析關係也有強大的變化潛力，移情則提供修正早年問題的機會，讓病人能夠透過治療師試著滿足不曾被滿足過的心理發育需要，因為病人現在能以語言表達，並以成人身分和治療師一起體驗那些在童年時難以招架的擔憂和驚恐。自我心理學對於精神分析的理解產生了三個轉變：工作同盟、治療關係本身即具有療效，以及治療經驗具有矯正情緒的共生經驗，分別說明如下（Mitchell & Black, 1995）。

Freud在講解心理動力的隱喻時，都帶有敵對的特性，例如：戰爭、下棋、獵捕野獸。然而，自我心理學家將焦點從本我轉向自我，從被壓抑物轉向心理發育過程的連結，分析過程的理論也開始跟著轉變。治療師逐漸發現，在探索潛意識的衝突過程中，將病人的潛力視為治療同盟的好處。病人用自己的自我功能，向治療師揭露重要心理領域中的內線故事，使治療師能更有效率地辨識出神經症患者相互競爭的心理需要，以及巧妙的防衛策略。於是某些技巧發展出來，其目的是鼓勵病人進入後來被稱為「工作同盟」的關係中，在此病人與治療師共同承擔這份工作。雖然療效本身仍被理解為將潛意識的變為有意識的，但分析過程已不再用戰爭來隱喻，而是變成發生在兩個人的探究與追尋中的合作關係。

對分析過程的理解，第二個改變來自於治療師愈來愈明白，對病人而言，在這種合作關係中工作的經驗，本身就已經具有療效。病人就像一個很有效率的偵查員，發展出觀察自己的能力，能夠反省而不再只是反應，並可以為了說出自己的需要而願意延宕滿足，開始朝向能預期後果並努力，而不是馬上付諸行動。

自我心理學認為，心理結構是在人類合作關係中穩固下來的，這個深刻的理解帶來創新的臨床技巧，其目標是試圖在病人與治療師之間，重新啟動存在母嬰間某種型態的早期心理發育與相互關係。由於擁有多年治療兒童的經驗，Mahler 開始將治療經驗本身視為具有矯正潛力的共生經驗。而 Jacobson 在治療成人憂鬱症時，也強調情緒共鳴的重要性，而非正確詮釋的力量或治療師說出的內容。她觀察到在治療師與憂鬱的病人之間，必須有一種持續且微妙的同理連結，因此鼓勵治療師要調整自己去配合這種病人慢下來的情緒與思考過程，不要讓空洞的沉默擴大，而且不要一說就說很久，也不要講太快，或是太武斷（Jacobson, 1971）。

當發展自我心理學家更深入探討父母親在兒童發展心理結構上所扮演的角色時，原本治療師與病人工作同盟的觀點，也逐漸轉變為兩個人一起合作修正父母錯誤影響的分析關係。我們開始了解，分析過程不僅是一起工作的合作關係，也是成長的經驗，而病人和治療師（半個父母）的關係則提供了重塑早年心理發展經驗的機會。

# 第五章

# 客體關係理論

客體關係理論是精神分析理論的一個分支，主要在探討人有尋求客體，與人建立關係的驅力，人的心理結構是由內化的客體關係所組成，並影響日後的人際關係和心理健康。根據 Scharff（1995）的觀點，客體關係理論最具代表性的三個人是Fairbairn、Klein和Winnicott，他們三人的主張構成客體關係理論的核心內容。本章將以他們三人的觀點來介紹客體關係理論，分為五節：客體關係理論的發展、內在客體關係、嬰兒驅力與心理結構、真我與過渡性客體，以及客體關係理論的臨床觀點與應用。

## 第一節　客體關係理論的發展

本節內容包括三小節，分別說明客體關係理論的發展背景、代表人物，以及客體關係理論與驅力心理學的差異。

### 一、客體關係理論的發展背景

客體關係並不是一個有系統、依序發展的理論，而是一個鬆散的學派。客體關係理論家之間的觀點互異，常有衝突，但卻擁有共通的客體關係基本假設：即認為人對關係的需求是最基本的驅力，以及自我是由意識及潛意識的內在關係所組成（Gomez, 1997）。客體（object）這個詞是 Freud 首先使用的，是指那些可以滿足慾望和需求的人或東西，特別是指那些滿足情感或驅力的重要他人或東西。因此，客體關係可以說是人們早年親子關係的內在殘留，繼續的影響日後與他人的人際關係和人格發展。

Freud 在他的三篇論文裡埋下了客體關係理論的基礎，在這些文章中，Freud探討人如何內化和認同周遭的人。他在〈哀悼與憂鬱〉一文描述人如何接受並認同他們所愛的人，特別是那些已經失去或即將失去的人。在〈團體心理學與自我的分析〉一文描述人們如何把他們自體的某些面向投射到領導者身上，然後再對領導者的這些面向進行認同，這個對團體功能的分析影響了 Klein（1946）最終對投射性認同的論述。在〈壓抑、症狀與焦慮〉一文，Freud幾乎就要發現到，對母親的依附以及對失去她的害怕，對於人類行為的重要性超過了性和攻擊驅力（Hamilton, 1988）。

在精神分析領域的學者當中，有些學者特別關注早年關係對人格發展的影響，客體關係理論的先驅者有 Klein、Bion、Fairbairn、Winnicott 等人。大約在 1930 和 1940 年代的英國，Klein和Fairbairn互相影響彼此的觀點，並發表論文，開啟了客體關係理論的多元發展。所有客體關係理論家都認為關係比驅力重要，都比 Freud 還要重視母嬰關係和照顧環境對人格發展的影響。Freud關注的是伊底帕斯階段（3 至 5 歲）的心理發展，他們關注的是前伊底帕斯階段（出生至 3 歲）的心理發展。他們研究關係的障礙，並且對邊緣型人格和嚴重精神病患者的理解與治療提供重要的貢獻。

客體關係理論所談的客體關係是指潛意識裡的內在客體關係，而不是指意識層面的人際關係。內在客體關係的分析便是在探討病人的內在客體和其人際問題的關係，也就是想要幫助病人去了解，他為何總是用某種特定的、扭曲的知覺、想法和情感去經驗他人，而且難以改變。因此可以說，內在客體關係的起源是早年母嬰關係的內化，但是也會受到後來人際經驗的影響而改變。內在客體關係會投射在任何人際場合成為移情，而當事人自己卻沒有覺察（Ogden, 1986）。

客體關係理論家探討心理結構（自我和他人在內心世界的模樣）的早期形成，以及這些內在心理結構在人際情境中的表現。他們聚焦在嬰兒早年的母嬰關係會對人格發展留下長遠的影響，而這些早年的母嬰關係和內在的客體關係則會形塑個人日後的人際關係。我們每個人不僅和真實的人（外在客體）互動，也會跟心中的人（內在客體）互動，心中或內在客體往往是真實客體扭曲的版本。

客體關係理論主要發展於英國，時間大約是在 1940 年代和 1950 年代。英國精神分析學會經過 A. Freud 和 Klein 雙方長久的激烈辯論之後，形成三個陣營。第一個陣營是克萊恩學派，第二個陣營是安娜佛洛伊德學派，第三個陣營是獨立或中間學派。A. Freud 在跟兒童工作時，主要關注的是自我和自我防衛的探索，Klein 則關注在本我衝動和死亡驅力的探索。Fairbairn 和 Winnicott 與雙方陣營都很熟，因此保持中立，屬於獨立學派（Levine, 1996）。

哪些人屬於客體關係理論家呢？不同的學者有不同的看法。客體關係理論最嚴謹的定義是指英國客體關係學派的分析師，包括 Klein、Bion、Fairbairn 和 Winnicott 等人。比較寬鬆的定義則把自我心理學家的 Jacobson 和 Mahler，以及自體心理學家的 Kohut 等人也歸類為廣義的客體關係理論家。本書採用嚴謹的定義，從 Klein、Fairbairn 和 Winnicott 等人的觀點來介紹客體關係理論。本書第四章自我心理學已經介紹過 Jacobson 和 Mahler 的理論，第六章自體心理學將會介紹 Kohut 的理論。

## 二、客體關係理論的代表人物

### （一）Fairbairn

Ronald Fairbairn（1889-1964）出生於蘇格蘭的愛丁堡，曾在第一次世界大戰時服役，戰後返鄉就讀愛丁堡大學醫學院。他是一位精神科醫師、精神分析師和心理學講師。在所有客體關係理論家當中，Fairbairn的理論可以說是最純粹的客體關係理論，他認為客體關係純粹是心理的，而非生理的概念。

Fairbairn 的主要著作是 *Psychoanalytical Studies of the Personality*（Fairbairn, 1952），他對客體關係理論的主要貢獻是提出尋求客體的驅力（the object-seeking libido）、能量和結構的整合（unity of energy and structure）、內在客體關係（internal object relations），以及自我的分裂（the splitting of the ego）等。

Fairbairn 在相對隔離的蘇格蘭建立了一套客體關係理論，補充了Klein 的概念。Fairbairn 從 Freud 早年強調的驅力尋找釋放，轉而強調驅力尋找客體，以及有意義的依附他人的重要性，發展了分裂自我的新概念，這個分裂自我的想法，導出了好與壞的客體關係概念。

### （二）Klein

Melanie Klein（1882-1960）出生於維也納，成年早期生活在維也納，與母親之間有著令人窒息的關係，也有著痛苦與不滿足的婚姻，因而罹患憂鬱症。直到 1914 年，她發現 Freud 有關夢的著作，而改變了她的一生。她後來搬到布達佩斯，並開始接受Freud最親密的學生之一Sandor Ferenczi的分析。Ferenczi鼓勵Klein研究精神分析，尤其是應用精神分析技術來治療兒童。在 1919 年，她開始分析自己的兩個小孩，並撰寫觀察與臨床治療報告，她的著作引起 Karl Abraham 的興趣。Abraham 邀請她到柏林，並對 Klein 進行短暫的分析。

Klein雖然成為柏林精神分析學會的會員，並從事兒童和成人的精神分析工作，但是以一個離過婚的女性，又沒有大學學位，並沒有受到柏林精神分析學會同儕的重視。1926 年，Klein 接受 Ernest Jones 的邀請搬到英國倫敦，直到 1960 年去世前，她一直住在英國（Mitchell & Black,

1995）。

Klein 與 A. Freud 分別代表客體關係理論和自我心理學，她們之間的競爭和辯論相當激烈。表面上爭論的焦點是恨和攻擊在早年發展中的角色、先天因素對心靈生活的影響、嬰兒性衝突的時序，以及用來對兒童詮釋移情的技術，但是內心裡想要成為兒童分析之母的個人願望與競爭，也是不言而喻的。

### （三）Winnicott

Donald Woods Winnicott（1896-1971）出生於英格蘭的普利茅斯（Plymouth），家庭環境很好，父親是一位商人，曾經擔任兩任普利茅斯市長。可是他的童年並不快樂，覺得深受憂鬱母親的壓抑，自己認為曾經是一位有困擾的青少年，這多少影響他日後與有心理困擾的兒童青少年工作的興趣。Winnicott 在 1920 年完成醫學訓練成為一位小兒科醫師，在倫敦一家兒童醫院任職，從 1923 年開始接受 James Strachey 十年的分析，1936 年接受 Joan Riviere 的分析，最後以兼具小兒科醫師和精神分析師的雙重角色，持續在兒童醫院工作四十年。他曾兩次擔任英國精神分析學會的理事長。

Winnicott 認為，他和 Freud、Klein 不同的地方是，他們沒有治療過精神病和邊緣型人格的病人，而他有。他認為 Freud 的理論和治療是針對神經症，Klein 是針對憂鬱症，而他則是針對精神病和邊緣型人格障礙。Winnicott 以他對母子關係的敏銳調和能力建立了幾個概念：夠好的母親（good enough mother）、支持的環境（holding environment），以及過渡性客體（transitional object）等。這些概念與 Klein 和 A. Freud 的想法都能以概念的方式相互關聯，而成為自我心理學和客體關係理論之間的一個橋梁（Hamilton, 1988）。

Winnicott（1960b）被人引用最多的幾句話是：「世上沒有嬰兒這回事，有嬰兒就有母親，沒有母親就沒有嬰兒」、「母嬰是一體的，是一個單位」。Winnicott 的很多概念，像是夠好的母親、支持的環境、假我，以及過渡性客體等，已經成為家喻戶曉的育兒指南。

## 三、客體關係理論與驅力心理學的差異

客體關係理論雖然從 Freud 的驅力心理學發展出來的，但是兩者對於客體本質、心理結構、人格發展和心理病理學則有不同的觀點（St. Clair, 2004），說明如下。

### （一）客體本質

Freud認為，驅力是人類基本的行為動機，也是先天的。嬰兒的早期心理狀態基本上是自戀的，並沒有外在客體可以讓嬰兒投注心理能量，客體只是被使用來滿足驅力的衝動，也就是說，驅力創造了客體，客體關係只是驅力的一個功能。

客體關係理論家對客體本質的觀點不同於 Freud，他們比 Freud 更加看到人際環境對人格發展的影響。Klein 修改 Freud 有關驅力的觀點，把嬰兒的驅力轉化為幻想（phantasy），特別是指潛意識的幻想。Fairbairn 更進一步主張，人的主要驅力是尋求關係，而不是尋求滿足。他從人際互動而非生物驅力滿足，來解釋人格和動機。客體關係理論家認為自我是天生的，具有本我的功能和心理能量。Fairbairn 認為是自我在與客體建立關係，如果兒童與父母有好的關係，自我會是完整的；如果兒童與父母的關係不好，兒童就會補償地在心裡形成內在客體。

### （二）心理結構

心理結構是指人格組成部分。Freud的人格結構包括本我、自我和超我，這些組成是建構的概念，旁人無法觀察到。Freud的驅力模式認為，驅力的壓抑促成自我從本我中分化出來，自我持續依賴本我獲得心理能量。

客體關係理論家挑戰Freud心理結構的觀點，他們認為外在客體（父母和重要他人）會影響心理組織，人格的組織是嬰兒與環境中重要他人互動和內化的結果。內在客體會執行那些原本由外在客體會做的功能，而這些內在客體類似 Freud 人格結構中的超我。驅力心理學關注驅力壓抑的議題，客體關係理論則關注人際關係和環境品質內化的議題。

## （三）人格發展

Freud 的人格發展是基於驅力在身體不同部位依序表現的，從口腔期、肛門期、性器期、潛伏期到兩性期，並且認為 3 至 5 歲的伊底帕斯階段是幼兒處於從兩人關係變成三人關係的關鍵時期，因此伊底帕斯危機的處理會深遠地影響個人的客體關係和神經症問題。

客體關係理論家則關注比伊底帕斯更早期的心理發育和人際關係，他們認為人格發展的危機比Freud說的3至5歲還早。嬰兒從母嬰共生、依賴母親，到逐漸的分離個體化，更是人格發展的關鍵時期，這個時期的發展干擾和偏差都會導致嚴重的人格和精神問題。

## （四）心理病理學

客體關係理論家和Freud對人的心理病理有不同的觀點。Freud認為心理困擾是驅力與外在現實的衝突，以及本我、自我和超我三者衝突的結果，未能解決的伊底帕斯情結會持續的影響日後的成人生活，人對驅力衝動和情感的壓抑，會因自我防衛而形成神經症。

相對的，客體關係理論認為導致心理困擾的不是衝突，而是早期心理發育和人格發展有缺陷。這些缺陷會干擾心理結構和自體的統整，前伊底帕斯發展的缺陷會導致自戀和邊緣型人格障礙，這是比神經症還要嚴重的心理問題。此外，客體關係理論家和 Freud 對攻擊也有不同的看法，客體關係理論家認為攻擊不是驅力，而是人對病理環境的反應，早年發展缺陷和人格挫折會導致攻擊。

儘管客體關係理論家對於人類行為的動機主要是驅力的滿足，還是客體的連結，以及創傷是真實的還是幻想的，或許有許多不同的觀點，但根據 Kernberg（1995）的統整，他們的理論之間有下列的共同特徵：

1.認為早期發展階段對心靈裝置的形成具有很大的影響力。

2.都對自體的正常和異常發展，以及認同的形成有很大的興趣。

3.都接受用客體關係的內在世界來概念化他們的心靈裝置。

4.都對自體和客體之間，自體表徵（self representation）和客體表徵（object representation）之間的情感面向有很大的興趣。

5.都非常重視內化的客體關係在移情中的重演，以及在發展詮釋策略時對反移情的分析。

6.都會關注嚴重精神問題的病人，如精神分裂症、邊緣型和自戀型人格異常的人，並探討這些病人所使用的原始防衛機制（primitive defensive operations）。

## 第二節　內在客體關係

本節主要介紹 Fairbairn 的理論和觀點，包括：心理結構、尋求客體的驅力、內在客體關係，以及自我的分裂。

### 一、心理結構

有別於 Freud 的驅力／結構模式（drive/structure model），Fairbairn 提出了關係／結構模式（relational/structure model）（Greenberg & Mitchell, 1983）。驅力／結構模式即是 Freud 所主張的人格結構包括本我、自我和超我三部分，這是普遍被大家所接受的模式。Fairbairn 所提出的關係／結構模式由於明顯和 Freud 不同，以致於多年來一直受到忽視，而隨著時間的推移，大家愈來愈能夠接受，甚至有超過驅力／結構模式的趨勢，關係／結構模式可以說是 Fairbairn 的重要貢獻。

客體關係理論所說的心理結構，是指自我的一部分與不同內在客體的關係，以及這些內在關係如何表現在與外在客體的互動上，例如：一個吸吮拇指的人，吸吮拇指代表的是一個失去的或不滿足的客體關係；一個自慰的人，自慰代表的是一個不滿足或不存在的性關係，轉而尋求一個內化或幻想的客體（St. Clair, 2004）。

根據 Fairbairn（1954）的主張，自我會尋求真實的人際關係，而這些關係若是滿足的，自我會保持完整，若不滿足，自我就會分裂。不滿足的人際關係會導致在自我裡面形成內在客體做為補償，不同的自我部分會對應不同的內在客體。換言之，挫折的人際關係會內化成為內在客體，這些內在客體會變成人格的結構。

這些內在結構彼此衝突，日後也會外化到真實的人際關係。Fairbairn 認為，內心的衝突不是自我和本我的衝突，而是自我的不同部分和自我的內在客體發生衝突。他也認為，挫折的人際關係導致內在結構的形成。不完美的生活條件干擾母嬰的關係，促使嬰兒建造內在結構做為防衛機制，挫折的經驗引發嬰兒對性慾客體、母親和乳房的攻擊。

兒童經驗到一個壞客體（如父母）時，他無法拒絕壞客體，因為他還需要和依賴壞客體。兒童若要控制父母，他必須要將他們內化，這是他唯一可以擺脫他們的方法。一旦內化，這些內化的客體會繼續影響兒童的內在世界，兒童好像被壞客體附身一樣。兒童企圖要對抗或壓抑這些壞的感覺、經驗和客體，但其壓抑的不是驅力衝動，而是這些內在壞客體，以及和內在壞客體相關聯的部分自我。

## 二、尋求客體的驅力

Freud認為性驅力是尋求快感，Fairbairn則認為性驅力是尋求客體，也就是想要與外在客體建立關係。兒童的一個客體連結是自己的父母，兒童與父母透過頻繁的互動而產生情感連結，而變得強烈的依附父母。兒童與父母早年建立的客體關係會形塑日後人生的情緒生活，兒童與性慾客體（即父母）的關係會成為日後人際關係的原型。

Fairbairn的客體關係理論和Klein的觀點有密切的關聯，他主張自我從出生就存在，性驅力是自我的功能，他認為嬰兒沒有攻擊驅力，嬰兒的攻擊是因為挫折或剝奪的反彈。他認為自我和性驅力基本上是尋求客體的，性驅力基本上是以現實導向來促進嬰兒對早期客體的依附，起先是母親的乳房，然後是母親整個人。Fairbairn 認為，人最早和最原始的焦慮型態是分離焦慮，主要是和母親的短暫分離，分離的焦慮和挫折導致嬰兒將客體，以及對客體矛盾的情感內化（Kernberg, 1995）。

關於客體的本質，Fairbairn提出一個與Freud不同的觀點，他認為人有一個與人產生關聯的基本驅力，性驅力是尋求客體，而且一定是人。人類行為的主要動機是尋求客體，而不是驅力滿足。相對的，Freud認為驅力是尋求釋放和滿足，客體只是滿足驅力釋放的手段。但 Fairbairn 很驚訝地發現，受虐兒童對虐待他們的父母，依附的程度非常強烈，缺乏快感和滿足並沒有削弱連結，反而讓他們變得尋求痛苦以作為連結，並成為與他人形成連結的偏愛形式，且以此為中心建構他們後來的情緒生活（Mitchell & Black, 1995）。

## 三、內在客體關係

Fairbairn 認為，兒童生命早期的客體關係是日後人際關係的原型。內在客體關係是指一個人的心理內在的關係。在正常情況下，健康的撫育和教養會使兒童導向與外在現實的人互動和建立關係，如果兒童的需求沒有被父母滿足，兒童會病態的從外在現實退出，導向幻想的、內在的客體，就會開始與內在客體建立幻想的連結。

Fairbairn 認為，自我和客體是不可分的，以受虐兒童為例，兒童面對受虐的唯一方法是改變自己，他要控制生活中虐待者的方法是使用分裂的機制，把虐待者這個客體的好壞特質分裂為二，把好的留在施虐者，把壞的特質內攝（introject）進入自己。這樣做的結果是客體或環境是好的，他自己是壞的，被打是應該的。

一個對自我在情感上很重要的客體，一定和自我有強烈的連結。Fairbairn 使用客體一詞是指內在客體。他認為內在客體是心理結構，可以獨立運作，而不只是內在人物或心理表徵。同樣以受虐兒童為例，受虐兒童會黏著施虐者，並且不喜歡自己，這個內在客體在日後會繼續運作，導致他會去喜歡上那些虐待他的人（St. Clair, 2004）。

## 四、自我的分裂

分裂（splitting）是一種防衛機制，是指一個人無法使用一種整合的、現實的方法，去思考或面向一個人的正向和負向特質。Fairbairn 在建構其客體關係理論時，首先使用分裂這個概念。他認為嬰兒在生命剛開始的時候，是沒有能力整合母親好的部分和壞的部分（令他滿足和不滿足的部分）在同一個人身上，因此使用分裂的機制把母親分裂成好的客體和壞的客體。

Fairbairn 認為，缺乏父母關注的兒童會把父母分裂成一個是好的客體（有反應的客體）、一個是壞的客體（沒有反應的客體）。兒童內化父母沒有反應的特質，並且幻想這些特質是自己的一部分，因為這些特質在現實中是沒有的。這個防衛機制稱為「自我的分裂」，可以讓好的父母和壞的父母分開，而不會感覺混淆不清，例如：一個被母親經常斥責的小孩，他很難消化母親對他的斥責，也很難和母親產生連結，於是這個小孩潛意識地運用分裂機制來維持和母親的關係，他忍不住怒氣的時候，會對母親大吼大叫，過沒多久，他又會對母親說「我愛你」。小孩為了維持和母親的關係，他不僅把母親分裂成好的客體和壞的客體，也把自我分裂成相對應的好的自我和壞的自我。在分裂的狀態下，他可以一下子將母親視為全壞的客體而大吼大叫，辱罵母親是天下最可惡的人；在另一個時間，他又可以將母親視為全好的客體，而對她又親又愛。

內在客體其實就是潛意識裡的部分自我，具有思考、情感和知覺的功能（Ogden, 1986）。人的自我在遇到十分困難的人際關係時，會分裂成部分自我，因為這些人際經驗都是痛苦的，因此被壓抑在潛意識裡。人長大之後，這些被壓抑的部分自我在任何人際場合，都會勾起早年客體和自體的經驗和情感，也就是它們仍然會持續影響著人的現實生活和人際關係。

## 第三節　嬰兒驅力與心理結構

本節將介紹Klein的理論和觀點，包括：嬰兒驅力、以渴望客體代替原始自戀、妄想分裂心態與憂鬱心態、自我和超我的形成、嫉羨，以及投射性認同。

### 一、嬰兒驅力

Klein 使用 Freud 的名詞，如驅力、結構和客體，但是她擴充了它們的涵義，例如：她和 Freud 一樣重視驅力，但是她認為驅力和客體是連結的，驅力是指向關係的，嬰兒一出生便有尋求客體的驅力，驅力不是僅僅尋求能量的釋放。

不同於 Freud 只看成人個案，Klein 進一步以兒童為對象實施精神分析，並且比 Freud 探討更早年的心理發展和心理組織。為了分析兒童，她採用遊戲去探討兒童的內在世界，並發現嬰兒和兒童的內心世界充滿了原始的衝突、謀殺、吞噬和性慾。Klein發現，嬰兒使用幻想去回應強烈的驅力和感覺，幻想主宰了嬰兒早年的心理生活。相較於其他客體關係理論家強調父母的影響，Klein 強調用幻想表現的驅力角色（St. Clair, 2004）。

Klein認為，嬰兒心理基本模式如下所述：嬰兒出生時帶著兩個相互衝突的衝動：愛與恨。愛是生的驅力的表現，恨、毀滅和嫉羨是死的驅力的展現。生和死的驅力是兩個天生但互相衝突的力量，嬰兒從出生開始便要面對這兩股驅力的衝突，他要麼用生的驅力去修改死的驅力，要麼將死的驅力趕到外在世界（Mitchell, 1986）。

客體起初是被分裂為部分客體，後來才被嬰兒視為完整客體。嬰兒早期會以全好或全壞的方式經驗部分客體，在分裂的防衛之下，部分客體分為好客體和壞客體，直到嬰兒第一年的下半年，分裂的防衛才慢慢減少，統整好壞客體的能力逐漸增加，開始學習容忍好壞客體是同一個客體的現實。

嬰兒使用兩個主要的防衛機制去維持他天生的破壞力：一是投射，另一是內攝。投射是將自己無法忍受的衝動或情感拋出，並且歸因於他人或環境；相反的，將他人或環境的特質或功能變成是自己的，便是內攝。認同是指想要成為像他人一樣，因此內攝和認同都是一種內化的形式。

Klein 的客體關係理論完全遵循 Freud 的雙驅力理論，強調攻擊是死的驅力的展現。生的驅力和死的驅力從人一出生就開始影響客體關係的發展，決定了早期自我和超我的結構發展。生和死的驅力是以潛意識幻想的形式在表現，幻想的內容代表在情緒（如恐懼、渴望、嫉羨）影響下的自體和客體。

性是 Freud 理論的核心部分，雖然 Klein 以 Freud 的理論為開端，但是她和 Freud 對性的看法有所不同。在 Freud 的觀點，性是有關於快感、權力和恐懼。在 Klein 的觀點，性是有關愛、毀滅與修護。Freud 認為，藝術的創意是肉體快感的昇華，Klein 則認為藝術的創意和肉體的快感，都是人類在愛、恨與修復之間掙扎上演的舞台（Mitchell & Black, 1995）。

根據 Kernberg（1995）的觀點，生的驅力是表現在與令人滿足的客體（主要是好的乳房）的接觸。性驅力會貫注在這些客體，並且內攝為內在客體。把好的內在客體投射到新的客體是人際信任、探索現實，以及學習知識的基礎，與性驅力關聯的主要情緒是感恩。死亡驅力從人一出生就開始發揮影響力，與死亡驅力關聯的主要情緒是嫉羨（envy），以對迫害的恐懼向外投射。所有早年緊張、不舒服的經驗都在保護自我的努力下被分裂外化。被投射的客體都成為迫害的客體。人從出生開始，自我就開始運作，包括面對焦慮時會發展防衛、處理內攝和投射、形成客體關係，以及執行整合的功能。

## 二、以渴望客體代替原始自戀

Klein認為，嬰兒在滿足生理的需求時，一定包含一個需求滿足的客體，她不認同 Freud 有關原始自戀的觀點。所謂原始自戀是指嬰兒出生後初期，只追求生理驅力的釋放和需求的滿足，而客體是被用來達到驅力釋放的目的，嬰兒對外在世界是沒有連結的。

Klein 認為，嬰兒第一年的生活經驗一定充滿挫折、焦慮和被害妄想。嬰兒會用分裂的機制，將滿足慾望的乳房視為好客體，將挫折慾望的乳房視為壞客體，以便可以在面對焦慮時保護自己。嬰兒在慾望滿足的狀態時，會對滿足的乳房產生愛的感覺，在慾望挫折的狀態時，會對挫折的乳房產生恨和被傷害的焦慮。嬰兒在口腔期不僅渴望滿足飢餓的需求，也會向提供食物的客體尋求情感的連結。Klein始終認為慾望的滿足與客體是分不開的。

Klein（1952）曾說：「分析幼兒的經驗教導我，嬰兒的驅力、焦慮情境，以及心理歷程，無不涉及客體，外在的或內在的。換言之，客體關係是情緒生活的中心，愛與恨、幻想、焦慮和防衛等都是從出生就開始運作，而且與客體關係是分不開的」（p. 206）。

## 三、妄想分裂心態與憂鬱心態

Klein 使用妄想分裂心態（paranoid-schizoid position）和憂鬱心態（depressive position）來描述嬰兒第一年的心理生活。她使用心態（position）（心理狀態）而不使用發展階段是有原因的。她認為一個人在達到憂鬱心態後，妄想分裂的感覺、脆弱和防衛仍然存在不會消失。Segal（1981）對於心態做了下列更清楚的描述：「心態和性驅力發展的階段是不同的概念，雖然妄想分裂心態比憂鬱心態早出現，但是兩種心態還是不斷的波動，因此心態是一個結構的概念，而不是一個發展的概念。心態是指一種自我組織的狀態，以及相關的現象，包括：自我的狀態、內在客體關係的性質、焦慮的性質，以及特定的防衛等。」

Freud 對於嬰兒第一年的心理生活只有粗略的點到，Klein 則對此做了很多的補充。不同於 Freud 對於自我的觀點，Klein 認為嬰兒出生之後就有一個雛形的自我，早期的自我是未整合，也未凝聚。自我朝向整合的力量和朝向瓦解的力量是交互出現的。她認為這種整合和瓦解的波動是出生後前幾個月的特徵，焦慮是自我最早的功能之一，嬰兒在運作其死亡驅力時會產生焦慮，感覺起來就好像被殲滅和被迫害一般。任何的挫折或不滿足，如分離、飢餓等，嬰兒會覺得自己是被一個客體傷害。即使這些客體感覺是外在客體，也會被內攝成為內在客體，於是增強了內在破壞衝動的恐懼。嬰兒在面對第一年生命中的恐懼和難以應付的心理現實時，會使用分裂的原始防衛（Levine, 1996）。

妄想分裂心態的特徵之一就是使用分裂的防衛機制。當嬰兒無法整合和面對時而滿足他、時而挫折他的母親時，便會使用分裂的防衛機制。因此，嬰兒的客體關係是部分客體的關係，他把滿足需求的乳房視為好客體，把挫折需求的乳房視為壞客體。妄想分裂心態的另一個特徵是妄想，主要是來自對內在和外在壞客體迫害的恐懼。

嬰兒大約到了 6 個月大的時候，會開始意識到母親是一個完整的客體，有著好的和壞的面向，並且多數時候會覺得她是一個好的、滿足其需求的客體。當嬰兒經驗到好的、愉快的、滿足的母嬰關係超過壞的母嬰關係後，嬰兒被迫害的妄想因為沒有經驗的支持便會逐漸消失，開始進入憂鬱心態。嬰兒開始擔心自己的攻擊是否傷害了客體，客體是否會不見。換言之，嬰兒不再依賴投射作為防衛，因而經驗到自己破壞的傾向。因為嬰兒會希望可以修復傷害，破壞的幻想就可以容忍下來。嬰兒達到憂鬱心態對日後的發展具有關鍵的重要性，因為兒童如果不能夠鞏固一個充分安全的完整客體，他的人格功能不會超過邊緣型人格階段。嬰兒從妄想分裂心態進入憂鬱心態，是從精神病到正常功能的基本改變（Levine, 1996）。

憂鬱心態的嬰兒會有兩個特徵：一是對矛盾情感（ambivalence）的容忍；另一是修復幻想（reparation phantasies）的出現。矛盾情感的容忍不同於原始的分裂，嬰兒藉此有機會去處理愛恨的衝突；妄想分裂心態不會永遠消失，而是經過若干年之後慢慢被放棄，因為現實考驗讓兒童相信他可以依賴客體的善意，而放棄分裂的原始防衛機制。修復的幻想是一個有力量的助手，幫助兒童抵銷施虐或攻擊的渴望。修復幻想可以讓兒童確信他對客體的愛會超過他的攻擊力量。

憂鬱心態也是不會完全的克服，但這段生命經驗有助於個人日後對依賴和攻擊的因應，以及會把自體和客體看作部分或完整的客體。憂鬱心態的幼兒可以認知到客體完整的樣子，母親是一個好的、滿足需求的人。因此，幼兒開始會擔心自己的攻擊幻想可能會讓所愛的人受到傷害。幼兒心裡人生第一次產生了感恩和罪惡感，因此必須設法去因應增加的無助感和依賴感。在完成憂鬱心態時，內攝取代投射成為主要的防衛機制，幼兒會渴望擁有母親那些好的特質。

## 四、自我和超我的形成

Klein 認為，驅力是關係的、尋求客體的，幻想（phantasy）是驅力的表達方式，因此幻想也是尋求客體的，人格基本上是包括種種與內在客體的關係與幻想。Klein把本我和自我的區分模糊掉，視它們為一體，並用幻想去代表合併的本我和自我（St. Clair, 2004）。Klein 用 phantasy 去指涉潛意識層面的幻想，用 fantasy 去指涉意識層面的幻想。

自我和超我的形成都是透過投射和內攝的歷程，嬰兒內攝好的乳房，將母親好的特徵（慈愛、餵食、照顧等）吸納到嬰兒的內在世界，成為自我的認同，而自我會受到不同內化客體的影響而修改調整。自我初期是脆弱的、未整合的，只能處理部分客體，以便可以應付充滿混亂的、大量的內外在刺激，隨著成熟和功能增加，自我慢慢可以處理完整客體，以及更正確的知覺現實。

嬰兒把自己負面的特質投射到外在客體乳房，然後再把這些混合了自己的貪婪和害怕的外在客體影像內攝回來，經過這樣的轉化形成了超我，但超我是內化的迫害性客體，因此往往是嚴厲的。兒童會把迫害的父母形象內化，這些令人感覺危險的客體內化後，成為可怕的野獸和妖魔在內心折磨兒童。這些內化的野獸和妖魔混合著嬰兒的貪婪和恐懼形成超我。超我當然不會正確反映父母，超我是根據兒童對父母的幻想和感覺而形成的，不會反映真實的父母。如果兒童經驗到比較正向的客體關係，其內在世界會比較和諧，其超我也會較少迫害（St. Clair, 2004）。

## 五、嫉羨

在嬰兒生命最初幾個月，會對與他關係密切的乳房產生嫉羨（envy）的心理，嬰兒經驗到自己是無助的，必須依賴乳房而生存時，會開始嫉羨乳房，既嫉妒又羨慕乳房可以提供食物和舒適。嫉羨是死亡驅力的表達，嬰兒會有對乳房攻擊的幻想，在幻想中透過消滅乳房或擁有乳房，來防衛難以忍受的依賴感（Levine, 1996）。

嫉羨是Klein最重要的概念之一，它是所有原始心靈程序中最具毀滅性的。在妄想分裂心態特徵中，所有其他的恨與破壞性都被涵容在和壞乳房之間的關係。藉由分裂，好的乳房被保護起來作為庇護與慰藉的來源。嫉羨最異常及獨特的特性，就是它不是對挫折或痛苦的反應，而是對滿足和快感的反應。嫉羨不是對壞乳房的攻擊，而是對好乳房的攻擊。因此，嫉羨取消了分裂，跨越了分開好與壞的區隔，並且污染了愛與庇護最純淨的來源，嫉羨毀滅希望（Mitchell & Black, 1995）。

在 Klein 對嫉羨的構思中，包含了對客體的攻擊，不過 Bion 認為被攻擊的不只是客體，還包括孩子自己的心靈和客體，以及現實連結的部分，所以它攻擊的不只是乳房，而是與乳房連結的自己以及心理能力。Bion 在描述心靈攻擊自己的過程中，主要的方式是對連結的攻擊（attacks on linking），所有事物、想法和感覺，以及與人之間的連結都被破壞了（Mitchell & Black, 1995）。Klein 的嫉羨概念變成非常有力的臨床工具，以用來理解那些最嚴重和最難以治療的精神病患者。

## 六、投射性認同

Klein 在晚年提出投射性認同（projective identification），成為日後克萊恩學派理論形成的中心。投射是 Freud 使用的術語，指的是以幻想排除不受歡迎的衝動，也就是那些無法被經驗為在自我裡面的東西，而被經驗為在他人那裡。

Klein 以特有的方式延伸這個概念，她認為在投射性認同中，被投射的不只是個別的衝動，而是自我的一部分，例如：不只是攻擊衝動，而是一個壞的自我現在被放在別人那裡。因為被投射出去的是自己的一部分，因此一個人藉由潛意識的認同，繼續和被排出去的部分維持連結。被投射出去的心靈內容物並非單純的消失，人還是努力地和它維持某種連結並控制它（Mitchell & Black, 1995）。

例如：一個覺得現代社會充斥著色情的人，將他的生命奉獻於掃黃工作，這是因為他無法接納自我的情慾部分，才會覺得現代社會充斥著色情的人、事、物。一個對別人的受苦與匱乏非常敏感的人，將他的一生奉獻在解除別人苦難的事業上，這是因為他難以承受自我內在的痛苦，把這種感覺投射到社會上那些受苦的人。這些都暗示著 Klein 所描述的投射性認同程序。人的某一個特質或衝動，不被登記在自我界線之內，而是被以強烈凸顯的方式經驗為在他人那裡，並成為極為專注、關切，以及努力想控制的對象（Mitchell & Black, 1995）。

由於治療師的不同理解和體會，投射性認同可能被使用作為一種防衛、一種溝通方式、一種原始的關係型態、一種心理改變的路徑，或者以拋棄自己不想要的部分，並進一步控制他人的身體和心理。投射性認同和投射的涵義很類似，但投射性認同和投射不同的地方，在於會有自我應驗的預期（self-fulfilling prophecy），也就是當事人會對對方有錯誤的信念，想要影響對方去表現所投射的想法和感覺。

在Bion將投射性認同的起源理論化的過程中，他想像嬰兒充滿了無法整理或控制的惱人感覺，為了躲過它有害的影響，嬰兒將這種雜亂的心靈內容物投射到母親那裡。善於接受的母親，在一種鬆弛流動的幻想中，受到這個心靈內容物的影響，並用某種方式為嬰兒整理這個經驗，然後嬰兒將這個經驗以他現在能忍受的型態再次內攝進來。而不能與嬰兒相通的母親，無法涵容及處理嬰兒的投射性認同，因此支離破碎和驚恐的經驗控制著嬰兒。Bion 認為，類似的程序也在病人與治療師的關係中運作，而在延伸 Klein 投射性認同的概念時，Bion 讓它人際化了，把它從原本存在於一個人心靈中的幻想，變成存在於兩個人心靈中的複雜關係世界（Mitchell & Black, 1995）。

## 第四節　真我與過渡性客體

本節主要介紹Winnicott的理論和觀點，包括：真我與假我、過渡性客體、夠好的母親，以及支持的環境。

### 一、真我與假我

當一般分析師採用 Freud 的本我和自我去指涉人格的不同功能時，Winnicott使用自體（self）去指涉本我和自我。他認為人出生時，自體沒有清楚的發展，隨著成長去尋找真實的自體感。對Winnicott來說，有真實的感覺，與他人以及與自己的身體有連結的感覺，才是真正活出生命。

Winnicott認為，真我（true self）是一種真實活著的感覺，有真實的心靈和身體、自然流露的情感；活生生的感覺有助於個人可以真誠的與他人連結，和富於創造力（Winnicott, 1960b）。

Winnicott 認為，真我的發展始於嬰兒期，透過母嬰關係而建立的。母親幫助嬰兒發展真我的方式之一，是用歡迎和確認的態度回應嬰兒自發性的情感和行為表現。在母親的這種回應之下，嬰兒發展一種自信，覺得當他自發性的表達情感時，壞事不會發生，而覺得自己的情感是沒有危險的，是不會帶來問題的，他不需要、不適當的去控制或迴避自己的情感，久而久之，嬰兒會產生一種自己是真實的感覺，他的存在和他的情感和行為都是有意義的。

嬰兒發展的障礙之一就是太早知道真實世界的危險，以至於太焦慮而影響學習，甚至被外在世界危險所創傷。一位夠好的父母會有足夠的理解和反應，透過嬰兒的全能幻覺去保護他。Winnicott 認為，幫助嬰兒去感覺自信、平靜和好奇，去學習而不需要把精力用來防衛自己。

假我（false self）是一種防衛，一種順從別人期待的行為面具。健康的假我是指在公開場合表現有禮貌得體的模樣，而且自己是有意識的。真正的、病態的假我，是指一個人沒有能力自發性的表現自己，不能夠隨時隨地感覺到有生命活力，他只是在外表上表現的像一個成功的人，但其內心是空虛、死亡和虛假的感覺。假我是一種防衛性的心理組織，嬰兒過早取代母親照顧的功能，就必須自己設法適應環境來保護或隱藏真我。過度禮貌、社會化假裝、過度順從、缺乏自發性、不會玩樂遊戲，以及缺乏真實感都是假我的特徵（Levine, 1996）。

Winnicott 認為，比較極端的假我障礙，是從嬰兒期就開始發展的，是一種針對不安全或令人難以承受的痛苦環境的防衛，這是由於父母無法給出合理的了解和回應。他認為父母不需要給出完美的了解和回應，他只要夠好，一般的付出就足以保護嬰兒免於經歷難以承受的情緒和身體痛苦經驗。當嬰兒缺乏這種外在保護時，就會用他們自己的方式來防衛自己。

嬰兒最常用的防衛方式就是順從，他們會用順從的行為去討好他人，而不會自發性地去表現自己的情感和想法，例如：嬰兒的母親因為嚴重憂鬱而無法給出回應，嬰兒會焦慮的感覺到母親的缺少回應，而無法享受全能的幻覺，於是嬰兒會把他們的精力用來表現出一個好嬰兒的模樣，以便可以從憂鬱、不快樂的母親那裡得到一個正向的回應。假我是一個不斷地想要預期別人的要求，並且順從他們的要求，以便在危險的世界裡，達到保護真我的目的。Winnicott 認為，這是一種潛意識的過程，不僅別人，連自己都會把假我當作自己的人格，即使外表上顯得成功，但是內心卻會覺得不真實、沒有活力和快樂。

## 二、過渡性客體

Winnicott在客體關係理論的貢獻之一是提出過渡性客體（transitional object）這個概念。過渡性客體是心理現實和物理現實的中間經驗，嬰兒從全能控制的幻想轉變到物理控制和現實考驗的過程，並透過幻覺去創造一個部分主觀、部分客觀的中間情境。以安全毛毯為例，毛毯是真實的物件，但是它提供嬰兒主觀可控制的，有如舒服的乳房。過渡性客體既不是嬰兒全能控制的幻想，如主觀的內在客體，也不是外在真實客體，如母親的控制。

嬰兒不可能永遠被保護而不受環境的干擾，但他們如何從被保護的支持性環境學習走向現實的外在環境？Winnicott 認為，在這個過程中，嬰兒需要透過發展帶有全能幻覺的過渡性客體，以便在和環境互動時產生心理上的安全感。嬰兒在第一年的下半年，會在他和母親之間發現一個客體，這個客體通常會伴隨母親的特徵，例如：舒適的柔軟物或氣味。每當嬰兒經驗焦慮的時候，例如：晚上睡覺的時候，嬰兒用它來防衛焦慮。有時候過渡性客體不是一個具體的物件，而是帶有過渡現象的兒歌或開心的咯咯叫聲。這些過渡性客體的功能都一樣，就是幫助嬰兒用幻覺來控制現實的某些面向，過渡性客體伴隨的幻想總是和母親的客體或功能有關（Levine, 1996）。

夠好的父母會尊重嬰兒對過渡性客體的需要，不會去挑明它的有效性，去改變它的特徵（例如：拿去清洗）或拿去丟掉。事實上，許多身心疲憊的父母和嬰兒一樣，會依賴這些過渡性客體。Winnicott（1953/1951）認為，過渡空間或過渡現象對所有嬰兒的重要性是不可低估的，這種幻覺或幻想的客體是構成使用象徵的基礎，也是日後成人藝術和文化生活的基礎。

兒童的過渡性客體，例如：泰迪熊，用來作為母親的代表，使兒童能在他逐漸和母親分離愈來愈久的時間中，維持和母親之間幻想的連結。泰迪熊之所以這麼重要的原因，不只是因為它代表母親，而是它構成兒童自我的一種特別延伸，它位於兒童在主觀的全能中創造母親，和兒童在客觀的世界中找到的、現實的母親間的中途。過渡性客體與其弔詭的模稜兩可，緩和兒童從一個憑他自身的慾望就能全能創造客體的世界中，跌落到一個慾望需要別人的配合和合作才能得到滿足的世界（Mitchell & Black, 1995）。

## 三、夠好的母親

夠好的母親（good enough mother）會提供嬰兒發展所需要的關係和滿足，母親會隨著嬰兒的需求改變而調整和適應。母性的原始關注（primary maternal preoccupation）會使母親視孩子如同為自己的一部分，留意和滿足嬰兒的需要。認同嬰兒的母親會知道如何護持嬰兒，讓嬰兒可以真實存在，而不需要對環境壓力做出反應。沒有母親這種特殊的支持關係，嬰兒的真我是無法發展的。

不夠好的母親可能因為對小孩做得太多或太少，而導致嬰兒的心理病態。當一個母親無法提供穩固健康的自我感受所需要的那種夠好的環境時，Winnicott 認為孩子的心理發展基本上就中斷了。不夠好的母親提供給孩子一個他必須立即勉強順從和適應的世界，而不是給他一個受到保護的心靈空間，讓自我在裡面玩耍時能擴展和穩固。對外在世界過早的關注，限制及妨礙了孩子主體性的發育和穩固。嬰兒如果要發展出一個穩固的、真實的自我感，可以建構出屬於個人意義的我，在成長的過程中必須要有一個夠好的母性環境，能夠調整自己去適應孩子浮現的主體性（Mitchell & Black, 1995）。

當嬰兒面對不夠好的母性環境，唯一的選擇就是將其心靈和自發性的經驗切斷，並根據外在世界所提供的模式形成他的經驗。嬰兒不再是真實的嬰兒，因為他沒有自己的主體性，他形成一個假我，不僅應付他必須監視和協調的外在世界，同時也庇護更具真實經驗的種子，直到找出一個更適合的環境為止。

## 四、支持的環境

Winnicott（1965）認為，環境不論好壞都會影響嬰兒的發展，母親的照顧是環境中的關鍵因素。他認為母親本身是一個支持的環境（holding environment，或譯為抱持或護持的環境），在支持的環境中，嬰兒可以順利的成長和發展。支持的環境會適應嬰兒的需要，母親的責任便是依照嬰兒的需要去適應他、照顧他。母親的支持環境提供嬰兒一個全能感的經驗。在支持性環境中，嬰兒複雜的身心發展，包括自我從未統整到統整的發展得以發生。

支持性環境對絕對依賴的嬰兒，是絕對的必要。Winnicott（1960b）認為，存在（being）的相反是反應（reacting），反應會斲喪存在，消滅自我。支持性環境的主要功能是提供嬰兒一個最少干擾的情況，減少嬰兒為了個人存在而去對環境做出反應。在夠好母親的照顧之下，以及在支持性環境裡生活，嬰兒得以發展獨處的能力和關心他人的能力，也就是嬰兒可以在母親面前表現獨處。心理上獨處和關心他人的能力是嬰兒成為一個人和存在感的關鍵（Levine, 1996）。

## 第五節　客體關係理論的臨床觀點與應用

本節將綜合前述 Fairbairn、Klein 與 Winnicott 的觀點，討論客體關係理論的臨床觀點與應用，包括：對於分析情境的觀點、對於心理病理與治療的觀點、對於移情的觀點、投射性認同的臨床應用，以及在兒童與青少年的臨床應用。

### 一、對於分析情境的觀點

對 Freud 而言，病人和治療師都有清楚定義的角色和工作：病人需要藉由自由聯想去揭露內心壓抑的衝突；治療師則要從一個小心控制的距離去傾聽自由聯想並給病人詮釋，在病人的聯想和被發現與重建的記憶之間做連結。詮釋是提供訊息的，目的是揭露病人對自己回憶的抗拒，藉以改變病人記憶中經驗的組織，而移情穿插式的浮現，像是對回憶工作最後防禦的抗拒（Mitchell & Black, 1995）。

Klein 在描述分析情境中，病人和治療師之間，比 Freud 的觀點更為根本的糾結，病人不再只是單純地向通常是中立的觀察者揭露心靈的內容物，而是根據他的原始客體關係去體驗分析情境。移情不是對治療師觀察立場的抗拒或擾亂。病人不能避免，而且也必然會透過自己潛意識的經驗組織方式，以同樣強烈的希望及恐懼去體會治療師與治療師的詮釋。

Freud認為，在精神分析這個場合中，是由一個人從謹慎維持的距離去觀察並詮釋另一個人的情緒經驗。但在Klein的觀點中，精神分析這個場合是由兩個人努力為病人的情緒生活找到意義，以及做整理，而治療師不能避免的，但也帶來好處的被拉進病人的情緒生活中。病人心靈內部的幻想變成一種人際交流的形式，激起治療師強烈的經驗，而他的反移情提供了對病人潛意識幻想的線索。

Winnicott 所理解的分析情境，是完全為探索並重新製造個人主體性所設計的。治療師就像夠好的母親般提供一個環境，在裡面他自己的主體性是暫時中斷的，而他像夠好的母親一樣，試著理解病人經驗中深刻個人的部分，以及病人自然升起的慾望。病人則擁有一個能避開外在世界要求的庇護所，在分析情境中，除了要病人做自己外，對他沒有其他期望。他只要和其經驗連結並表達自己就好，治療師和分析情境提供一個支持性環境，在裡面，夭折的自我發育能再度活過來，這個環境也夠安全到能讓真實的自我開始浮現（Mitchell & Black, 1995）。

病人有強大的自我修復力量，能將分析情境塑造成可提供他童年所缺乏的環境特質。聯想的內容和詮釋在分析情境中幾乎都無關緊要，最重要的是在關係中自我的經驗。Winnicott 所謂的退化是指，在治療中病人逐漸退去假我或照顧者的我，把照顧者的自我交給治療師，開始用真我去和治療師發展新的關係。Winnicott 強調，治療師對病人的深度退化要有心理準備，並且要預期嚴重心理問題和退化的病人，會強烈需要治療師的可信任、可依賴，和一致性。對某些病人，治療情境本身（治療師、辦公室、可預測性）會變得比詮釋還具有療效（Levine, 1996）。

治療師提供病人支持性的環境，並不是要滿足病人的所有需要，只要做到一個夠好的治療師，而不是一個完美的治療師。最重要的，Winnicott（1971）相信治療效果不全然來自增加自我的認識，而是有能力真實地感覺自己的存在。治療有效的話，病人會發現真實的自我，覺得真實而存在，是一個可以回來放鬆自己的地方。

## 二、對於心理病理與治療的觀點

母嬰關係和育嬰環境的缺陷會導致假我和心理問題。Winnicott（1965）將心理疾病分為三類：神經症、中間（反社會）疾病，以及精神病：

1.神經症是指一個人在經歷伊底帕斯階段，有相對正常的人格和能力去處理三角關係的人際衝突。神經症的人，其人格功能相對較好，有能力防衛焦慮和衝突。

2.中間疾病是指一個人剛開始經歷好的環境，但是後來好環境不見了，兒童的自我組織只發展到一半就停滯了。良好環境的剝奪會導致兒童發展反社會和犯罪行為，會發展出一種好像社會虧欠他們似的態度。

3.精神病是指嬰兒無法完成人格統整和客體關係的關鍵能力。嬰兒生命早期缺少一個夠好的母親或環境，無法滿足和適應嬰兒的需要，干擾嬰兒建立一個統整的自體、自我與身體的和諧，以及與人建立關係的能力。

Winnicott 相信，真我是反社會行為潛藏的希望，在探討犯罪行為的個案時，他發現每一個個案的早年歷史都遭遇到童年創傷，也就是生長在一個嚴重無法滿足發展中嬰幼兒需求的環境。我們可以說，犯罪少年都是帶傷長大的孩子，生長的不利環境無法提供其發展真我所需要的支持和呵護，導致少年很早的時候就必須發展一個堅固的假我去防衛脆弱的真我。

如果心理疾病是早期環境的失敗和假我發展的結果，那麼心理治療便是上述歷程的翻轉，治療師便要提供一個有助於發展真我的母性照顧歷程。心理治療就像一個控制下的退化歷程，分析情境和治療師的耐心與可靠有助於病人的退化。退化是一種有組織地返回早期經驗和環境失敗的階段。心理治療之所以有效，並不是治療師做了什麼，而是病人在依賴關係中經驗自我醫治的過程。心理治療的目標是提供一個成功經驗早期自戀和全能感，以便可以溶解早年的情感失敗。

心理治療提供一個病人可以退化的環境，讓病人可以透過退化，重新經歷早期的嬰兒經驗，並修正發展的缺陷。病人在治療過程中的進步是逐漸走向獨立自主，治療師能幫助病人如何在面臨有限的環境失敗時，以真我來表現自己，而不會再度使用假我作為防衛機制（St. Clair, 2004）。

在治療嚴重心理疾病的人，Winnicott 主張分析情境本身的穩定度、可信度，以及舒服的品質，提供一個接納支持的環境，這是病人早年生活所缺少的。在最佳的情況下，這樣的分析情境允許病人適當地退化到早年的、未分化的階段，複製母嬰一種融合未分化的狀態。治療師對病人退化需求的容忍和詮釋，以及在退化中被了解，等於象徵地被治療師接納支持，這樣的治療關係重演早年創傷的情境，病人有機會可以開始嘗試以真我來和令人滿足、也令人挫折的母性客體發展健康的客體關係（Kernberg, 1995）。

## 三、對於移情的觀點

移情概念中的客體，也就是病人經驗中的人，可能是治療師、朋友、情人或父母，其實是真實客體的扭曲版本。每個人不僅和真實客體互動，也同時和內在的客體互動。內在客體有很強大的影響力，影響我們的內在情感和外在行為。Greenberg 與 Mitchell（1983）曾舉一個例子來說明每個人都深受內在客體關係的影響：有一位中年獨居病人在晤談時，提到他的侄女和男友這個週末要到家裡作客，他這兩天忙著整理房子，徹底打掃乾淨，好像他嚴厲的父母要來似的。他在講述這件事情的狀態是悲觀、膽怯和痛苦的，因為他擔心客人看到他住的房子時不知道會怎麼評論他。下週回來晤談時，病人說客人在家裡住了兩天，過程非常順利，但是他覺得這些孩子很懶，整天宅在房間不出來，顯然在這裡過得自由自在，沒有父母管著他們。這個例子說明，病人期待的客人和真實的客人是不一樣的，也就是說客人並沒有像他期待的行為表現；上一次晤談時，他把生氣的、挑剔的和自以為是的父母角色派給客人，但是客人並沒有依照他的期待去表現。

我們人總是受到內在客體關係的影響，只是這種影響的比例每人不同，愈是受到內在客體關係影響而不自覺的人，其心理問題和人際困擾肯定愈明顯。在心理治療的時候，病人同樣的會以內在客體關係去經驗治療師，就像前面的病人用內在客體關係去經驗客人，結果發現真實客體和內在客體有很大的落差，這個落差有可能可以修正原來比較扭曲的內在客體關係。

Klein認為，充滿嬰兒化情感和幻想的內在客體關係會像銘印一樣在心裡永遠留下印記，不會因歲月而消失，反而是被保存並活躍著，持續影響著個人的情緒和人際生活。敏感的治療師可以在移情關係中觀察到病人的嬰兒化情感和幻想（St. Clair, 2004）。

心理治療的工作就是去緩解個案的焦慮，以及去減輕個案嚴厲的內化客體。治療歷程就是去分析和詮釋移情。治療中的移情便是早年人際關係經驗的幻想、害怕和感覺的新版本，這些早年的客體關係包含著愛與恨、焦慮與防衛。透過移情的分析，治療師和個案可以探索這些早年關係和伴隨的情感。當心理治療觸及並命名這些早年幻想和情感的驅力後，將可以減輕憂鬱的焦慮和迫害的罪惡感，其早年痛苦的情感模式也會消除。在心理治療中，治療師可能代表著個案早年的某一個客體或部分客體，在快速改變的移情中，治療師有時被個案經驗為好的母親或幫助者，有時被經驗為壞的母親或敵人（St. Clair, 2004）。

Klein認為，過去的衝突可以在移情中重現，因此移情的出現比過去事件的重建更具治療的重要性。她根據自己被分析的經驗，學到讓病人表達負向移情是很重要的事情。任何沒有探討負向移情材料的心理治療，都不能稱為達到真正療效的必要深度。Klein相信移情深受原始幻想的決定，包括代表死亡驅力的恨與破壞的幻想，她認為在分析情境中，對負向經驗或材料的詮釋是具有治療性的。

## 四、投射性認同的臨床應用

投射性認同不僅在描述母嬰關係，也可以應用在治療關係。在心理治療的情境中，當病人對治療師表達負面情緒或想法時，我們可以說病人將內在難以忍受的情緒投射到治療師身上。治療師晤談時，一邊聆聽病人的抱怨和訴說，一邊涵容病人的情緒、抱怨和攻擊，這個時候我們可以說治療師認同病人的投射，也就是投射性認同。因為治療師受過訓練，一方面消化、解毒和代謝病人的抱怨和攻擊，以病人較能接受的方式對待病人。病人經驗到的治療師跟他預期的不一樣，一方面感覺放鬆舒服，一方面內攝治療師的態度和特質，並修正和治療師的內在關係。投射性認同的臨床應用，可以用圖 5-1（Megele, 2017）來呈現。

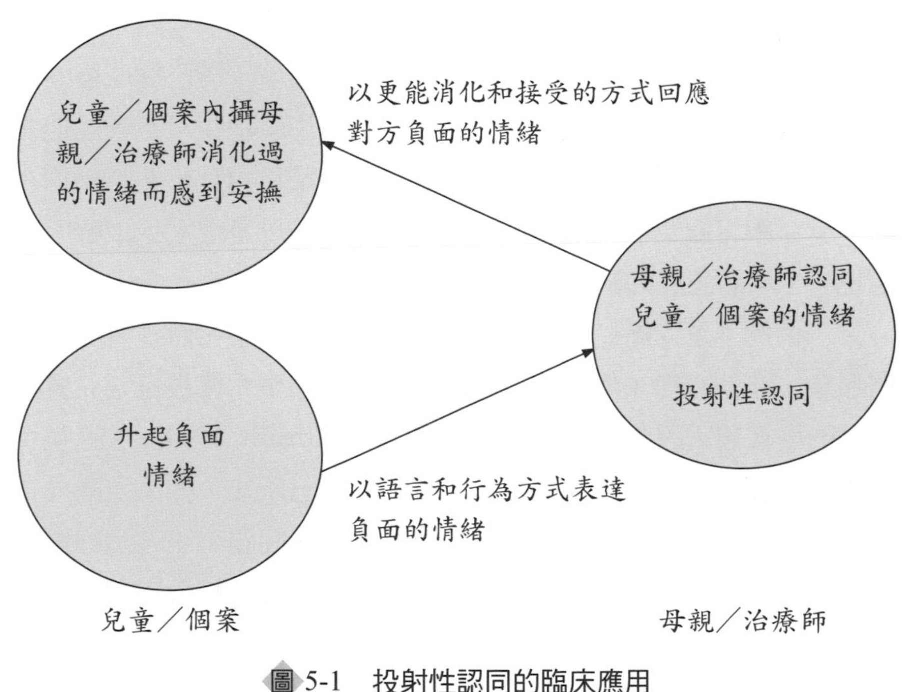


圖 5-1　投射性認同的臨床應用

## 五、在兒童與青少年的臨床應用

Klein認為，兒童的潛意識和意識的聯繫比成人還要緊密，兒童的壓抑比較不那麼嚴密，她認為兒童的智力是被低估的，而事實上，兒童的理解力比我們認為的還要多。在臨床工作上，Klein（1955）會為每一個兒童病人準備一個個別的玩具箱，裡面放著一些不同樣式的、小的、非機械的玩具。她會盡量使用中性的玩具，例如：選用的玩偶不會代表具體的角色或職業，讓兒童在晤談室中使用這些玩具和玩偶盡可能廣泛表達心中的幻想。兒童對玩具所表達的攻擊或破壞（但不可以對治療師本人），可以被容忍和詮釋。她建議治療師不要去修理受損的玩具，而是容許兒童有機會去經驗破壞玩具後，可能產生的罪惡感或修復的幻想。

Fairbairn 認為，一個人會發展心理疾病是由於自我保護的結果，與其在環境中面對壞客體，兒童以補償方式將客體的「壞」內化成為壞的自我，透過分裂和內化的歷程，使環境變成好環境，自己變成壞的內在客體。以犯罪少年為例，他可能有一對壞父母，但是少年不會說他的父母是壞人。Fairbairn 認為，這位少年已經把壞父母內化，並且壓抑在潛意識。少年寧可認為自己是壞人，而不會去說父母是壞人，或歸因於壞的環境。少年會犯罪的動機是想讓他的父母變成好客體。

另一個例子是受虐兒童，他會覺得自己是壞孩子，而維持父母是好人的形象，在他心裡，他會認為一定是自己做錯事才會被打。兒童認同了內在的壞客體，因此認為自己是壞孩子（Fairbairn, 1954）。兒童會進一步壓抑內在的壞客體，進入潛意識而不為自己所知，如果這些內在客體被充分的勾動，或壓抑失敗，便會發展成心理問題。壞客體的嚴重程度、勾動的力道，以及自我認同內在客體的程度等，都會不同程度的影響內在客體形成神經症或精神病症狀。

兒童最大的需要是獲得父母的愛和保證，這種愛和保證決定了兒童與父母依賴關係的衝突是否成功或失敗的處理。兒童在面臨失敗的情感關係時，會發展出替代的滿足，這些替代的滿足便是兒童轉而尋求內在客體，而不會尋求外在安全而滿足的客體關係。

心理疾病既然涉及人際關係的障礙，心理治療便是恢復病人去直接面對他人的能力。治療的目標是釋放潛意識中的壞客體，只有當潛意識裡的內在壞客體被釋放，客體灌注的力量才會消失。這些客體之所以被內化，是因為當初認為是不可或缺的，而它們被壓抑，也是因為太難以忍受。釋放潛意識裡的壞客體會引發病人的害怕，害怕會掉進一個充滿壞客體的世界。病人需要這些內在壞客體，來讓自己的環境好過一點。

有些病人若放棄了內在客體，他們會覺得失去認同，因為他們長久依賴這些內在客體，以及神經症的人際互動模式和情感關係（Fairbairn, 1954）。要幫助病人釋放壞客體，治療師必須作為一個充分的好客體，提供病人一個安全的環境。治療師必須小心避免增加病人的罪惡感，或站在病人的超我那一邊，因為罪惡感會強化抗拒，例如：一位經常遲到的個案，如果治療師對他生氣或發出無奈地嘆氣，將會增加他的罪惡感，治療師的角色瞬間就像他身邊的人一樣，再也不是涵容他的好客體了。

# 第六章

# 自體心理學

自體心理學是精神分析理論當中相對比較新的一個學派，是由Kohut針對當代人的心理問題而發展出來的，強調用替代內省和深度同理的方式去了解病人的主觀經驗，提供有助於統整自體的治療關係和經驗。本章內容分為四節：自體心理學的理論發展、自體的發展與障礙、深度同理與自體的重建，以及自體心理學的臨床應用。

## 第一節　自體心理學的理論發展

本節首先介紹自體心理學創始人 Kohut 的生平簡歷，其次描述自體心理學的理論發展，最後說明自體心理學和驅力心理學在理論觀點上的區別。

### 一、Kohut 生平簡介

自體心理學的創始人是 Heinz Kohut，在 1913 年出生於奧地利的維也納，猶太人後裔。父親是一位鋼琴師，母親經營一家小商店，他是家裡唯一的孩子，和父親的關係疏遠，和母親的關係則是緊密的。小時候跟著幾位家庭教師學習，直到小學五年級才被父母送去上學。比較特別的地方是他從小就開始學習法文（Siegel, 1996）。

Kohut於 1932 年就讀維也納大學，1936 年醫學院四年級的時候前往法國巴黎兩家醫院實習半年，於 1938 年取得醫學學位；同年因納粹迫害猶太人而被迫離開維也納，以難民身分先到了英國，於 1940 年輾轉到了美國芝加哥。1940 年代，Kohut 在芝加哥大學附設醫院接受神經科住院醫師訓練，後來發現志趣不合轉換到精神科受訓，同時接受精神分析的訓練，他的分析師是 Ruth Eissler。1947 年起擔任芝加哥大學醫學院精神醫學助理教授，積極參加芝加哥精神分析學會的活動，從 1953 年成為該學會的訓練師和督導分析師。1964～1965 年擔任美國精神分析學會理事長，1965～1973 年擔任國際精神分析學會副理事長。1981 年 10 月因癌症病逝於芝加哥，享年 68 歲（林明雄、林秀慧譯，2002；Siegel, 1996）。

大約在 58 歲以前，Kohut 一直都是古典精神分析卓越的發言人和老師，和古典精神分析圈子裡的分析師維持良好的關係，儘管他和古典精神分析傳統有很深刻的連結，晚年卻愈來愈不滿意古典精神分析在理解和處理自戀型人格障礙根本議題上的限制。他在 1979 年的報告〈Z 先生的兩段分析〉，同時示範了他治療自戀型障礙最初的古典精神分析方法，以及他自稱為自體心理學的更好方法（Mitchell & Black, 1995; Siegel, 1996）。

雖然他具有正統精神分析的訓練背景和資歷，Kohut 在 1960 年代提出自體心理學時，曾遭受到精神分析社群的強烈批判和質疑。Kohut 超越 Freud 的驅力模式，重新思考自戀在形成統整自體的角色。在精神分析的驅力模式、自我模式和客體關係模式之外，另闢一個自體模式的新方向，擴充精神分析的理論和適用對象。

## 二、自體心理學的理論發展

Freud 認為，嬰兒的性驅力最初都是指向自己的，並稱之為原始自戀（primary narcissism）。嬰兒早期的生命經驗是全能的，經由自大的幻想滿足自己，但是這種自戀終究無法滿足驅力，遂將性驅力轉向他人，尋求雖不完美但可以接受的滿足。在這個過程中，自戀的性驅力轉向客體，父母成為嬰兒最主要的愛的客體。對父母的依附，以及在此依附中所發展出的伊底帕斯幻想，成為他心理發展中要克服的難關，若兒童無法放棄這些伊底帕斯幻想，他的性驅力將固著在早年愛的客體上，並將罹患神經症（Mitchell & Black, 1995）。

古典精神分析認為，自戀型人格障礙是不能被分析的，因為患者的自我專注、膚淺、自大、對輕視的敏感，以及不帶感情的使用治療師，而不是真實的參與合作性的分析探索。患者的心理能量既然不會流動和貫注到治療師身上，也就沒有移情可言，患者的這種自我專注使移情這個有利的治療媒介無法發展。

Freud對性驅力和自戀的觀點，特別是在對自己的愛和對別人的愛之間，認為兩者是不能並存的關係，Kohut認為這種不並存的關係需要重新思考。他思考著下列的問題：對自己的愛真的和對他人的愛在根本上相互牴觸嗎？高自尊、渴望別人的注意和讚美是否真的不利於心理健康？追求與他人的關係，就必須付出對自己的愛為代價嗎？難道對自己的好感，不會增加和他人互動時的活力和情感？這些問題的思考促使 Kohut 挑戰Freud的自戀理論，而這樣做被許多人認為是離經叛道的行為（Mitchell & Black, 1995）。面對他人的批判，Kohut 則小心翼翼地辯稱：精神分析是一門演變的、非靜止的知識體系，他所主張的觀點是 Freud 理論的補充而非取代。

在治療自戀型病人時，Kohut嘗試把自己放在病人的立場，從病人的觀點去了解病人的經驗，並稱這種方式為同理的沉浸（empathic immersion）與替代的內省（vicarious introspection）。他認為，替代內省和深度同理是了解病人的必要方式，能讓他意識到那些先前無法感知到的意義（Kohut, 1979）。為了和自戀型病人工作，Kohut採用的觀察方法是同理的沉浸在病人的內在心理，因為採用一般中立、冷淡客觀的方法，必然會遠離病人的經驗。

古典的驅力模式視神經症病人具有正常的人格結構，三我人格結構各有其適應和防衛功能，神經症便是這些相對正常結構之間的衝突。因此，Freud 的驅力模式可以用壓抑、未解決的伊底帕斯衝突來理解神經症，成功的治療便是達到驅力衝突的相對解決。相對的，Kohut認為自戀和自體障礙的病人具有缺陷的人格，是兒童期發生的自體障礙和結構缺陷，成功的治療必須發展新的自體結構，才能消除缺陷。

Kohut（1977）觀察當代的雙親因為離家工作的關係，較少有機會去同理回應孩子的鏡映與理想化的需求，不論是孩子驕傲地展現的表現癖或是熱烈表達的理想化需求，都未在成長階段被適當地回應，而孩子也因此變得憂鬱而孤單，這些孩子的自體在心理上是營養不良的，且其統整是脆弱的。Kohut 發展自體心理學是針對當代社會逐漸減少的結構障礙，以及同時增加的自體障礙提出一個解釋。Kohut認為，自體心理學可以補充驅力心理學的不足，他使用自體崩解、核心自體、自體的成分、自客體關係、蛻變內化（transmuting internalization）等概念（這些概念本章稍後將會加以說明），來解釋當代人的自體障礙。

Wolf 在 White 與 Weiner（1986）一書的序文中提到，Kohut 在 1966 年出版的〈自戀的形式與轉化〉一文，可以視為自體心理學的正式誕生。Kohut 經過漫長的時間發展和修正其理論，到了 1977 年，他就不再談論性驅力（libido），也很少使用自我（ego）和超我這些概念。Kohut 並沒有否定古典精神分析理論，只是把它用在人格正常者的神經症衝突。他認為自體心理學可以解釋一些更嚴重的臨床障礙，如自戀人格，這些是古典驅力模式未曾解釋清楚的。我們可以說，Kohut 對自戀的研究和貢獻，擴展了精神分析的範圍，可以用來理解和治療比神經症更廣泛的人格問題。

Kohut（1977）認為，精神分析觀點的轉變，和不同世代分析師的觀察態度有關，從強調知識累積的地誌學觀點（讓潛意識進入意識），轉移到強調擴張自我功能的心理結構觀點，再從古典移情神經症的強調，轉移到自客體移情的強調。

## 三、自體心理學與驅力心理學的區別

自體心理學與驅力心理學在下列幾個概念上有著不同的觀點（梅當陽，2014；Kohut, 1977; Levine, 1996）。

### （一）對於焦慮的觀點

Kohut認為，人基本上有兩種不同類型的焦慮經驗，在第一種焦慮經驗裡，個人的自體多少還算整合，他們怕的是特定的危險情境，這種焦慮的本質在於特定的危險，而非自體的狀態。在第二種焦慮經驗裡，個人開始覺察到其自體正開始崩解（disintegration），這種焦慮經驗的本質在於自體的不安定狀態，而非特定的刺激因素。第一種焦慮經驗是可言說的，是特定的恐懼，如閹割焦慮；第二種焦慮經驗是無可名狀的，是自體失落的恐懼，又稱崩解的焦慮。

### （二）對於攻擊的觀點

Kohut認為，兒童的暴怒和破壞性，不應概念化為原發的驅力在尋找發洩的出口。它們應被定義為退化的產物，自體的碎裂物。攻擊是自體崩解的產物，是自體對自客體（selfobject）（這個名詞本章稍後會解釋）同理回應失敗下的反應。暴怒不應被視為原發的，一種需要被馴服的獸性驅力，而應該被視為一種特定的退化現象，一種因為更廣泛的心理構造之崩潰而散發出來的心理碎片，人會變得殘暴、墮落和暴怒，是因為自客體這邊缺乏同理的結果。

### （三）對於防衛與抗拒的觀點

驅力心理學認為，驅力會在移情和生活中欲求滿足，這些驅力的欲求滿足會帶來焦慮和罪惡感，於是個體會採用各種防衛去避免經驗到驅力的蠢蠢欲動。驅力心理學也認為，個案的防衛是對精神分析和了解自己的抗拒，因此治療的方式便是要去辨識和詮釋防衛和抗拒的存在。

Kohut認為，驅力心理學並沒有觸及缺陷的自體和受阻的人格發展，他認為心理疾病不是潛意識驅力被壓抑的結果，而是自體發展受到阻礙的結果。Kohut（1984）認為，自體心理學治療師在和個案工作的時候，會用不同的觀點來看待驅力和防衛。防衛被理解為保護脆弱自體的生存方式，個案表現防衛行為是為了保護核心自體的安全和完整。

自體心理學把防衛理解為個案核心自體的保護方式，以避免遭受到古老的、失敗的自客體的破壞和創傷，而不是把防衛理解為對分析治療的抗拒。Kohut認為，這些防衛是個案早年身上所僅存的最健康的方法去確保自體的安全和完整，等待將來遇到更好的自客體時，得以恢復和發展。把防衛視為個案在有毒的環境中，自體保存的最佳方式，好讓脆弱的自體可以安全的躲藏在防衛的掩護之下。治療師對個案保護措施深度同理的理解，有助於強化自客體的連結，幫助個案在治療中繼續前行（Siegel, 1996）。

### （四）對於伊底帕斯情結的觀點

Kohut認為，進入伊底帕斯階段的孩子，如果具有穩定的、統整的、連續的自體，那麼他將對異性的雙親經驗到肯定的、擁有的、情感的、性慾的慾望；而對同性的雙親經驗到具有肯定的、自信的、競爭的情感。Kohut曾說，古典的驅力心理學把伊底帕斯情結描述為心理的戰場，強調的是致病的面向。相對的，自體心理學則視伊底帕斯情結為一個發展的階段，強調的是伊底帕斯情結促進成長的面向。

### （五）對於治療目標的觀點

對於治療目標，兩者也有明顯的不同。自體心理學取向的治療目標是發展一個統整的自體，而不是充分的自我了解，是促進自體功能的成長，而不是內在衝突的化解。我們可以說自體心理學強調人格缺陷的改善，驅力心理學強調的是內在衝突的領悟。對 Kohut 來說，一個被治癒的病人，有可能很多早年經驗是沒有探索和檢視的。他認為雖然使用驅力理論可以成功的治療神經症，但是他更認為把伊底帕斯議題的驅力放在更大的自體發展來檢視會更好；換句話說，性和攻擊的衝突，以及伊底帕斯情結往往源自於自體的缺陷（Levine, 1996）。

神經症的治癒指標是：神經症症狀與壓抑的消除或減輕，病人有相對的自由免於神經症的焦慮與罪惡感。而自體障礙的治癒指標是：病人的慮病、動機缺乏、空虛的憂鬱與倦怠、透過性慾化的活動來自體刺激等的消除或減輕，病人有相對的自由，以免於過度的自戀脆弱。換言之，驅力心理學認為治療目標是：幫助個案增進心理問題起源和動力的知識，以發展足夠的能力去控制性和攻擊驅力；自體心理學認為治療目標是：修復自體結構的缺陷，發展統整的自體，以便可以有功能的去享受生活（Kohut, 1977; Siegel, 1996）。

### （六）對於治療機轉的觀點

對於治療機轉，兩者也有明顯的不同。驅力心理學認為治療機轉在於內在心理衝突的化解，而化解的方式在於讓潛意識中的衝突透過反覆的詮釋而清楚的意識化。相對的，自體心理學認為治療的機轉是讓個案原本匱乏缺損的自體，透過分析治療的過程轉化為較成熟統整的自體。我們可以說，驅力心理學將精神分析視為一個內在衝突化解的過程，自體心理學則視治療為一個心理結構重建的過程（梅當陽，2014）。

Fall、Holden 與 Marquis（2017）對於自體心理學和驅力心理學的區別，歸納如下：(1)驅力心理學認為人是被生理驅使的，自體心理學認為人是想要與人連結，人是被社會連結驅使的；(2)驅力心理學認為自戀是病態的，自體心理學認為自戀是具有正向發展潛力的；(3)驅力心理學認為驅力是非理性的，自體心理學認為驅力是合理的心理需求；(4)驅力心理學認為在心理治療時，治療師要維持有距離的客觀性，自體心理學認為治療師要盡量接近病人的主觀經驗；(5)驅力心理學認為領悟是有療效的，自體心理學認為同理是有療效的。

## 第二節 自體的發展與障礙

本節針對自體發展及其障礙的概念進行說明，包括自戀、自體、自體結構、自客體，以及自體障礙等，熟悉這些概念將有助於認識自體的結構與發展，以及自體障礙的產生與類型。

### 一、自戀

Freud（1914b）從性驅力的觀點描述自戀，認為自戀是將性驅力從外在客體撤離，貫注在自我的現象。自戀被認為是一種心理障礙，由於太過自戀，以至於無法去愛人或與人發展親密關係。古典精神分析認為自戀障礙者是無法分析的，因為他們在分析情境中無法將驅力貫注在治療師身上。

Kohut對自戀則提出不同的觀點，他認為人將自戀的驅力貫注在別人身上，其實是將別人經驗為自己，也就是自客體（selfobject）。對一個自戀的人，自客體是指一個滿足自體需要的客體或人。自戀的人會像控制身體一樣，以幻想的方式控制他人。Kohut的觀點有助於我們理解自戀病人，他們並不是想從對他人的興趣和貫注撤出，反而是他沒有能力信賴自己的內在資源，而必須強烈的依附他人（Teicholz, 1978）。

傳統精神分析師認為自戀是病態的，Kohut重新思考自戀的概念，探討自戀在心理健康上扮演的角色。他認為自戀是獨立發展的，每個人終其一生都需要一個具有同理反應的自客體與環境，人格才能順利發展，心理功能才能充分發揮。Freud認為，人格發展是從自戀到客體愛；Kohut認為，人格發展是從自戀到更成熟的，或更高層次的自戀。健康的自戀會表現在幽默、創造力和同理心。

Kohut（1971）在《自體的分析》一書中提到，自戀是獨立發展的，其發展的路線大致如下：嬰兒剛出生的時候，處於原發自戀的幸福狀態，和照顧者融合的幻想認為自己是全能的，要什麼有什麼。但是，這狀態和幻想很容易就破滅，因為照顧者沒有辦法時時刻刻滿足嬰兒的需要。嬰兒透過幻想企圖回復失去的幸福，去滿足兩個自戀的需要：一種是「理想化父母形象」（idealized parental imago）的需要，透過幻想「你是完美的，我是你的一部分」；另一種是「誇大自體」（grandiose self）的需要，透過幻想「我是完美的」，來滿足自戀的需要。

Kohut 認為，這兩種自戀的組態（configuration）從一開始就是並存的，有各自發展的路線。嬰兒時期的誇大自體長大之後終將被馴服，並整合在成人的人格之中，作為日常活動、自尊和雄心的燃料。「理想化父母形象」是自戀的另一種組態，它是一種想要與完美的他者融合的幻想，與全知全能者結合可以帶來滿足、力量與完整的感受，而任何形式的分離則帶來斷裂的感覺。理想化父母形象是一組潛意識的欲求、恐懼、記憶的集合，透過將理想化客體內化的歷程，發展個人的理想和抱負。

Kohut認為，自戀是人類正常生活的一部分，從出生到死亡，不需要為了尋求客體愛而放棄自體愛。正常成年人會有自戀的需求，這種透過自客體來滿足自戀鏡映的需求會終其一生，例如：當我們長時間跟一個沒有反應的人在一起，無論我們怎麼努力，他都對我們沒有反應，最後我們會感到無助和空虛，自尊會變低，也會自戀的暴怒。做為父母，我們知道當照顧者不完美時，嬰兒會暴怒。Kohut（1977）對此現象的看法不是將此自戀暴怒概念化為嬰兒攻擊驅力的表達，相反地，他將嬰兒的暴怒視為面對缺乏反應的環境時，所產生的自體崩解，也是可以理解的反應。

兒童活在有超級英雄和超級力量的世界中，有時幻想自己是全能的，有能力可以做任何事情，有時想像自己依附的照顧者比天還大，而且是完美和萬能的。Kohut認為，兒童的活力、生氣勃勃、開朗與個人化的創意，往往與正常的自戀發展有關。健康自戀的正常發育應該會反映在內在一致與充滿活力的感受，能利用自己的才華並堅定地朝著目標前進的能力，以及能在成功時感受到坦率的驕傲與樂趣（Mitchell & Black, 1995）。

## 二、自體

自體（self）是一個很難定義的名詞，不僅神學、心理學和哲學各有不同的觀點，即使在精神分析的社群裡，大家也有不同的定義，例如：Hartmann（1964）區分自體和自我的不同，自體是指一個人，自我是指人格的一個次結構。Jacobson（1964）區分自體是整個人，自我是這個人的自體表徵，自體包括身體和心理，有別於環境中的他人（客體），自我是一個概念的，而非經驗的詞。

Kohut（1977）認為，自體的本質是很難定義的，我們只能藉著內省和同理來觀察自體的表現。自體是關係的所在地，包括自我的功能，是統整經驗的單位。因為Kohut的自體概念包括了自我（ego）的概念，因此他很少使用自我一詞。在論述自體心理學時，他刻意不去定義「自體」這個詞，因為自體如同所有的現實，很難知道它的本質，而只能描述它呈現的模樣，包括組成的部分、解釋它的起源和功能，我們可以描述自體的表現，卻無法知道它的本質。自體的功能包括：組織經驗、修復受損的心理功能、透過調節緊張維持身心平衡、確認主觀經驗、安撫情緒，以及認可自己的能力等（Fall et al., 2017）。

嬰兒在1歲的下半年和2歲的前半年是自體從雛型發展到統整自體的關鍵時間，這個時間大約是Mahler人格發展階段的共生期和個體化早期。當嬰幼兒開始對父母或自客體說「不」的時候，代表嬰幼兒開始強化自體界線，形成統整的自體（Kohut, 1971）。Kohut認為，嬰兒從出生起就需要一些能滿足他需求的人，透過父母的同理回應，自體逐漸發展起來。他認為滿足情緒需要的環境，和滿足生理需要是一樣重要的。自體可以說是人類經驗和活動的中心，嬰兒一出生就具有發展自體的潛能。嬰幼兒的情緒狀態依賴照顧者提供適當的了解和回應，但並不是說，照顧者必須完美的理解與回應，這種完美的回應反而是有害的。照顧者在日常生活中不可避免的同理失敗，事實上是有助於嬰幼兒將原本由父母提供的功能內化，而自體結構便是透過點點滴滴蛻變內化而形成的。適度的挫折有利於自體的形成，而慢性的或嚴重的同理失敗，則會干擾自體的形成和統整（Levine, 1996）。

## 三、自體結構

在《自體的分析》一書中，Kohut 提出雙極自體（bipolar self）的概念：A 極是雄心（ambitions），B 極是理想（ideals）。兒童健康的、誇大的和表現癖的自戀構成 A 極，正常的自戀發展會被個體經驗為生活的雄心。兒童渴求與一個穩定的、情緒安撫的和理想化的自客體融合的自戀構成 B 極，正常的自戀發展會被個體經驗為引導人生的理想。到了 1977 年，Kohut 增加了自體的第三極，在前兩極之間存在著技能和天賦的 C 極。這三極都是在兒童發展中脆弱自體與其父母（自客體）互動過程中慢慢發展出來的，雙極自體的結構與功能如圖 6-1 所示。

誇大自體是被母親這個自客體的鏡映所支持而發展的，理想化父母形象的發展是父母接納，甚至享受兒童對其理想化的結果。誇大自體的發展主要是母親的參與，理想化父母形象是較晚一點的發展，並且有了父親的參與。兒童自體的發展是否正常，端視其與某一個特定自客體的關係而定。如果自體 A 極的發展受到阻礙，兒童會試圖從 B 極去得到補償，也就是加強 B 極的發展。嚴重的自體障礙之所以發生是因為兩極的發展都失敗了。換句話說，兒童心理健康的發展有兩次機會，如果母親無法提供同理的回應去協助兒童發展誇大自體，那麼兒童會試圖尋求父親的同理回應，去協助發展理想化父母形象。當父母雙方都無法提供兒

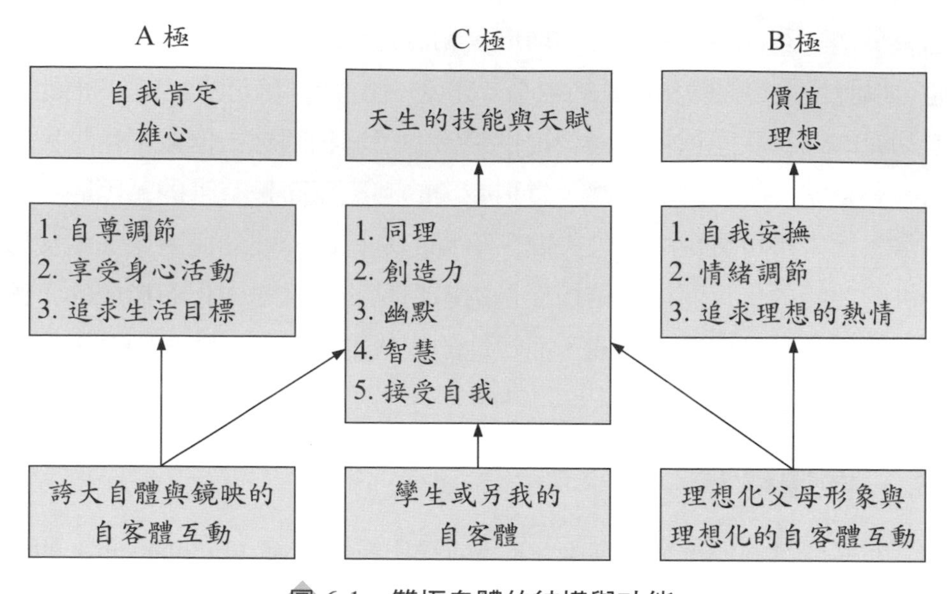


圖 6-1　雙極自體的結構與功能

資料來源：Ornstein 與 Kay（1990）

童自體發展所需要的自客體功能時，兒童的自體障礙就會發生（Siegel, 1996）。

兒童經過下列的過程，自體會愈來愈統整，而成為健康的人格：(1)與自客體建立連結；(2)經驗到適度的同理失敗；(3)發生蛻變內化；(4)形成自體結構和功能（Fall et al., 2017）。在健康人格的人身上，自體的自誇會修改為符合現實的人生追求，並提供所需要的精力、雄心和自尊。被鏡映的誇大自體，有助於發展自信和雄心。當兒童開始增加現實感來看待理想化客體時，也會撤除對父母客體的理想化貫注，此時的理想化客體或父母形象會被內攝成為理想化的超我，取代之前由理想化客體所執行的功能。被內化的理想化父母形象，有助於發展人生價值觀和理想。如果兒童遭遇創傷和剝奪，使其統整自體無法形成健康的人格，那麼誇大自體和理想化父母形象會導致自體的不同部分難以統整起來（St. Clair, 2004）。

Kohut是從自體與自客體的關係來看待人格發展，他認為一個人的自體是在關係中發展，而非獨自或受驅力推動而發展。嬰兒一開始還沒有自體，而是把父母對嬰兒的行為和反應當作自體。嬰兒天生有形成自體的潛力，加上父母提供自客體的功能和反應，促進嬰兒統整自體或核心自體的形成。Kohut 的自客體概念，很類似 Winnicott 的支持性環境和夠好母親的概念，他認為健康的自體是在三種特定的自客體經驗中演化而來。

第一種經驗需要自客體能回應並肯定孩子天生的活力、偉大與完美的感受，任何一位自客體帶著愉悅和認可看待孩子，並支持孩子開朗的心靈狀態。第二種發育的必要經驗，需要孩子和強大的他人形成關係，孩子能敬仰這個人，並和他融合成為一個穩定、完美且全能的形象。第三種健康發育所需要的經驗是，自客體以和孩子相似的言行，在孩子與自己之間喚起本質上是相似的感受（Mitchell & Black, 1995）。簡言之，嬰幼兒不成熟的自體有三種需求：(1)誇大表現的需求；(2)理想化客體的需求；(3)孿生的需求。

誇大自體（grandiose self）、理想化父母形象（idealized parental imago），以及孿生需求（twinship）是由原始自戀分化出來的。誇大自體是指，嬰幼兒有一種世界以我為中心的感覺，他是被人羨慕的，這種經驗可以簡化為：「我很棒，看看我！」理想化父母形象是誇大自體的相反，是指別人很完美。由於嬰幼兒的認知能力還不成熟，還不知道另有其他人，再加上想要與理想化客體融合的需要。理想化父母形象可以簡化為：「你是完美的，我是你的一部分。」孿生需求又稱另我（alter-ego）需求，是指嬰幼兒渴望和重要他人在某些地方很類似，例如：表現相似的言行、從事類似的活動等，當嬰幼兒跟這樣的人在一起就會覺得安心和有能力，可以簡化為：「我們是一樣的，我很行。」透過父母這個自客體，不斷地反覆提供嬰幼兒同理的反應，滿足嬰幼兒鏡映、理想化和孿生的需求（St. Clair, 2004）。

Kohut的理論描述一個未充分發展的、初級的自體，如何在環境中與人互動，而變成一個統整的自體。這個初級的自體包括誇大表現自體和理想化客體。逐漸地，誇大表現自體變得順服，而融入一個統整的人格。兒童成熟中的自體逐漸看見理想化的客體是一個分離的客體，並且內攝理想化父母行為而成為超我（Kohut, 1971）。

## 四、自客體

自客體（selfobject）（或譯為自體客體、屬我客體）是自體心理學的核心概念，也是 Kohut 獨特的貢獻之一。什麼是自客體呢？Kohut（1971）對自客體做了如下的定義：「自客體是指那些人物或物件，被經驗為自體的一部分，或者被使用來提供自體的功能。兒童不成熟的自體會與自客體融合，自客體可以滿足自體的需求。」自客體這個名詞只有用在一個經驗中的個人才有意思，它不是指一個客觀的人，或一個真實的客體或完整客體。當客體被自戀的能量貫注時，便是被當事人經驗為自體的一部分，提供自體所需要的功能。

自客體是扮演自體一部分功能的外在客體，這個客體被當事人經驗為自體的一部分，而不是分離的、獨立的客體。自客體可以是人、物件或活動，用來完成自體，也是人類正常功能發展所必須的。健康的母嬰關係便是一種自體和自客體的關係，母親成為嬰兒的自客體，提供嬰兒自體發展需要的同理反應。戀愛中的情人，也是一種互為自體和自客體的關係，彼此成為對方的自客體，互相鏡映和理想化，透過這個過程，提升了雙方的自尊（Kohut, 1977）。

自體心理學的基本工作是觀察病人的自客體聯繫（selfobject connections），自客體聯繫可以是一個人的嗜好、所選擇的教育或工作、生活伴侶，這些都可以給當事人提供自客體的功能。自客體的概念貫穿Kohut的理論，具有自客體功能的人、事、物，包括：心理治療中的移情現象、兒童的安全毛毯、文化藝術和國家等（Kohut, 1971）。

如果把心理病理學解釋為不完整或缺陷的自體，那麼自客體可以說是治療自體障礙的處方。Kohut認為，我們在生活中，把自客體功能視為理所當然，反而看不到它的重要性；我們通常只有在和自客體的關係破碎的時候，才看到它的存在。當我們和一個新的自客體建立關係之後，這個關係會很有力量的鎖住，關係的任何牽動都會影響自體和自客體。移情便是一個很有力量的自客體聯繫的例子（Kohut, 1971）。

嬰兒天生有能力去和自客體（照顧者）形成連結，也有潛力去發展心理結構和功能。嬰幼兒在人格的發展過程中，會有很多的心理需要，包括三種自客體的需要（梅當陽，2014）：

1.同理的、鏡映的需求：嬰兒需要自客體可以正確地同理他的情緒狀態和能力表現，並用接納、認可、讚賞和關愛給予回應。換句話說，嬰兒會想要依照自己的想法去做這個、做那個。每做完一件事情的時候，就會迫不急待的要展示給父母看，為的是要獲得父母的稱讚、肯定，說「你好棒！」

2.理想化客體的需求：嬰兒至少需要去理想化一個客體，把他當作一個全能的、完美的自客體，並且感覺自己和自客體是融合的。嬰兒會把父母當成完美的、全能的人物，並且認為自己是父母的一部分。

3.孿生經驗的需求：嬰兒需要去感覺自己和自客體是一樣的，在很多方面是很像的，包括：一起活動、說一樣的話、做一樣的事，也就是嬰兒想要與父母一樣，與父母一起從事活動的需要。

當這些心理需要未能得到適當的回應時，在屢受挫折的情況下，孩子長期下來便可能會表現出人格或自體的障礙，可能的症狀包括：過度的內向、缺乏朝氣活力、膽怯、不敢去嘗試許多活動、過度害羞、愁眉不展、經常處於焦慮不安或缺乏安全感的狀態。如果父母經常能去回應孩子的心理需求，並給予滿足，長期下來，孩子就會經驗到安全感、自在、和諧、愉快，表現出活潑、有活力、充滿好奇心、喜歡去嘗試新鮮事務、喜歡與人互動等，發展出Kohut所謂統整的人格或健康的自體（梅當陽，2014）。

## 五、自體障礙

自體心理學認為，人類心理困擾的根源並不是在於性驅力和攻擊驅力所導致的內在衝突，而是在於心理結構發展的過程中，個體未能得到足夠的自客體經驗。因為照顧者無法針對嬰幼兒在發展各階段的心理需要給予適當的回應，該個體的自體發展會因為自客體經驗的挫折程度不同，而導致心理結構不同程度的缺損。個體為了去拯救或保護其脆弱不堪的自體，或為了避免自體崩解所伴隨的痛苦經驗，個體會發展出各式各樣的症狀或偏差行為（梅當陽，2014；Siegel, 1996）。

Kohut（1984）認為，核心自體有三個成分：一是誇大表現的自體，二是理想化父母形象，三是孿生（另我）（alter ego），此構成三極自體（tripolar self）。在孩子自體發展的過程中，多少總是會遇到困擾，但是自體困擾要達到病態的程度，只有當兩個發展機會都失敗時才會發生：第一次機會是孩子的誇大表現自體得到母親同理的回應；第二次機會是孩子的理想化父母形象從父親那裡得到融合和連結的經驗。自體障礙的發生就是孩子在發展的系列事件上，兩個機會都被剝奪：一個是鏡映的自客體失敗後，孩子的理想化自客體也跟著失敗；或者因為理想化自客體的創傷性失敗，而破壞了孩子暫時界定的自體，之後他嘗試返回鏡映的自客體支撐，又再度失敗。

Kohut（1977）認為，有問題的病人是自體對自客體失去了掌握，造成自體感的碎裂，並進一步升高自戀暴怒。父母長期無法鏡映或同理回應兒童的自戀表現，後果可能會導致兒童長大之後一輩子也無法釋放的暴怒、尖酸刻薄與虐待狂；只有藉著分析，把對自客體的原始需求重新活化，才能讓暴怒與虐待的控制真正減少，並回復到健康的肯定。分析之所以有效，是因為促成了病人自體的穩固，提升自尊，並間接地減少了廣泛的暴怒。

自戀型病態的人，無論在治療室外或在治療室內，似乎在追求兩種與他人在一起的特定經驗。第一種是自大的經驗，在與人（或治療師）的關係裡，他渴望別人對他感興趣，能讓他表現自己而不被打斷。第二種是理想化客體的經驗，他渴望與一位理想化、有力量的他人連結在一起，藉著這個經驗感覺自己也是強壯有力的。

Kohut認為，自戀型病態的人是屬於早年發育上出了問題而非衝突的問題。這類病人在體驗到自己為自體的根本方式上，有某些東西被扭曲了，無論他們有何種關於性與攻擊的衝突，底下都有著和自體組織、自體感受，以及自尊有關的根本問題（Mitchell & Black, 1995）。

自體障礙（self disorders）的發展歷程可以歸納如下：(1)被潛在的自客體疏忽或虐待，例如：身體虐待或情感疏忽或敵意；(2)發生創傷性的同理失敗；(3)兒童得不到照顧者的同理回應，沒有人可以做為理想化的客體，沒有機會與自客體有孿生的經驗；(4)兒童未能和照顧者形成自客體關係；(5)自體未能順利發展（Fall et al., 2017）。

Kohut將自體障礙分為可分析和不可分析兩大類。不可分析的自體障礙，包括：精神病、邊緣型人格、疏離型（schizoid）和妄想型人格障礙。精神病的人格太破碎、脆弱和扭曲。邊緣型人格自體的破碎和扭曲被防衛結構所掩蓋。疏離型和妄想型人格使用疏離作為防衛組織。

Kohut（1977）認為，兩種可分析的自體障礙是自戀型人格障礙和自戀型行為障礙，因為他們可以和治療師建立和睦的關係，並且發展自戀移情。在自戀移情中，治療師可以成為病人的治療性自客體。他們都會出現短暫的人格破碎和自體扭曲。自戀型行為障礙不同於自戀型人格障礙的地方是，它們的症狀會表現出濫交、物質濫用、反社會行為，透過這些症狀來掩蓋未被鏡映和同理回應的自體。

自戀型人格障礙的症狀，剛開始都很模糊，病人可能會抱怨工作的問題、異常的性幻想，或對性沒有興趣，表現的症狀有時候可能是人際關係、憂鬱，或容易憤怒等。治療師一直很難判斷是什麼問題，直到自戀的移情產生，才確認是自戀型人格障礙。自戀型人格障礙是指自體結構的缺陷，個人無法完成誇大自體、理想化客體和其他人格部分的統整，但是病人自己並不會覺察自己的問題，因此一開始也無法說清楚自己的問題，僅是模糊的症狀和抱怨，像是空虛和生活沒勁的感覺。自體未統整的病人，他的自體結構會透過各種方式表現出來，例如：做嬰兒化的要求，若得不到就會暴怒。只有同理的他人，可以理解他深層的受傷（St. Clair, 2004）。

自戀型人格障礙和神經症有什麼區別呢？神經症患者的人格具有統整的自體和正常的心理結構，障礙的焦點在於早年性和攻擊驅力被壓抑和試圖滿足的衝突。患者的自體和早年的客體已有較好的分化，對於早年壓抑的驅力企圖尋求滿足和意識化感到強烈的焦慮。而自戀型人格障礙患者的問題是聚焦在自體和原始自客體，其誇大自體、理想化客體和人格的其他部分沒有統整好，因此人格是缺乏自尊和活力，患者的焦慮是來自對自體脆弱的覺察，以及缺乏能力去控制自尊和情緒（Kohut, 1971）。

## 第三節　深度同理與自體的重建

本節將進一步討論自體心理學的其他幾個核心概念，包括：深度同理、自客體移情、適度挫折與蛻變內化，以及分析治療的有效性。

### 一、深度同理

Kohut 於 1971 年發表《自體的分析》一書，主張自體是心理結構的核心，在精神分析的圈子裡引起正反兩極的反應，其主張自體是獨立發展的觀點挑戰伊底帕斯情結的中心地位。在此之前，他刻意強調他的自體理論是 Freud 理論的擴充，而非取代。出版《自體的分析》一書的同一年，57 歲的 Kohut 被診斷出罹患白血病，除了家人，他沒有告訴任何其他人，他知道自己的生命所剩不多。面對生命無常帶給他勇氣，於是他開始放手撰寫《自體的重建》一書，有系統的論述自體心理學的理論和方法（Siegel, 1996）。

Kohut 強調，精神分析是一門運用內省和同理（empathy）（又譯為神入或共情）去研究人類內心世界的科學。他的自體心理學是運用內省和同理蒐集臨床資料所發展的、貼近經驗的理論，不同於那些根據抽象和臆測的資料所發展的、遠離經驗的理論。他批評驅力理論是 Freud 借用生物學的概念試圖建立一個科學的心理學，強調性和攻擊驅力是人類行為的主要動機。相對的，Kohut的自體心理學是純粹的心理學，運用內省和同理去觀察和蒐集人類內心世界的材料所建立的心理學。

一些接受分析的人告訴Kohut，不要老是再作一些伊底帕斯情結的刻板化詮釋，而是要真實地傾聽他們到底在說些什麼才重要。他有一位女性個案，是一位清楚地具有伊底帕斯精神病理的個案，對於他所詮釋的伊底帕斯移情作用卻無動於衷，他一再地做詮釋，而個案也一再地拒絕。這種臨床困境要歸因於個案的抗拒和不可分析嗎？最後，Kohut決定去傾聽這位個案究竟在說些什麼，以充滿同理及開放的態度去傾聽她的內在經驗。根據這樣的臨床經驗，Kohut形成了他的價值系統：同理的價值高於真相的價值，同理在自體心理學分析方法中具有核心的地位（Siegel, 1996）。

Kohut於 1981 年 10 月 8 日因病過世，過世前三天他出席在加州大學柏克萊校區舉行的第三屆自體心理學大會，他把握最後一次的機會去為自己最被批評的理論作辯護，他以「論同理」作為大會報告的主題。為什麼他要在生命的盡頭，特別挑選「同理」作為最後的報告主題呢？因為他為了同理被各方誤解而深受困擾。批評者說他主張透過同理、熱情和愛去治療，根本不是精神分析。他想在死前為自己被誤解做最後一次完整的澄清。

首先，同理是蒐集資料和了解人心的方法。物理科學使用各種工具去觀察外在世界，心理科學則使用同理作為工具去研究人的內在世界和複雜的心理狀態。治療師沉浸在個案經驗的知覺，並把經驗的本質和意義回應給個案。Kohut把精神分析定義為沒有生物學介入的心理學，認為透過同理的工具蒐集的內心材料才是屬於精神分析研究的範疇。他主張同理不是行動，而是行為資訊的提供者，你想知道如何接近對方，首先你必須設身處地，站在對方的立場去了解對方，例如：母親會用她的同理去了解和回應嬰兒的需要，同樣的，治療師會用他的同理去了解他的個案，並做出適當的回應。他認為同理不是治療作為，但是卻有治療效果，這是同理最被誤解的地方。他認為在同理的環境裡，人的心理才有存在的可能，在沒有同理的環境裡，那裡便缺乏人性，人會覺得不被接納和重視，好像自己不存在似的。

在人類所有焦慮當中，最讓人恐懼的是崩解的焦慮。人處於缺乏同理了解的環境會造成崩解的焦慮，這是因為同理和理解的環境是人類的基本需求，可以確認心理的存在。Kohut認為，無法提供同理給幼兒的照顧者，例如：罹患精神病的父母，很容易疏忽幼兒存在的現實，而把幼兒當物品對待，導致嚴重的情緒創傷。

其次，依照發展的層次，同理可以分為兩種：初級的同理層次（例如：透過照顧者的肢體擁抱、觸摸和氣味），以及高級的同理層次（例如：透過照顧者的語言和表情）。Kohut舉幼兒去公園玩耍為例：幼兒離開母親去玩的時候，會邊走邊回頭看著母親，母親透過確認的微笑鼓勵幼兒去玩耍，便是一個較高發展的同理層次，用來取代較低發展的同理層次，例如：牽手、擁抱和觸摸。

Kohut認為，治療關係很類似親子關係，在表達同理的時候，可以從低層次經驗發展到高層次經驗。低層次的同理是純粹情感的經驗，高層次同理則包括了情感和認知的經驗。對於自體比較脆弱的個案，在心理治療中，個案可以經驗被治療師同理了解而感覺到被涵容和接納，並且和治療師有一種融合的感覺。隨著治療的進展，治療師對個案的同理逐漸從低層次移動到高層次，除了提供情感同理的經驗，治療師會增加一部分的詮釋，幫助個案理解自己的狀態和經驗。他認為具有高層次同理的詮釋才是最好的治療介入。重複去同理個案的感覺和說話是不夠的，他認為這只是第一步，治療師還需要提供詮釋，讓個案領悟他的行為和問題背後的心理涵義（Siegel, 1996）。

為了說明什麼是低層次的同理，Kohut（2010）舉了一個案例，他有一位非常脆弱的女個案，有嚴重的自殺風險。個案第一次躺在躺椅接受分析時，說她好像躺在棺材裡，顯得非常的憂鬱。Kohut非常擔心會失去她，在極度無助的狀況下，Kohut告訴個案：「你可以邊說話邊用手握著我的兩根手指。」事後 Kohut 做了反思，他是因為在當時實在沒有更好的辦法，才會讓個案握著他的手指，當時心裡感覺個案很像一位沒有長牙的嬰兒吸吮著一個乾扁的乳頭。事後證明，這次提供低層次的同理有幫助到個案，後來也沒有再需要這樣做了。

父母未能同理他們的孩子，以及孩子對此同理失敗的反應，是所有心理病理學的根源。缺少他人自客體的功能，會導致人的冷漠、無精打采、生活空虛、沒有生命力，以及憂鬱（Nersessian & Kopff, 1996）。嬰兒從誇大自體移動到統整自體，會經歷放棄全能幻想的緩慢歷程，這個經歷需要父母的中介協助，特別是父母要能夠同理地處理嬰兒的需求。同樣的道理，要在心理治療中幫助早年經歷同理失敗的病人，治療師要能夠同理病人，並提供一個修復早年問題的關係。

Kohut（1977）認為，同理不只是一種有用的觀察方式，透過它我們得以接近人類的內在生活，如果我們沒有透過替代內省而得知的能力，那麼人類的內在生活與複雜心理狀態的探討都是無法想像的，這就是Kohut對同理的定義。什麼是人類的內在生活？就是我們本身與其他人所思與所感。藉著把精神分析定義為本質上是一種複雜心理狀態的心理學，並借助於觀察者對人的內在生活之持續的、同理內省的浸泡，蒐集其資料並加以解釋。Kohut認為，替代的內省和同理沉浸，會比對話和詮釋，更容易和病人建立較好的連結，讓病人感受到深層的被理解。他認為情感的連結和同理本身即具有療效。

自體心理學的深度同理有兩個層面的涵義：一個是前述把同理視為替代內省，是一種深入了解個案內心世界的方式；另一個涵義是把同理視為一種治療的態度，也就是同理的態度和回應。Kohut所說的同理常被簡化為只同理不做詮釋，其實 Kohut 仍然重視詮釋，特別是在深度同理個案之後進行詮釋，最能達到治療性領悟的效果。

綜合上述的討論，我們可以總結一下 Kohut 對同理的主張：

1.同理是蒐集個案內心材料的方法，也是深入了解個案的感覺和經驗的主要方法。

2.同理可以分為高低兩種層次，低層次的同理是透過肢體接觸和氣味，高層次的同理是透過語言和表情。

3.同理不是治療技術，而是治療態度，但是卻具有治療效果。

4.在幫助個案的時候，只有同理是不夠的，還需要詮釋，提供個案具有深度同理的詮釋才是最好的介入。

## 二、自客體移情

在精神分析的情境中，我們都知道病人會將早年對父母的情感投射到治療師身上，這便是移情的概念。在神經症移情（neurotic transference）中，病人會將治療師當成分開獨立的個體，並向他尋求某種型態的強烈滿足。但是在自戀移情（narcissistic transference）中，病人對待治療師的方式，是把對方當成自己的延伸，屬於強烈的需要，而且是自己主觀經驗的一部分，因此自戀移情也稱為自客體移情（selfobject transference）。Kohut辨識出下列三種自客體移情（Kohut & Wolf, 1978; Mitchell & Black, 1995; St. Clair, 2004）。

### （一）鏡映移情（mirroring transference）

在認知上，病人知道治療師是分開獨立的人，但是在情感上，非常期待治療師可以滿足他誇大表現的需要。在治療關係中，病人會強烈的依附治療師，需要治療師能理解並看見他的體驗、激動、感覺和失望。在這種移情關係中，病人感覺到自己更被看見、更真實，內在也更為充實。

### （二）理想化移情（idealizing transference）

病人早年對理想化客體的自客體聯繫在精神分析的時候，會透過理想化移情而重新啟動。對兒童和病人來說，理想化的自客體可以提供一種與平靜的、有力量的、智慧的、友善的理想者融合的經驗。在移情中，病人童年對理想化父母的渴望重新活化，把理想化父母形象派給治療師，藉著靠近理想化的治療師而提升自體的完整和力量。病人將治療師看成完美而全能的，並經由與治療師的連結，感受到自己也變得愈來愈強壯和重要。

### （三）孿生／另我移情（twinship/alter ego transference）

孿生需求是指早年發展階段，嬰幼兒有一種想要和另一個人一樣的渴望，例如：一個小孩看到另一個小孩跌倒就哭了。有些青少年會模仿電視上藝人的言行或服飾，也可以說是一種孿生移情。Kohut 指出，在進行自戀人格的精神分析時，經常看到病人有一種孿生關係的幻想。在孿生移情中，病人渴望感覺到自己和治療師是一樣的，在外表、感受和想法上是一樣的，在言行和價值觀上是一樣的。

兒童照顧者的人格特質和同理回應在兒童的心理結構形成過程中扮演著重要的因素，兒童誇大自體和理想化客體的需求在遭遇到創傷或照顧者沒有同理回應的人格時，兒童的自體發展便會受到阻礙而中斷。在心理治療的情境下，誇大自體被重新活化，而以一種移情的形式被經驗到，Kohut稱之為鏡映移情；理想化父母形象被重新活化，並以移情的形式被經驗到，他稱之為理想化移情。有別於 Freud 在治療神經症患者所發展的移情神經症，Kohut主張治療中所產生的自客體移情經驗，並不是早年關係的重複，治療中的自客體移情是一種新的經驗，代表萎縮的早年發展需求再度復甦，這些復甦使脆弱和發展遲滯的自體獲得重建變成可能。他認為所有的強迫重複都是移情，但是所有的移情並非都是強迫重複。

Kohut認為，科學客觀性是一個迷思，只能說是相對客觀。在分析情境中，治療師不是一位中立、沒有影響力的觀察者，他的傾聽態度一定會影響分析歷程。事實上，治療師同理的傾聽態度才能啟動個案的自客體需求，具有推動治療歷程的功能。分析治療歷程有助於幫助個案強化和穩固自體，但是無法幫助個案不再需要自客體。Kohut 用呼吸做為比喻，他說人的心理生活需要自客體，就像生理生活需要呼吸一樣，兩者都很重要。成功的分析治療不能使個案獨立於客體之外，但是可以幫助個案去選擇更健康的、更適合的自客體，更懂得運用身邊的自客體去滿足一生的自戀需求。他認為分析治療提供個案一個矯正性的情緒經驗，而不是獲得領悟。自體的缺陷經由被同理的理解和適度挫折的經驗而重建（Siegel, 1996）。

## 三、適度挫折與蛻變內化

Freud認為，超我的形成是由於接受了生命中重要他人的道德部分，經由與該人物相處時的受挫經驗進而內攝而來。這種內攝受挫經驗的觀念，對 Freud 和 Kohut 都是極重要的觀念，並且也是 Kohut 後來發展出「蛻變內化」概念的基礎（Siegel, 1996）。

在自體結構的建立過程中，挫折扮演核心的角色。在最早的發展階段，也就是原始自戀階段，嬰兒因為與母親融合而有一種全能感，但是母親偶爾失誤或延宕，會干擾和折損嬰兒的全能感和自戀。在面對這些挫折時，為了維持全能感的經驗，嬰兒逐漸發展出誇大表現自體，並進一步延伸他的自戀到一個他喜歡的、全能的自客體，也就是理想化的父母形象。

誇大自體是指，嬰兒會覺得所有好的、快樂的都屬於自己的一部分，所有壞的、不完美的都屬於別人。兒童為了維持原始的完美和全能感，會進一步的去認定父母是全能和完美的，因而形成自體的另一部分——理想化父母形象。但是，這種完美和全能感是不會持久的，隨著時間和成長，嬰幼兒總是會因父母和自客體的不完美而遭遇到小的、非創傷的挫折，父母親無法隨時隨地照顧嬰幼兒的鏡映與理想化需求，於是嬰幼兒發展新的心理結構去因應挫折，用內在結構去取代自客體，並執行自客體的功能，這個過程即是蛻變內化，也就是嬰幼兒把成人自客體中成熟的特質和功能內化到自己的心理結構（St. Clair, 2004）。

Kohut以自體代表心理結構，這個結構包括誇大自體和理想化父母形象，兩者是相反而並存，以便去維護嬰幼兒的原始自戀。隨著人格的發育和成熟，誇大表現自體逐漸被馴服整合成為人格結構的一部分，成為自尊自信、企圖心和享受生活的來源。理想化父母形象也整合成為人格的一部分，成為理想化超我，用來規範行為和提供理想我。

蛻變內化（transmuting internalization）是 Kohut 所提出的一個專有名詞，類似客體關係理論所說的內化，是一種作用，也是一種歷程，是指自客體的某些面向和特質，內化到兒童的自體。一般正常的父母會偶爾無法滿足或延宕滿足兒童的需要，導致兒童的挫折，但是這種挫折是可以忍受的，這種適度的挫折迫使兒童去把自客體的某些面向和特質內化到心理結構。在這個過程中，兒童放棄他對自客體的期望，改由他的心理結構去提供以前由自客體所做的功能，例如：安撫、鏡映、控制緊張等。蛻變內化一詞中的蛻變是指，將提供自體功能的客體的人格蛻變為功能（Kohut, 1971）。

蛻變內化是一個人格成長的過程，在這個過程中，兒童有能力把所需要的自客體功能內化，並獲得所缺失的自體結構。在心理治療的過程中，蛻變內化經過以下兩個步驟：

步驟一：在自體和自客體之間，必須存在著基本的同理共鳴（empathic intuneness）。在治療情境裡，這種同理的共鳴便是病人和治療師之間形成的情感連結和自客體移情（selfobject transference）。

步驟二：同理的共鳴和情感連結失敗必須發生，這種同理的共鳴失敗是可以忍受和非創傷的，Kohut 稱之為適度挫折（optimal frustration），並認為這是人際關係中不可避免的。但是，適度挫折並不是由治療師刻意想要治癒病人而操弄的技巧，它是在心理治療中隨著錯誤的詮釋和同理失敗而自然發生的（Kohut, 1984）。

Kohut認為，健康自體的發展一定要經過兩個階段：第一是讓個案經驗到良好的自體和自客體關係；第二是讓個案在治療關係中重複經歷非創傷的挫折。經過這兩個階段的歷程之後，會得到兩個結果：(1)適度挫折透過蛻變內化有助於形成新的內在自體結構；(2)這些新的內在結構可以幫助自體放棄去和理想化的、鏡映的、孿生自客體融合的需求，增強自體去和成熟的自客體維持穩定的關係。那些由兒童期自客體所執行的自體功能，現在由成人個案自己，以及親友、工作和興趣所取代。

Kohut（1984）總結分析治療的療效如下：治療之所以成功，是因為個案在自客體移情中，早年兒童時期被萎縮的自戀需求重新被喚起。在分析情境中，這些被喚起的自戀需求不斷地經歷適度挫折，直到個案最終發展出足夠統整和穩固的自體，而可以運用身邊的自客體資源去面對生活的各種問題。分析治療療效的核心存在於個案在現實生活中，運用新獲得的能力去辨認和尋求適合的自客體，以幫助自己適應困難。

如何強化自體呢？Kohut認為，作為個案自客體的治療師提供非創傷的挫折經驗，有助於強化個案的自體。治療師和個案在治療初期所建立的自客體移情，終究會因為治療師偶爾的、不可避免的、非創傷的同理失敗和錯誤詮釋所中斷。當治療師對個案的理解錯誤、同理失敗或詮釋不當時，個案會暫時的退回早年的自客體關係（這是他在和治療師建立自客體移情時暫時放棄的）。治療師此時應留意個案的退化行為，並開放地傾聽個案的聯想，坦誠地向個案承認自己的失誤，以及正確詮釋個案的退化行為。個案反覆經歷這些適度挫折的過程，經由蛻變內化，他的自體會逐漸得到增強和穩固。

Kohut 認為，完整的詮釋包括兩個部分或階段：(1)同理了解的部分（an understanding component）；(2)分析解釋部分（an explaining component）。有的個案在接受分析解釋之前，需要比較久的同理了解階段。同理了解的部分是指，治療師正確的、同理的了解個案的感受和經驗。分析解釋的部分是指，治療師不論是正確或不正確的詮釋，都容易被個案接受，增進個案的自我了解。Kohut認為，透過愛心、仁慈和了解的治療是無法促進自體結構的建立和統整，還是要透過反覆的適度挫折的經驗和內化。

Kohut（1984）進一步說明在同理了解的階段，治療師要能夠把他知覺到個案的挫折經驗，以同理的態度讓個案知道，雖然不舒服的經驗是挫折的，但是治療師對個案的理解透過同理的溝通和回應，將可以減少挫折的創傷程度。他進一步指出適度挫折包括三個步驟：

1.需求：個案在與治療師的自客體移情中，經驗到早年自戀需求的復甦，例如：渴望與理想化的自客體（治療師）融合的需求被活化。

2.失敗：個案經驗到被活化的自戀需求得不到滿足的失望，例如：治療師取消原訂的晤談，或沒有聽懂個案真正的意思和心情。

3.修復：個案的自體與自客體（治療師）的同理連結重新建立，修復的發生是因為治療師坦誠說出他對取消晤談或聽不懂個案說的話，導致個案生氣的理解。

Kohut主張「需求—失敗—修復」（need-disruption-repair）是適度挫折的三個步驟，不僅發生在兒童正常的發展，也發生在分析治療的情境。

他認為真正的精神分析應該包括同理了解和分析解釋兩個部分。在分析解釋的部分，包括此時此地移情的詮釋和早年神經症的詮釋。此時此地的詮釋是指，治療師用復甦的發展需求去解釋個案當下的情緒反應。早年神經症的詮釋是指，治療師用早年的生活經驗去解釋當前移情經驗的源頭。Kohut使用一個案例來說明，在這個案例中，治療師宣布取消下次的晤談後，治療師是怎麼對個案的退縮做出同理了解的反應和兩種詮釋（Siegel, 1996）：

1.同理了解階段：「你不想和我說話，是因為你對我宣布取消下次晤談感到不舒服，你對這個取消似乎毫無準備而且也太突然了」。

2.分析解釋階段：「你這樣感覺是因為：」

(1)此時此地的詮釋：「你依靠我所得到的安全和完整感覺，被突然的取消晤談而中斷」，治療師的回應是在做理想化移情及其中斷的解釋。

(2)早年神經症的詮釋：「你對這種中斷特別敏感，因為你小時候，如同所有的小朋友一樣，需要母親一直在身邊讓你感覺安全和完整。可是你的母親因為身體不好經常不在身邊，把你托給不認識的保母照顧」，治療師的回應是在解釋個案早年對理想化自客體的需求被中斷的經驗，使得他對當前取消晤談變得很敏感。

## 四、分析治療的有效性

精神分析為何有效呢？Kohut（1984）認為，可以用地誌學模式、結構模式，以及自體心理學模式來加以解釋，其中前兩者是屬於古典模式。

根據Freud的地誌學模式，增加潛意識材料的意識化可以導致療效。在這個模式裡，心理疾病是因為潛意識的驅力和慾望被壓抑，而精神分析可以降低壓抑，使潛意識的內容意識化。這個模式的療效是個案擴充對自己的知識和自我覺察。

根據 Freud 的結構模式，心理疾病是因為三我結構之間爭取驅力所導致衝突的結果。這個模式的療效是強化自我的功能，讓自我強大到可以處理內在的衝突，減少面對罪惡感和焦慮時就不自覺的去自我防衛。也就是個案擴充自我的功能，更有能力去處理內在衝突。

Kohut認為，精神分析的療效要素除了上述兩個，還有第三個，他強調自體心理學和古典模式對於防衛和移情有著不同的理解。古典模式的療效來自於防衛和移情的分析，自體心理學特別看重第三個要素：自體和自客體同理溝通的建立。他根據臨床經驗，堅信人終其一生都會有自客體的需要，個案透過分析治療，那些未修飾的自戀需求（渴望和理想化自客體融合）就會減少，治療後的自體可以放棄古老的自客體，得以更自由地去選擇更成熟的自客體。對 Kohut 來說，治療的目標是強化自體的能力，去選擇更健康、更持久的自客體經驗。治療的目標不再是追求獨立和自主，而是去和成熟的自客體逐漸建立穩固的同理關係。

## 第四節　自體心理學的臨床應用

本節將說明如何將自體心理學的理論與概念應在臨床工作上，以及討論自體心理學理論的優缺點。

### 一、臨床應用

自體心理學理論在臨床上的應用，有很多地方可以討論，本節主要討論心理治療的三個議題：治療的態度、人格改變的歷程，以及詮釋和同理的運用。

#### （一）治療的態度

傳統精神分析強調治療師在聆聽個案談話的時候，態度要維持中立、客觀和超然的立場，治療師要約束自己，盡量不要對於個案的談話和問題給予立即的回應。治療師之所以要節制自己，盡量不要去回應個案的理由，一方面是避免干擾個案的自由聯想，另一方面是這種缺乏回應的晤談風格可以挫折個案，有助於個案的退化和移情的發生（梅當陽，2014）。

自體心理學強調，治療師在晤談過程要持續的透過同理的回應，來了解個案的內在經驗。治療師在態度上是親切、溫暖、友善而熱忱的，治療師不需要、也不會刻意的去避免對個案所表達的想法和感受給予回應。自體心理學所主張的同理回應，主要的目的在於提供個案一個沉浸在自戀移情的關係中，去體驗治療師作為自己的自客體。

### （二）人格改變的歷程

自體心理學認為，心理治療涉及重新養育（reparenting）、重建心理結構和人格改變的過程。治療師在治療情境提供個案自客體功能，那是個案早年照顧者所沒有提供的，能促使個案在治療過程中發生蛻變內化，讓個案的自體得以充分發展。心理治療的歷程包括（Fall et al., 2017）：(1)個案對治療師產生自客體移情，個案的自客體需求在治療中復甦；(2)治療師偶爾沒有滿足個案的慾望，或錯誤的詮釋，讓個案經驗到同理的失敗；(3)個案和治療師（自客體）重新建立同理的連結。

在心理治療中，個案和治療師各自有自己的角色。個案的主要責任是去自由聯想，在移情中，個案呈現早年未能滿足的自客體需求。個案願意讓治療師成為他心理上很重要的人，成為他的自客體，因此必須願意堅持的去經歷同理失敗和連結的修復，讓自體得以充分發展。治療師的主要責任是去同理的了解個案經驗的意義，去重新養育個案，容許個案沉浸在移情關係裡，治療師偶爾做出錯誤的詮釋或沒有正確同理個案時，要沒有防衛心的去承認，並且解釋給個案聽，幫助個案增加自體的統整和強化（Fall et al., 2017）。

在心理治療的時候，病人必須有機會去體驗自客體（也就是治療師）的同理回應，才能夠有機會去修復自體的缺陷。在治療的過程中，病人會經歷兩個階段：一是對治療師的同理回應，有一種融合的感覺，能夠參與治療師成熟的心理組織與功能；二是治療師不能給予過度的同理回應或慾望滿足，適度的挫折有助於病人內化治療師的特質和功能，逐漸強化統整的自體。因此，治療同理的失敗，真實或想像的，都是治療的一部分，有助於了解和改善自體的缺陷。

### （三）詮釋與同理的運用

傳統精神分析只重視詮釋不重視同理，自體心理學認為適當的詮釋，除了能讓個案獲得領悟，更重要的是能夠去強化治療師對於個案同理的深度。也就是說，治療師可以透過富有同理的詮釋（empathic interpretation）過程，讓個案在獲得領悟的時候，能同時感受到治療師對其深度的了解與接納。這種深度的被同理、被了解的感受，將更有助於自客體移情的鞏固與自體結構的強化（梅當陽，2014）。

Kohut認為，在自客體移情的早期階段中，詮釋不僅是不必要的，而且具有破壞性，會讓病人注意到治療師是分開的個體，對病人沉浸在發展所必要的自客體經驗造成干擾。治療師介入的目標不是詮釋，而是向病人說明他多麼需要治療師的存在和接納，並且當病人體驗到治療師在各個角色中能力不足時，去同理病人的經驗。治療師就像父母一樣，不能（也不應該）總是完美地專注在病人的需要上，治療師得像一般夠好的父母一樣，緩慢且逐漸的讓病人失望，這樣才能讓自戀的移情轉化（經由蛻變內化）成為一個更實際、並充滿活力與穩定的自體。

## 二、評價

Kohut在1970年代發展自體心理學，美國正值一個暴力的、沉溺的、貪婪的和躁動的嬉皮年代，使得人心覺得空虛、脆弱和崩解。自體心理學對人性和個人展現的正向的、開放的和同理的態度，使得自體心理學受到精神分析社群的重視，成為當代精神分析師和心理治療師所依賴的理論之一。根據傳記作家兼精神分析師 Strozier（2004）的評價，Kohut

可能因發展自體心理學而拯救了精神分析，如果沒有自體心理學所強調的深度同理，精神分析理論說不定會因人本學派和認知行為學派的興起而逐漸沒落。

Kohut最大的貢獻是他對治療師主體性和同理回應的堅持，他認為同理是我們了解病人的唯一工具。有了Kohut，我們才真正了解同理在人格發展和心理治療中的關鍵角色。他教導我們，同理在兒童發展的關鍵角色，而且也是治療師用來幫助自體缺陷的主要工具。

自體是核心的心理結構，而且是透過與重要他人的健康互動而建立和維持的。在早年的親子關係中，兒童和照顧者形成一種心理的融合，Kohut把照顧者稱為自客體。自體的發展必須要有一個提供充分鏡映回應的自客體，缺乏這樣的自客體，人的自尊也就沒有一個穩固的基礎（Levine, 1996）。

就精神病理學的探討而言，Kohut顯然大大的擴充了精神分析原有的視野，讓治療師可以用一種更寬廣的視野來探索心理疾病的精神病理，而不是僅僅侷限於內在衝突的觀點。自體心理學擴大了精神分析理論對於心理疾病的解釋能力，包括那些更早期人格發育出問題的人格障礙。

Kohut（1977）發表《自體的重建》一書時，不再將他的理論視為只能應用在少數比較嚴重的病人身上，而是在觀察所有的病人及所有的人時，提供一個和Freud互補的觀點，認為所有人都在根本上與自我調節、自尊及個人的生命力問題搏鬥。Kohut認為，有很多自體鞏固不良的人，雖然沒有症狀、壓抑，與令人失能的衝突，但是他們過的生活是缺乏歡樂與成果的，並且詛咒其自身的存在。而有些人具有鞏固且奠定良好的自體，雖然有嚴重的神經症困擾，過的生活卻是值得的，且受惠於實現與歡樂的感覺。由此可見，位於人格中心位置的自體，對我們的生命有著廣闊的影響。因此，即使是自體病理的相對少量的改進，也能為病人的福祉帶來巨幅的增加。根據 Mitchell 與 Black（1995）的觀察，Kohut晚年不再將自體心理學視為 Freud 驅力理論的補充，而是一個更好的、無所不包的選擇。

Kohut過世之後，自體心理學家們普遍認為，就方法上的革新而言，Kohut的貢獻中最重要、最有創造性的觀點，是持續地同理沉浸在病人的主觀現實中；而就理論概念來說，最大的貢獻是提出自客體和自客體移情。對許多當代精神分析治療師而言，治療師的詮釋性理解的重要性，遠不及病人的材料對病人的真實性與個人意義，從這點來看，當代精神分析思想的基本特性和後現代思想一致。我們無法在客觀、理性的觀點中找到意義，它存在於當事人的個人觀點中。而生命的價值不能以他是否符合一個成熟及卓越的美景來衡量，而是以他的生命力和熱情的真實性來衡量（Mitchell & Black, 1995）。

綜合上述的討論，我們可以歸納出自體心理學的貢獻如下：(1)重新認識到同理回應在增進個案自客體經驗的高度重要性；(2)重新概念化自戀，認為自戀是正常的人類發展，而且有其正面的涵義；(3)很有創意的提出自客體的概念，強調人終其一生都有自客體需求，以及三種自客體移情的現象；(4)強調適度挫折與蛻變內化有助於心理結構的形成與重建。

綜合學者（Fall et al., 2017; Siegel, 1996）的評論，自體心理學的缺點可以歸納如下：

1.方法論上的限制：Kohut主張，精神分析的範疇只限於透過同理和內省的資料，這個觀點固然可以排除其他領域，如生物學的不當影響，但是也會使精神分析變得更孤立。同理和內省的方法固然適用於成人，但是卻不適用於嬰兒研究。

2.自體心理學對於正常性行為這個議題甚少著墨。

3.容易讓人誤會兒童的心理問題是由於父母沒有同理心。

4.自體既是一個人，也是一個心理結構，容易造成理解上的混淆。

# 第七章

# 精神分析治療的開始

從本章開始，我們要針對精神分析治療的技術與實務進行逐章討論。本章將討論精神分析治療是如何開始的？精神分析治療初期應該注意哪些事情？內容分為四節：初談評估、心理診斷與動力評估、基本設置，以及個案的篩選與教育。

## 第一節　初談評估

在進行心理治療之前，我們通常會和案主預約第一次晤談的時間進行初談，初談評估結果有助於治療計畫的安排和實施。本節分為初談的目的與內容、初談的態度與方式，以及心理問題的分類三小節。

### 一、初談的目的與內容

初談（intake）或初談評估（initial assessment）是精神分析治療很重要的一部分。初談評估包括兩個要素：一是了解案主所面臨的主要問題；二是了解案主的優缺點、長短處。治療師需要透過初談評估去了解案主可被分析治療的程度，以及案主是否能夠從治療中得到幫助（Bateman & Holmes, 1995）。

在精神分析治療的實務上，初談評估的原文 assessment 一詞，是指針對一個人的優缺點、長短處進行盤點的意思，因此 initial assessment 一詞比較正確的翻譯是初談評估，而不是初談衡鑑。初談評估可以包括心理診斷和動力評估的內容，而較少包括測驗和衡鑑的內容。

初談的次數或時間長短大概是多久呢？從一、兩次到三、四次都可視實際需要安排。多數治療師使用一次 50 至 90 分鐘進行初談，少數治療師會視需要使用 2 次以上的時間去進行初談，特別是針對兒童個案，需要增加與家長晤談的時間。

治療師和案主進行初談評估時，要蒐集哪些資料呢？一般治療師會蒐集以下的資料：(1)案主的基本資料；(2)來談或轉介原因；(3)主訴問題；(4)家庭背景；(5)生長史；(6)醫療史（含精神病史）；(7)心理健康檢查。但是，精神分析治療師進行初談評估時，則會特別蒐集下列資料：(1)性心理發展；(2)早期的記憶；(3)主要的失落和創傷；(4)夢；(5)興趣與嗜好；(6)壓力源與支持來源（Bateman & Holmes, 1995）。

精神分析治療師在進行初談評估時，一定要記得初談的目的是什麼。初談的時候，只要符合初談目的的資料都可以作為晤談的內容。初談的目的如下（Langs, 1973）：

1.了解病人的情緒問題，並形成診斷。
2.了解病人上述問題的背景。
3.了解病人的因應能力和個人優勢。
4.了解有無緊急要處理的問題。
5.澄清病人對治療的主要抗拒。
6.評估病人對於治療師和心理治療的態度和移情幻想。
7.評估病人參與心理治療的能力。
8.形成病人的治療建議。
9.建立治療同盟。

## 二、初談的態度與方式

治療師在進行初談評估時，其態度上要比心理治療時多一點主導性。

由於初談評估有其特定的目的要完成，因此治療師應該主導第一次的晤談，包括時間的分配和談話內容。治療師可透過初談評估去蒐集案主的個人與家庭資料、問題評估與診斷資料、建立良好的晤談關係，以及說明精神分析治療的設置等。

心理治療開始之後，治療師才把晤談的主動權交給案主。在初談評估時，治療師的態度要比較主動一點、積極一點、溫暖和鼓勵一點。在精神分析治療階段時，治療師的態度要比較被動一點、中立一點。在初談評估時，治療師應全面性地蒐集案主各方面的資料，避免對某些主題特別重視或忽視。

不同的治療師在初談時，每個人會有不同的著重點：有的強調案主的主訴是屬於可分析，還是不可分析的問題；有的強調診斷結果及預後；有的強調案主的人格發展階段；有的強調治療師和案主的適配性或治療關係。

我們要知道，案主的問題評估和精神分析治療的時間長度沒有必然的關係，不是問題愈嚴重，分析治療就愈長久。精神分析治療講究的是幫助案主深度的自我了解，只要案主想要分析治療多久，就分析治療多久，和症狀嚴重程度沒有必然的正相關。

Basch（1980）認為，作為一名治療師，了解病人整個人比了解他的症狀和主訴更為重要。他認為我們可以從病人如何和治療師互動，學到很多。可以從病人引發治療師的感覺，學到很多。病人對治療師說的內容，和他引發治療師的感覺，可能會不一致，這些都可以做為評估病人的資料。

治療師在進行初談評估時，要留意兩件重要的事情：一是病人是否表現出嚴重精神病發作或危害生命安全的事情，需要做緊急的處理；二是病人是否有明顯的抗拒治療的事情，治療師若沒有加以辨識和處理，很可能病人就會流失或中輟（Langs, 1973）。即便是初談的時候，病人也會表現出各式各樣的抗拒，常見的抗拒如下，如果治療師不能在初談時便加以辨識和處理，這些抗拒往往會造成病人不接受治療或治療中輟（Langs, 1989）：

1.怪罪別人。

2.有不信任和被迫害的感覺。

3.行動化（這個名詞在第十一章第四節會解釋）。

4.說是配偶或家人反對治療。

5.否認情緒和內心的問題。

6.說有財務和時間的問題。

7.害怕治療和治療師。

## 三、心理問題的分類

從事諮商與心理治療實務工作和臨床督導多年之後，筆者喜歡將個案的問題分為五大類，治療師可以根據DSM-5進行心理診斷，也可以根據下列的分類，經過初談評估之後，評估個案是屬於哪一大類的問題，這樣的分類有助於治療計畫的擬定。在下列五大類問題中，適合精神分析治療的案主是以發展性問題、神經症問題，或人格發展問題為主要困擾的人。

1.發展性問題：泛指一般非精神疾病，但是需要臨床協助的問題，包括所有DSM-5 V-codes的問題，例如：學業問題、職業問題、感情問題、人際問題、宗教信仰問題、反社會行為等。

2.神經症問題：泛指一般輕度到中度的心理疾病，精神分析文獻通稱這些是心理神經症或精神官能症，包括 DSM-5 上常見的憂鬱症、焦慮症、強迫症、壓力障礙症等。

3.精神病問題：泛指精神分析認為不能被分析的嚴重精神病病人，包括DSM-5 上常見的思覺失調症、妄想症、躁鬱症，以及其他脫離現實的精神病。

4.器質性問題：這是指涉及大腦和神經系統的心理疾病，包括DSM-5

上所常見的失智症、藥酒癮症，以及腦傷所引起的器質性精神病等。

5.人格障礙問題：泛指精神分析和 DSM-5 所提到的人格障礙，包括邊緣型、自戀型、依賴型、強迫型，以及反社會型等人格障礙。

從精神分析的觀點，人的心理問題可以區分為兩大類：神經症問題和人格發展問題。神經症問題是屬於伊底帕斯時期發生的問題，病人的人格結構相對是比較正常的，是屬於三我或三人衝突的問題。人格發展問題是屬於前伊底帕斯時期發生的問題，病人在 3 歲之前由於不適當的母嬰關係或成長環境，導致人格發展的偏差，這是屬於兩人關係的問題。治療師在初談評估的時候，如果可以大致區分案主是屬於哪一大類的問題，將有助於提供適合案主的精神分析治療策略。

初談評估階段，治療師有個很重要的任務，即是去了解案主為什麼在這個時候覺得需要找人幫忙，而他又是如何找到眼前這位治療師的（Malan, 1979）。Bateman 與 Holmes（1995）認為，治療師可以用初談評估作為心理動力的診斷，也認為初談評估的主要目的在於刺激案主的潛意識。治療情境、治療師本人及其風格自然會引發案主的焦慮，在處理案主的焦慮時，治療師若能在提供支持和保持距離之間找到良好的平衡點，則可以引發案主的潛意識反應。治療師若想了解案主的幻想世界，可以直接問案主的早年記憶、問他在入睡前都想些什麼、會做什麼樣的夢、有哪些不為人知的抱負。問這些問題的主要目的，在於營造一個探索內心深處的害怕和幻想的氛圍，同時也判斷案主對於治療師想要引導他做自由聯想有何反應。

初談評估還可以評估什麼呢？Malan（1979）認為，心理動力的評估有三個角度：一是目前的問題；二是治療關係中的移情；三是早年的經驗（包括早年的內心衝突或缺陷）。這便是 Malan 有名的「人際三角」（triangle of persons）模式。筆者根據 Malan 的人際三角繪製一個原生關係、當前關係與移情關係的圖（林家興，2020），如圖 7-1 所示。

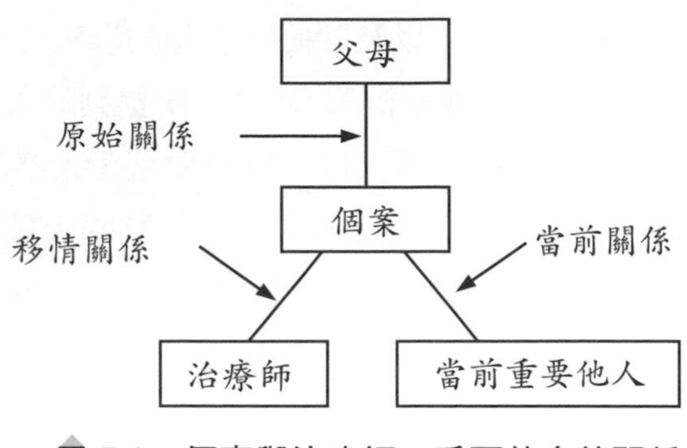


圖 7-1　個案與治療師、重要他人的關係

從圖 7-1 可以看到案主的三組人際關係：與原生父母的原始關係、與當前重要他人的當前關係，以及與治療師的移情關係。治療師初談評估的主要目標在於了解：案主的問題、過去的事件，以及現在的移情，以利將來進行詮釋。治療師也可以藉此評估案主是否適合接受分析治療，同時也開始治療的第一階段（Hinshelwood, 1991）。筆者認為，Malan的人際三角模式和圖 7-1 是一個很好的評估與治療模式，不僅可以做為初談評估的內容，也可以持續應用在心理治療期間，協助案主增加對自我的覺察和領悟。

## 第二節　心理診斷與動力評估

精神分析學派對於心理診斷有其獨到的見解，本節根據心理治療大師 Weinberg（1996）的臨床經驗，說明精神分析治療師是如何的看待心理診斷。本節包括：診斷是漸進的過程、診斷來自個案對治療師的言行、個案的個人風格，以及提升診斷敏感度等四小節。

### 一、診斷是漸進的過程

治療師在下診斷的過程是漸進的，從初次晤談開始，透過傾聽個案的述說，觀察個案述說自己的言行，觀察個案在治療過程中如何與治療師互動。在這過程中，治療師思考造成個案精神痛苦、心理功能障礙的原因是什麼？個案如何看待自己？如何看待他人？如何看待他的世界？個案的性格又是如何形成的？

因此，我們可以說，診斷即是對個案問題的清楚描述，包括個案問題的形成、維持，以及預後。依照這個觀點，診斷與治療是同時並進的，要對個案作清楚完整的診斷，通常要等到治療結束的時候。在臨床實務上，治療師經常在初診之後即給予個案一個DSM的診斷，這是為了健保要求或分類處置病人的目的而作診斷，如此的作法雖有其現實的需要，但是這樣的作法卻不利於治療關係的建立，也無法充分反映個案問題漸進變化的動力狀態。

診斷與心理治療都是同時漸進的過程，治療師的工作即在於幫助個案覺察自己的問題。個案因為太習慣於自己的問題行為，即使在治療關係中，也會不自覺地把他有問題的行為，重複在治療師身上。診斷與心理治療的目的便是在幫助個案看到自己如何的、不自覺的表現有問題的行為，進而增進覺察與領悟。真正的診斷，不僅幫助個案看到問題是什麼，而且也看到問題是如何的形成、維持，以及如何地影響他的言行與生活。如同心理治療是一個漸進了解自己的過程，診斷也是一個看清楚自己問題的漸進過程。

## 二、診斷來自個案對治療師的言行

治療師是透過個案如何述說自己，來了解個案。治療師尤其注意觀察個案是如何的有系統的表現自己，亦即，個案是如何以固定的模式表達他的想法、感情與行為，例如：個案使用相同的方式在處理與不同對象的感情問題，以相同的方式在處理與不同人的利害衝突，以相同的方式在處理不同時候的寂寞。個案在面臨人生各種事件與生活抉擇時，隱然呈現一種固定的問題模式而不自覺，治療師可透過傾聽個案的述說，與個案的人際互動，以及對個案頻繁的觀察，看清楚個案是如何地重複其問題模式。這樣的診斷與了解，在幫助個案增進自我覺察上才是有意義的。

換言之，治療師將會在治療過程中，看到個案用固定的方式來認知他的世界，用固定的方式來表達他的感情，用固定的方式來與他人互動，即使是犯錯，也是不自覺的重複犯相同的錯誤。治療師的工作便是以不同的方式，幫助個案對自己這些重複的問題模式增加覺察與領悟。

個案不僅用說的方式，告訴治療師他有哪些問題，而且會把這些問題用做的方式，來和治療師互動。因此，治療師要留意個案所抱怨的人際問題，必然會重複在治療關係當中，例如：個案說他很容易交上朋友，但是很害怕和人發展進一步的親密關係。我們可以預期這個個案將會與治療師很快地建立治療關係，但是等到治療關係愈來愈親密時，個案會出現很大的焦慮，也可能會出現各種逃避親密的行為。

診斷即是一種對個案問題的描述，個案過去有的問題，現在會重複出現，我們可以預測他的問題未來也會繼續出現。個案和父母有的問題，會重複在現在的人際關係上，我們可以預測他的問題也會重複在治療師身上。治療師對個案的性格與行為趨勢，產生一種抽象的理解，便是很好的診斷。

## 三、個案的個人風格

每個人是不同的，各有其獨特的個人風格，個案亦是如此。治療師可以透過與個案的晤談和互動，去觀察個案的個人風格，例如：有的個案講話的速度非常快，深怕一停止說話，就再也沒有機會；就好像小時候，家裡兄弟姊妹很多，要不斷爭著說話引人注意，否則就會被父母忘記一般。有的個案講話非常小心，深怕說錯話、做錯事，只要稍有一點被誤會的可能，便不斷地解釋、澄清他沒有這個意思；就好像小時候，他只要犯一點小錯，就被父親修理的很慘，只要成績單稍有一點退步，母親就三天不跟他講話。有的個案只要治療師跟他談到痛苦的事情，便把頭轉向另一邊，表情變得好像一個坐在高椅子上的嬰孩，被母親餵食難吃的食物一般。

有的個案不論發生什麼事情，只會不斷地責怪自己的不是。有些個案不論遭遇什麼困難，只會不斷地怪罪別人，包括治療師。有的個案走進治療師的辦公室，會經常地抱歉。有的個案走進治療師的辦公室，會經常地批評。有的個案走進晤談室，左顧右盼顯得小心翼翼。有的個案走進晤談室，直接就往椅子一坐，開始述說起來。個案的風格，其實透露出很多關於個案的過去和人格特質。

Weinberg（1996）在心理治療的初期，通常不會問個案太多問題，如詢問個案他是怎樣的人。他認為，讓個案的問題能夠在治療關係中自然的呈現才是最好的。治療師提供機會讓個案自然呈現出問題，是一種較好的工作方式。因此，治療師要能夠鼓勵個案用自己的方式來表現他自己，他可以任意選擇談話的主題。透過這種方式，治療師將有更多的機會觀察到個案的問題模式與個人風格。

## 四、提升診斷的敏感度

診斷的資料來自個案對治療師的述說，以及他的個人風格與特質，這些對治療師而言都是顯而易見的資料，可是個案並不一定覺察或接受。生命的奧秘不在於看不見的地方，而在於看得見的地方，心理診斷也是如此。

治療師將會發展一套自己的問題清單，來了解與診斷個案，有些資料是用問問題而取得的，有些資料則是用觀察而取得的。治療師對個案需要弄清楚的問題，包括：個案是否能夠維持一個長期的愛情關係？他在工作方面的表現如何？他和同事的相處情形如何？他的交友情形如何？有無長期的朋友？是同性還是異性朋友？是比自己年長還是年幼的朋友？這些資料本身並不是診斷問題，但這些資料可以提供許多線索，幫助治療師形成假設。

治療師透過蒐集個案外在世界的資料來了解他的內心世界，例如：詢問個案如何安排他的生活，個案述說他兩次離婚，以及經常換工作的事情，治療師藉此可以間接了解個案的內心世界。真正好的診斷，是來自與個案的直接接觸，以及對個案的深度了解。

個案如何表達情緒也是治療師診斷觀察的重點，包括情緒的類型和廣度，例如：我們感受到個案是一個幽默的、敦厚的、憤怒的，還是一個充滿感情的人？他是否有享受快樂的能力？他是否經常小題大作，為一個小小的錯誤而痛苦不已，還需要別人不斷地告訴他，事情其實沒有那麼嚴重？

此外，治療師也要了解個案的優點和長處，包括先天的秉賦和後天學來的才能。心理治療由於受到醫療模式的影響，經常用負面和疾病的觀點去看待個案，事實上，治療師有責任將觀察到的個案的優點和長處，回饋給個案知道。尤其，治療師更有責任告訴個案：他在面對連番的挫折時，他是多麼的勇敢；他在感情的道路上，是如何忠於他所愛的人；他如何傳神地用言語來表達他的感覺。這些良好特質與能力，是個案人格的一部分，也是得來不易，都值得治療師的肯定與讚美。幫助個案覺察這些良好特質與能力，並且加以接受和運用，則是治療師很重要的工作。

許多個案在早年的成長歲月中，沒有得到重要他人的呵護、接納、尊重和肯定，因此失去了自我肯定和稱讚自己的能力。他們未曾經驗過被愛，也不知道如何表達、接受和享受愛。心理治療關係是一個獨特的經驗，有助於個案獲得早年未曾有過的，或是不足的良好客體經驗。治療師的工作不僅是要幫助個案覺察有問題的人際模式和困擾模式，也要幫助個案覺察和悅納自己的優點和長處。臨床上的觀察，個案的問題通常是與美德並存的，例如：過度忠誠的人通常把功勞歸諸於他人，結果待在不該待的人際關係當中太久；大方的人總是會給人太多東西；果斷的人總是低估別人，導致經常替別人作決定。只要我們仔細思索，不難發現有問題的人格特質，背後總是有一些美德的影子。

## 第三節　基本設置

經過初談評估之後，當治療師決定要接受這位案主時，就必須在這個時候和案主一起討論一些比較實際的問題，例如：治療費用、一週幾次、為期多長、假期的安排等。本節將討論精神分析治療的基本設置，這些設置的安排都是為了創造有利於分析治療的情境和關係。

精神分析治療的基本設置，包括：收費、時間、頻率、晤談室的布置、躺椅、候診室、聯繫規則、邊界，以及第三方等的安排。Langs（1973）歸納基本設置的內容，包括：晤談的頻率、晤談的費用、治療師和病人在晤談中的責任、治療期間做決定、自由聯想的基本規則，以及建立良好治療環境與同盟的其他安排。Langs認為，病人對基本設置的想像和反應，往往成為病人對治療師表達其抗拒、移情幻想和反應，以及真實反應的媒介。精神分析治療師通常會比一般治療師更重視基本設置的安排，以下分別針對時間設置、費用設置、晤談室設置、禮物的處理、專業界線，以及其他設置進行討論與建議。

### 一、時間設置

心理治療的實施需要一段時間來完成，治療師在提供心理治療給案主時，對於晤談時間的安排，一定要留意，包括：每次晤談的時間、多久晤談一次、是否延長或縮短療程等。現行實務上的作法是，一般個案每週晤談一次，每次50分鐘。情況比較不好的病人可以安排每週晤談兩次，對於情況比較好的病人或特殊原因，精神分析治療勉強可以隔週一次。每月一次的治療頻率，因為治療關係的濃度很難維持，一般來說是不建議的。

Langs（1973）認為，治療時間每週應固定，沒有固定時間的治療難以形成穩固的支撐，讓病人覺得治療是任意的、可以侵犯的、鬆散的，容易引發行動化和防衛。治療需要穩固的基礎，一方面有助於自我功能的發展，另一方面有利於病人內心衝突和幻想的開展。

有些病人會在一開始的時候問：「分析治療要多久？你需要用多少時間來緩解我的困擾？」Freud（1913）認為，這個問題是無法回答的，因為每個人的神經症不同，進步速度不同。他通常會建議病人先接受分析後再說，並且提醒病人，精神分析的時間總是長期的，少者半年，多者數年。因此，提早讓病人心裡有長期治療的準備，免得事後因為沒有被告知而覺得被蒙蔽。不同意做長期治療的人，自然就被篩選掉，通過篩選的人就是適合接受長期治療的病人。

對於病人想要改變時間設置（例如：改變晤談時間、改變晤談頻率、提出想要提前結束治療、提出想要延長治療時間等），治療師原則上，需要先協助病人探討想要改變時間設置的意圖和幻想，最終可以經由分析後獲得領悟：改變時間設置可能是想要得到治療師的關愛，或是想要迴避分離的焦慮。如果未經分析，治療師禁不起病人的誘惑而改變時間設置，這種破壞時間設置，會使病人無法學習接受社會現實生活，難以發展充分的挫折忍受力。治療師透過時間設置可以觀察到病人面對設置的挫折反應，並透過分析幫助病人了解行動化背後的涵義和幻想（Langs, 1973）。

## 二、費用設置

治療師提供心理治療時，一定要事先告知收費標準，以及收費的方式，等案主同意了再進行心理治療。費用的設置包括每次晤談是多少錢？如何付費？每次付還是每月付？是否使用健康保險或第三方付費？

Freud（1913）根據臨床經驗，對於費用的議題提出下列建議：

1.避免讓病人積欠費用。

2.避免收費太低或免費。他認為免費的治療是不符合社會現實的，病人缺乏強烈的求助動機，心理治療難以產生療效。

3.對中產階級而言，Freud認為心理治療的效益是很划算的，表面上看起來是一筆負擔，但是病人經過心理治療後，所得到的生活效率、賺錢能力，以及健康是物超所值的。

心理治療的費用一旦經雙方同意後，最好不要再改變，除非病人的收入突然減少或物價漲太多。關於漲價的處理方式，筆者的精神分析老師 Dr. Osman 採取下列的作法，值得參考，他說：「我想要提高你的治療費，不知道你是否有困難？若有困難，我會延後提高你的治療費。」或者說：「我現在調高我的治療費到每小時XXX元，不知道你是否有困難？若有困難，我不會提高你的治療費。」如果要對舊個案調高費用，最好提前半年告知，這樣的話至少有足夠的時間去處理和降低個案對於改變費用設置的抗拒和敵意。

## 三、晤談室設置

從事心理治療的治療師，最好有自己的晤談室，比較容易依照精神分析的原理安排和布置晤談室。晤談室的基本設備是至少兩張舒適的椅子，為方便撰寫紀錄，最好可以有一張書桌。牆壁上和書桌上避免放置過於私人的物品，例如：全家福照片。牆壁上可以掛一些容易讓人投射的、畫面模糊的圖畫。

晤談室是否要準備躺椅呢？Freud（1913）使用躺椅的原因如下：

1.躺椅的使用有其歷史背景，他從催眠治療改為精神分析的時候，放棄了催眠，但是保留了躺椅。

2.他每天工作八小時，不喜歡被病人盯著看八小時。

3.他坐在病人背後，可以不必擔心自己的表情會影響病人的自由聯想，便於對病人的移情做詮釋。

從事密集心理治療，例如：每週三次或以上的治療師，可以使用躺椅。使用躺椅有助於病人的退化，以及對於移情的觀察和詮釋。一般精神分析治療通常使用椅子，面對面坐著晤談。

## 四、禮物的處理

心理治療是一種非常特殊的專業關係，一般社交客套和送禮等並不適用於心理治療。如果病人突然送禮給治療師，治療師要如何處理呢？Langs（1973）的建議是：除了少數例外的情況，原則上，治療師應該先分析送禮的可能涵義和意圖，最終希望可以幫助病人同意收回禮物。如果病人拒絕收回禮物，也可探討病人如此反應的可能涵義和原因。

經過詳細的分析，雙方對送禮的時機、脈絡和涵義有了充分的領悟後，最終雙方同意收送禮物是不適當的結論，也可以預防日後送禮的問題。Langs（1973）認為，治療師收受病人的禮物會破壞治療界線，和不適當的滿足病人的慾望。雙方共謀去破壞治療關係，或去共同防衛結案的焦慮。

Langs（1973）認為，治療師在病人的生日、結婚等特殊情況送禮物給病人是不恰當的，是一種誘惑、互相行動化、不適當的自戀滿足，以及破壞治療關係和界線。他認為治療師送禮給病人，便是在示範對治療關係與界線的破壞，和不適當的滿足，鼓勵病人在自我探索的痛苦歷程中行動化。

## 五、專業界線

精神分析治療很重視專業界線的維持，Langs（1973）認為維持專業界線是很重要的事情，有關這點他的建議如下：

1.治療師和病人的互動和交談，應僅限於治療師的晤談室。在晤談室以外的地方，治療師應該節制和病人的互動和交談。

2.治療師在晤談室的工作，應僅限於增進病人對內心衝突和神經症的領悟，以及增進內在的改變來解除上述衝突和神經症。

3.病人跨越專業界線的行為，主要是為了慾望的滿足，而不是治療性的改變。治療師的工作是在於詮釋個案的慾望，而不是去滿足。

精神分析治療師通常會節制與病人的肢體接觸，不論治療師接觸病人，或病人接觸治療師，都是不適當的，也是不利於心理治療的。為了避免分化，Langs（1973）建議治療師應親自接待並完成自己病人的初談和心理治療，以及親自說明基本設置，親自處理病人的約談和收費。治療師如果將這些工作的一部分分派給其他初談員或工作人員，會增加病人分化機構職員和治療師的機會，以及增加分析的困難。

## 第四節　個案的篩選與教育

精神分析治療在開始的階段，治療師宜透過初談評估來篩選適合的個案，並且教導個案如何參與心理治療。本節分為個案的篩選和個案的教育兩小節。

### 一、個案的篩選

在正式精神分析之前，Freud（1913）會先用一、兩週的時間，進行嘗試性分析，適合的病人就會留下，不適合的病人就會終止。他認為在篩選病人時，再多的說明或詢問，都無法取代嘗試性分析。進行嘗試性分析的另一個理由是，治療師可以對病人進行問題評估和診斷，排除那些不適合精神分析的人，例如：精神病患者。Freud認為，分析治療之前的冗長討論、接受其他治療方法的病人，以及與治療師熟悉的人，這些都是不利於精神分析治療，因為這些都不利於移情的發展和詮釋。

Langs（1973）對於嘗試性的分析提出不同的觀點，認為在初談期間，對病人做詮釋，通常是時機不對，並產生不良影響。初談期間，頂多可以針對病人的抗拒和急性退化進行詮釋。由於欠缺足夠的資料和時間，Langs原則上反對在初談期間進行詮釋，不當的詮釋將會傷害病人和治療同盟。

個案如果是治療師的親友，也是不適合給予心理治療的。在雙重關係這個概念還不是很普及的時候，Freud（1913）便已表明治療師給自己的親友做精神分析是特別困難的。他說，治療師如果去分析好朋友的太太或小孩，他必須做好失去好朋友的心理準備。不論分析治療的結果如何，治療師若不能轉介他人的話，他得有犧牲好朋友的心理準備。

什麼樣的案主最適合接受精神分析呢？有人認為要看案主問題的嚴重程度，有人認為要看案主和治療師的關係，有人認為要看是在大醫院還是在小診所做精神分析，有的人認為40歲以上，有人認為40歲以下。由此可知，在實務上，已經沒有一個客觀的判斷標準，可以決定什麼案主適合精神分析。Bateman 與 Holmes（1995）整合不同的觀點後，認為：「接受精神分析的病人，必須是嚴重到需要精神分析，但卻又必須健康到可以承受整個分析的過程。」他們認為適合精神分析治療的個案，最好要具有下列的能力：

1.具有能力與治療師建立工作同盟。
2.具有足夠的心理複雜度。
3.具有由外往內看自己的能力。
4.具有反省自己內在世界的能力。
5.具有忍受心理痛苦的能力、為了自我而退化的能力。
6.具有足夠的口語能力來描述自己。
7.具有彈性思考的能力。
8.具有動機、很渴望，也準備好來接受治療。
9.對治療師和分析治療過程具有正面的感覺。

## 二、個案的教育

治療師不能假設病人對於心理治療有基本的認識，知道怎麼當一個病人、知道怎麼跟治療師工作。要從心理治療中獲得最大的幫助，病人不僅是自願參與治療的人，而且願意遵守自由聯想的基本規則，以及在辛苦的治療過程中，願意克服困難和治療師合作。在接受心理治療之前，病人只有對心理治療的想像，以及其他類似的就醫就學經驗，但是這些先前的看病和求助經驗，還是和心理治療有很大的不同，有賴治療師給予事先的說明和教導。心理治療的說話方式和一般人的談話是非常不同的，例如：治療師常會問病人的感覺、對治療師的感覺，或者用一個問題去回答病人的問題，幫助病人了解心理治療的特殊說話方式也是很重要的個案教育。

一般民眾對於心理治療是不熟悉的，對於怎麼參與精神分析治療更是陌生，因此有必要在晤談初期教導個案如何說話。Freud（1913）在晤談初期會告訴病人：「在我可以幫助你之前，我必須對你有充分的了解，請告訴我你所知道的自己。」Freud給治療師的建議是，應盡早教導病人關於自由聯想的基本規則：

> 「在我們開始晤談之前，我想先告訴你，我們的晤談和一般人的晤談是不同的，一般人晤談時，你會被期待言之有物，有條理，並且不要離題。但是，我們在這裡晤談，正好和一般人的晤談相反，你要盡可能想到什麼就說，不需要有所篩選或檢查，也不需要擔心是否離題、是否重要，在晤談時，你只要盡量做到想到什麼就說，這是我對你唯一的要求。你只要如實描述你心中的念頭和感覺，就好像你坐在火車裡，對著旁邊的人描述車窗外看到的景象。晤談的時候，你要盡量誠實，即使說出來的事情讓你不舒服，也要誠實地說出來。」

除了教導自由聯想的規則，治療師可以透過下列的方式教育病人（Freud, 1913; McWilliams, 2004）：

1.透過知後同意教導個案。有經驗的治療師會請病人閱讀一份書面的諮商同意書並簽名。透過閱讀諮商同意書和口頭補充，可以幫助病人認識什麼是心理治療，以及怎麼進行。

2.優先處理那些阻礙病人充分參與心理治療的行為。每個病人因為人格特質、先前的治療經驗，以及對於心理治療的誤解等，而表現一些妨礙心理治療的行為，例如：總是沉默、總是問建議、總是要答案、總是不想說感覺等，這些都是阻礙心理治療的行為，若不處理的話，心理治療將難以順利下去。

3.鼓勵病人自發性的表達自己，盡量暢所欲言。治療師可以在心理治療的初期，鼓勵和教導病人自發性的述說自己的想法和感覺。

4.在晤談的時候，如果發現病人會特別準備或整理一些想要討論的事情清單，治療師可以教育個案來晤談之前，不要做事先的準備。因為事先準備便是一種防衛，不利於自由聯想和自我了解。

5.教育個案不要和他人討論他的心理治療。治療師一旦知道病人會和親朋好友討論他接受治療的內容，應該及早告誡病人不要這樣做，病人要直接和治療師討論，而不是去和別人討論。

6.病人在晤談時，如果說不知道要說什麼，可以顯示他有一個明顯的抗拒，表示他並不相信心理治療或自由聯想的基本規則。這個時候治療師可以告訴他，他在晤談室可以說的事情太多了，例如：他腦袋裡所想的、他眼睛所看到的晤談室布置、他對治療的想法，以及他對治療師的感覺等都可以說。

# 第八章

# 分析態度與治療技術

精神分析治療的目的在於增進個案對於潛意識衝突和人格問題的自我了解和功能適應，治療師為了提供有利於移情發展的分析情境，在治療態度和治療技術上有其特殊的建議。本章內容分為四節，分別說明分析的態度、治療的技術、實施精神分析治療的建議，以及精神分析的敏感度。

## 第一節　分析的態度

分析的態度是指，治療師在分析情境中，對個案所表現較為一致的感覺、意見和價值。筆者認為治療師除了一般的專業態度之外，還要有四種分析的態度，那就是中立、節制、匿名，以及沒有治癒企圖。

什麼是專業態度呢？心理治療是一門專業，治療師便要有專業的素養。治療師除了擁有特殊知識和專業能力，還要在與個案工作時，表現出為人誠實正直，能為自己的言行負責，在壓力下工作時能夠沉著穩健、自我節制，並維持良好的形象。

治療師的一般專業態度，包括：做人處事具有彈性、同理心和人情味，重視領悟的價值，深刻體會與個案合作才能達到治療效果，會尊重個案、欣賞個案（Pulver, 1995b）。除了一般的專業態度，精神分析治療師特有的四種分析態度，分別說明如下。

## 一、中立的態度

中立的態度（neutrality）是指，治療師對病人的三我人格結構不要站邊、不偏頗，例如：不要特別站在本我、自我或超我這一邊，也不要支持或反對病人的慾望表達。在晤談的時候，對於個案所選擇的話題、所談論的事情，要保持中立與中性的立場。除非為了幫助病人達到自我了解的目標，以及預防傷害自己之外，治療師對病人的各方面，包括渴望、幻想、認知、情感和行為要表現中立的態度。

治療師不僅不能與病人內在衝突的各方面站邊，也不能與病人的重要他人站邊，例如：病人有婚姻衝突，治療師不會支持或反對某一方（Pulver, 1995b）。治療師晤談時，避免對個案所討論的重要他人，表現出是非善惡的判斷，或喜怒哀樂的情緒。

治療師與病人工作時，要維持中立的態度，是指對於病人所提供材料的各方面保持中立關係，包括語言和非語言的、意識或潛意識的材料。治療師要以中立的態度面對病人的不同人格結構和客體，包括面對病人的父母或配偶。這是因為在分析期間，病人對父母、配偶，以及其他重要他人的看法和理解，經常會改變（Schafer, 1983）。

治療師在看病人的問題或特質時，要避免用非是即非、非黑即白的二分法思考。這是因為病人的問題或特質是多重意義的，而且病人本身的二分法思維經常成為分析的主題。治療師要知道，人類的活動和關係，基本上都是愛恨交織、又愛又恨的狀態，因此治療師要避免二分法的思維。個案對重要他人的想法和感覺總是多層次的，而且是錯綜複雜的。在晤談時，治療師要盡量引導個案去面對自己的想法和感覺，並且產生去探索和了解的好奇，進而做多向度和全方位的處理。

治療師若要維持中立的態度，在傾聽病人談話時，要採用自由漂浮注意力（free-floating attention）或平均懸置注意力（evenly suspended attention）。什麼是平均漂浮注意力呢？這是指治療師在晤談時，他的注意力要平均分散在病人的各方面，包括所談到的自己或他人，避免過於聚焦在某一個面向或資料。要做到平均漂浮注意力，治療師在晤談時應避免受到個人議題或反移情的干擾，避免執著在私人關注的面向，才能真正放鬆自己的注意力，讓注意力自由漂浮。

如果治療師輕易對個案的話題或談話內容，表示同意或不同意、對或錯、喜歡或討厭，或表示重要或不重要，那麼治療師不久便會發現，個案不願再去談自己的感覺和想法，或者只會談「第三者」的事情，而避談自己的經驗。當個案很在乎治療師的評價時，他將失去自由自在地探索其內心世界的安全保證，當個案無法暢所欲言時，自然不利於個案的自我覺察與領悟（林家興，2020）。

## 二、節制的態度

節制（abstinence）是治療師非常重要的態度，Freud（1915a）曾說，精神分析治療應該在節制的情境下實施。治療師應節制去滿足病人對愛的需求。Freud所說的節制，還包括病人的其他慾望，例如：身體的接觸和一切個案渴望的東西。節制的目的在於避免去滿足病人的潛意識慾望，以便在適度挫折的同時，可以協助個案觀察和了解自己的抗拒和移情。

節制的態度是指治療師在與個案互動的過程中，要節制治療關係以外的活動，包括：社交活動、發展友誼、金錢往來、陷入愛情關係等。治療師要比個案更能節制自己的慾望，以便能夠提供一個專業而有幫助的治療情境與關係。治療師不應利用個案去滿足自己的慾望，也不應使專業的治療關係變質（林家興，2020）。

治療師的工作是分析而不是反應，治療師的工作焦點是詮釋心理現實，而不是對病人的情緒做反應。所謂反應，是指病人怎麼對你，你就怎麼對他，例如：以愛回應個案的愛。Freud（1919）提醒治療師，永遠不要低估人性總是不想做決定，總是渴望權威幫我們做決定。治療師要避免被猶豫不決的病人誘惑，去指導病人該怎麼辦，而忘記了分析才是本職。

分析的目標是增進病人自我覺察和自我改變。分析治療的幫助不同於一般的幫助，一般人透過給建議、給保證，或越俎代庖的方式去幫助人，精神分析治療師則是透過傾聽和詮釋去幫助人。治療師的幫助在於增進病人對自己的過去和現在更加了解，並為更好的自己做改變。治療師要避免給人下列的角色印象：替人治病、完善心理健康、教導人生哲學、危機處理專家，或救苦救難的英雄。從事這些事情，反映的是治療師的反移情和個人議題（Schafer, 1983）。

在實際工作中，治療師要節制對個案的感情和情緒。心理治療並不是提供給個案所期待的愛情或友誼，不論個案如何的喜歡、仰慕、愛戀，或如何的討厭、生氣、痛恨治療師，治療師仍要節制他對個案的愛與恨。唯有治療師不斷的表現節制的態度，才能清楚面對個案各種排山倒海而來的情緒和感情，以及其背後的問題核心，或真實目的。也唯有節制的態度，可以穩住治療關係，安然度過各種高潮迭起的情緒張力（林家興，2020）。

## 三、匿名的態度

匿名（anonymous）的態度是指，治療師在與個案互動的過程中，盡量不透露個人的資料給個案，包括：治療師的年齡、婚姻狀態、家庭狀況、收入、嗜好興趣、休閒活動，以及健康狀況等。凡是與專業背景、專業資格無關的個人資料，盡量不要告訴個案，除非是確定有助於治療的必要資訊。這種匿名的態度，有心理治療上的價值，亦即，當個案對治療師所知愈少的時候，個案愈容易對治療師產生想像和移情，也愈容易使治療師在詮釋移情的現象較為單純化（林家興，2020）。

匿名的態度是指，病人對治療師的個人資料知道的愈少愈好。維持匿名或不透明態度的理由如下（Pulver, 1995b）：(1)病人知道治療師愈多，愈難以克服深層的抗拒；(2)治療師告訴病人愈多，愈會鼓勵病人對治療師的好奇；(3)會使移情的詮釋更加困難；(4)匿名有助於病人接受自己對治療師的移情是扭曲和不現實的；(5)病人愈不知道治療師，就愈容易投射幻想；(6)匿名有助於將治療的焦點放在病人，而非治療師。

在實際工作中，個案總是對治療師個人的背景產生好奇，並且有慾望想要多了解一些。面對個案詢問治療師有關個人資料時，治療師應先引導個案去探索背後的動機和原因，再決定是否回答個案的問題，以及回答多少。筆者認為，治療師輕易對個案揭露個人的資料固然不妥，但過於嚴格的遵守匿名態度，也會讓個案覺得過度冷淡、嚴肅和有距離。多數個案或許可以理解治療師這樣匿名的態度，但是少數嚴重精神問題和人格障礙的病人，會感覺到被治療師拒絕而難以忍受。

對於維持匿名的基本原則是，治療師不可以毫無理由的去跟病人揭露自己的個人資料，但是也不能過度墨守匿名的規則。當代精神分析對於匿名採取較為彈性的態度，理由如下（Pulver, 1995b）：

1.嚴格的匿名幾乎是不可能的，病人長時間跟我們相處，多少可以從我們的辦公室、工作時間和方式，以及網路上知道我們，刻意的匿名容易造成人為做作的印象，而妨礙真誠的關係。

2.專業倫理要求治療師對病人揭露專業相關的資料，以方便病人做知後同意，例如：實習治療師一定要告訴病人自己是實習人員。

3.晤談室外的接觸，特別是受訓的治療師，會在各種專業和社交場合與自己的治療師接觸，難以維持匿名關係。

4.治療師對病人做自我揭露總是會有爭議，特別是個人議題和反移情引發的揭露，這部分一定要特別節制。

原則上，匿名態度是治療師要節制將個人議題或個人價值帶入治療工作。當代精神分析認為，治療師刻意匿名個人資料是不妥的，人為做作的關係甚至會傷害真誠的分析歷程。

### 四、沒有治癒企圖的態度

精神分析治療師在從事心理治療的時候，要放下治癒個案的企圖心。Menninger（1958）曾提到，教導分析之困難在於它是一種矛盾的辯證，即我們要先放下希望病人「康復」的慾望，也就是說，為了病人的康復，治療師必須放下想要治癒病人的慾望，以無所欲求的態度來進行精神分析治療。

治療師在與個案晤談的時候，不僅不要帶著強烈的慾望要去治療個案，最好也不要帶著特定的記憶和渴望，以這樣「未知」（not knowing）的態度去和個案晤談，反而可以有利於精神分析治療的進行。

Freud（1912a）曾提醒治療師，在給病人做精神分析治療的時候，不能抱著強烈的企圖心，這是因為容易招來病人的抗拒。病人是否恢復健康、治療是否成功，主要依據的是病人能夠擺平內心的衝突，而不是他人的努力介入。

## 第二節　治療的技術

在說明精神分析治療技術之前，一定要先弄清楚治療的目標是什麼，因為所有的技術都是為了達到治療目標。精神分析治療的目標簡單的說有二：第一是幫助個案更加了解自己；第二是幫助個案更加發揮功能。前一章的基本設置和個案教育，以及本章的分析態度和治療技術，所有這些準備工作和治療工作的實施，就是為了增進個案的自我了解和適應功能。

所有的技術都是為了達到治療目標，這句話有必要在此加以強調。不論是古典精神分析或當代精神分析的技術，都是為了增進個案的自我了解和適應功能，例如：Freud 是為了讓神經症個案在一定程度的焦慮中，希望看見潛意識的浮現（如口誤或行動化），才會採用比較被動和沉默的治療方式。當代精神分析治療師為了讓人格脆弱的個案可以留在治療中，去經驗好的客體關係，才會採用比較同理接納的治療方式。

分析技術（analytic technique）是指一組介入方法，治療師透過語言或非語言的行為去影響個案，朝向治療目標的技術。分析態度（analytic attitude）是指治療師與個案工作時的行為特徵，例如：對個案表達出對其尊重、坦誠、同理、接納、節制、中立和溫暖的態度。分析態度和分析技術的差別在於：技術是外顯的介入行為，態度是內隱的心理狀態，兩者共同促進分析關係的建立和分析治療的實施（De Jonghe, Rijnierse, & Janssen, 1992）。

精神分析治療技術可以分為兩類：一類是一般治療技術或支持性技術（supportive intervention），包括：建議、宣洩、操弄、心理教育、同理的回應，以及鼓勵陳述，這些是一般治療師都會使用的技術；另一類是分析技術或表達性技術（expressive intervention），包括：面質、澄清、詮釋，以及修通，這些是精神分析治療師用來增進個案領悟的技術。個案在接受精神分析治療時，透過自由聯想、移情反應和抗拒提供分析的材料，治療師運用分析技術，協助個案增加對潛意識材料的意識化、領悟和改變（Greenson, 1967）。對於不適合分析治療或處於危機狀態的個案，治療師可以運用支持性技術，協助個案穩定既有的防衛和心理狀態。

支持性技術和表達性技術之間可以看成一個連續光譜的兩端，可以用圖8-1來表示（Gabbard, 1990）。接下來，筆者綜合幾位學者（Bibring, 1954; Gabbard, 1990; Greenson, 1967; Langs, 1973）的看法，來說明這些技術的涵義。

## 一、建議

建議（suggestion）是所有學派的治療師都會使用的技術，但也都會提醒治療師晤談時盡量少用建議。精神分析治療師使用建議的時機是，

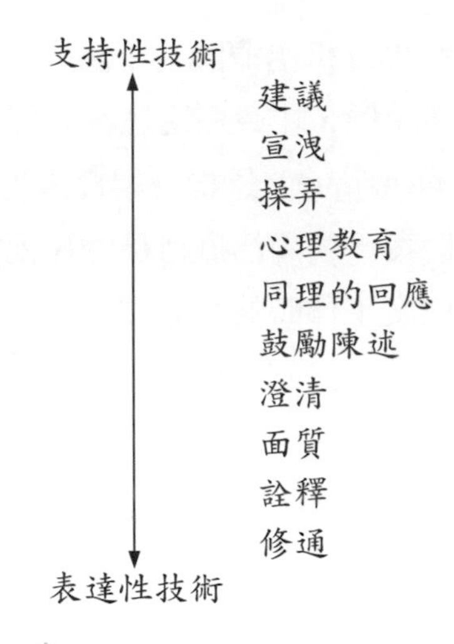


圖 8-1　精神分析治療的技術

用來催化情緒的表達，幫助個案面對現實、克服抗拒，提供回憶、幻想、夢或想像，忍受焦慮或抑鬱，鼓勵個案找方法解決問題等。由於建議偏離了中立原則，因此要少用。使用建議的目的和時機，主要是要幫助個案能夠進入分析情境工作，例如：建議個案嘗試忍受心理的痛苦或挫折，或者建議個案去面對問題，而不要去迴避等。

## 二、宣洩

宣洩（abreaction）是指情緒的發洩。在治療師的同理和鼓勵之下，個案積壓已久的、痛苦的情緒，得以宣洩、淨化，並感受到被治療師接納和理解的滿足。情緒長期壓抑或經歷創傷的個案，在心理治療期間，透過宣洩可以放鬆情緒，得到暫時的紓壓，並體驗內在情感的表達。精神分析認為，宣洩只有短暫的情緒紓壓效果，並沒有長期的心理療效。

## 三、操弄

操弄（manipulation）是指，治療師透過操弄來增進個案有利於治療的技術。這個名詞雖然不好，但是在沒有更好的名詞之前姑且使用。治療師有時候會刻意使用操弄技術去協助個案，例如：治療師會刻意在晤談時保持沉默，以便觀察個案的移情反應，或者治療師使用特別的說話方式或態度，去引發個案的反應和回憶。操弄技術的使用是為了促進個案進一步的領悟，而非傷害（Greenson, 1967）。

Bibring（1954）舉了一個案例來說明操弄：一位病人來求助治療師，介紹他來治療的人是一位有權勢，但卻是病人討厭的人。為了促進病人形成有利於治療的關係，治療師特地很明顯地告訴病人，他可以完全自由地選擇是否來做治療，無論他選擇來談或不來談，都會被尊重。當治療師完全尊重病人的自由選擇之後，移除了介紹人的影響，才能重新建立一個新的、自願的治療關係。

沉默也可以說是一種操弄技術，Langs（1973）認為沉默是最基本，也是最被低估和誤解的技術。沉默除了代表傾聽，而且還有很多其他涵義。治療師的沉默會給病人帶來壓力去說話，當沉默有助於病人表達重要但壓抑的材料時，不論是有意識或潛意識的聯想，就可以確認在這個時候，沉默是一個適當的介入技術。

古典精神分析把提供新的人際經驗，也概念化為一種操弄，叫做經驗操弄（experiential manipulation），這種新的經驗可以中和或修正舊的人際經驗，讓病人體驗到矯正性的情緒經驗和被深刻理解的經驗（Bibring, 1954）。當代精神分析把提供新的人際經驗視為主要的分析技術，當代治療師認為壞的客體關係導致病人的心理問題，治療的對策便是提供一個真誠的、同理的客體關係經驗，以幫助病人修復不健康的內在客體關係。

## 四、心理教育

心理教育（psychoeducation）或心理衛教是指，治療師在晤談時對個案作心理健康方面的教育或心理衛生知識的分享，例如：向個案解釋心情不好和憂鬱的不同，或者教導個案如何放鬆緊張的心情等。心理教育是治療常用的技術，可以用來幫助個案正確認識心理治療，並進一步運用。

## 五、同理的回應

同理的回應（empathic validation）是一般治療師常用的技術，主要在對個案顯示治療師有聽懂個案在說什麼，以及內心的感受，例如治療師說：「我可以了解你為何對我們的話題感到生氣」或「有這樣的母親，難怪你覺得很傷心」。自體心理學取向的治療師十分重視對個案內在經驗的深度同理和回應，一旦個案覺得治療師懂得他的主觀經驗和心理的感受時，就會更能夠接受治療師的詮釋。

## 六、鼓勵陳述

根據 Gabbard（1990）的觀點，鼓勵陳述（encouragement to elaborate）是接近連續光譜中間點的技術，本質上既非支持性技術也非表達性技術。鼓勵陳述就是邀請個案多說一些，主要是透過開放性的問句，讓個案可以提供更多更深入的資訊，例如：「針對你的父親，你要不要多說一點」或「你現在感覺似乎很複雜，要不要試著說出來」。鼓勵陳述在偏重表達性或偏重支持性的治療中，都是很常被使用的介入技術。

## 七、澄清

澄清（clarification）是指，治療師幫助病人更加清楚的看見自己，包括：自己的人際關係、人格特質，以及與環境事物的關係等。澄清技術有助於幫助病人更清楚自己的感覺、想法、恐懼、客體關係、態度，以及言行舉止和行為選擇。換言之，澄清是指協助個案對某些話題更加聚焦、更加清晰，類似去蕪存菁的過程。

Bibring（1954）認為，澄清和詮釋是屬於領悟療法的技術，兩者的主要區別是：澄清以意識的材料為限，詮釋則以潛意識的材料為處理對象。澄清的功效在於協助病人增加自我覺察，以及更清晰的自我觀察，使病人可以更清楚、更充分的自我表達。澄清技術以意識的材料為對象，因此不會遭遇抗拒。澄清技術雖然不能解決神經症的問題，但是有助於自我使用不同的、有距離的眼光看問題。

## 八、面質

面質（confrontation）是指，治療師指出個案不想面對或刻意迴避問題的技術，例如：個案在晤談的時間裡，似乎在迴避什麼主題，治療師面質他說：「你這次談話是不是一直在迴避○○話題？」

面質技術的使用會消耗治療關係，因此治療初期在醫病關係還不穩定的時候，治療師要少用面質技術；等到治療關係穩固，治療師就可以適度的使用面質技術，去協助個案面對抗拒和迴避自我了解的問題。

## 九、詮釋

詮釋（interpretation）（又譯為解析）是指，幫助病人了解潛意識材料的技術，包括：潛意識的防衛機制、潛意識的驅力傾向、病人行為模式潛藏的涵義，以及上述之間的相互關係等。詮釋是精神分析獨特的技術，也是區別其他療法的技術。詮釋是指讓潛意識的材料意識化，包括一個心理事件的潛意識涵義、來源、歷史、方式或原因。治療師運用他的潛意識、同理心和直覺，以及理論知識去做詮釋。透過詮釋可以超出治療師所觀察的心理事件，增加對心理事件的涵義和因果的領悟，最後經過個案的反應來確認治療師的詮釋。在晤談時，治療師經常會反覆併用澄清和詮釋的技術（Greenson, 1967）。

治療師會使用詮釋去解釋或去建構問題行為模式的潛意識原因和歷程。一般而言，詮釋不是單一的行為，而是一個長期的歷程，詮釋之前會有一段時間的準備期。治療師做詮釋的過程，大致如下：每一個詮釋，一開始都是工作假設（working hypothesis），需要病人經過修通的確認。當病人開始用假設性的詮釋去看待新和舊的材料，以及晤談室內外的情境，重複檢視和應用之後，成為病人的領悟和修通。

澄清的領悟，使得自我和情感更加保持距離，而詮釋的領悟，一開始會把自我涉入更深，甚至會啟動痛苦的記憶和衝突。澄清的領悟在於增強自我的客觀能力去看清自己，詮釋的領悟則啟動一系列的再定向和學習，導致早年病態潛意識衝突的充分解決。透過移情神經症的發展，在移情情境中啟動原始的衝突，使用詮釋去解決和領悟原始神經症是精神分析獨特的方法（Bibring, 1954）。

### 十、修通

針對個案領悟後，導致認知、情緒與行為改變的分析工作，即是修通（working through）。修通也就是在擴充和深化抗拒的詮釋，藉著循環深化的歷程，使領悟、記憶和行為改變彼此影響，換句話說，修通是病人在獲得領悟之後，帶動行為或態度穩定改變的心理工作，也是病人使用和消化領悟和再定向的歷程（Bibring, 1954; Greenson, 1967）。

領悟和修通並不是一次可以完成的，而是在心理治療過程中來來回回、點點滴滴的發生。個案接受某一個言行的詮釋之後，產生領悟和理解，需要花很多時間去消化、去調整原有的認知、情感和行為，去調整內在和外在的客體關係，重新去適應外在世界和生活環境，逐漸增長自信和能力去愛和去工作。

## 第三節　實施精神分析治療的建議

Freud（1912a）根據自己實踐精神分析的經驗，總結出幾個精神分析技術規則，但他寧願說，這是他對其他分析師的建議，而不說是規則。Freud認為，這些技術規則適用於他自己，其他人可以作為參考，他並不反對其他人根據個別的情況所做的調整。而筆者認為，這些建議完全適用於精神分析治療，故說明如下。

## 一、治療師要使用平均懸置注意力去傾聽病人的訴說

治療師要做到平均懸置注意力或自由漂浮注意力，其實是很難的，就像個案要做到自由聯想，也是很難的，都需要時間練習。治療師一方面要求病人盡可能的在晤談中想到什麼就說什麼；另一方面，治療師要以平均懸置注意力傾聽病人的訴說，而不要刻意或選擇性地去聽病人的訴說。因為，當治療師專注的聽某一些重點時，也會不自覺的忽視了其他看似不重要的重點。當治療師刻意想聽什麼的時候，其注意力便會窄化，最後只聽到自己想聽的內容。如果治療師總是選擇性的聽病人訴說，他將永遠聽不到他知道的以外的事情。平均懸置注意力提醒治療師要放棄意識層面的影響，把自己交給潛意識記憶力。Freud對這個技術的建議是：「治療師只要單純的傾聽，不要去想什麼該記在心裡。」

## 二、在精神分析會談時，治療師不要做筆記或速記

Freud認為，在晤談時做筆記，不僅給部分病人留下不好的印象，而且也會違背前面提到的平均懸置注意力的規則。治療師選擇性的筆記病人的談話，便不是自由漂浮的注意力了。但是，Freud不反對治療師可以在晤談時，簡單的筆記一些重要的日期、作夢的內容，以及重要的或適合做為例子說明的事件。即使如此，Freud自己在晤談時，仍然很少做筆記，他都是等晚上下班後，根據回憶去做筆記或記下可用的例子。即使是夢，他如果記不完全，也會在適當的時候，請病人重複夢的內容。在病人眼前做筆記，很容易讓人以為治療師有意圖想要把病人的治療寫成報告發表。治療師晤談時做筆記，很難讓人不這麼聯想，而且 Freud 認為臨床案例報告沒有想像中那麼有價值。

## 三、不要一邊做治療，同時一邊做研究

Freud認為，為了做科學研究而進行的個案，其治療效果一定會被妥協。他說，那些最成功的案例，通常是沒有特定的目的，容許各種可能性的發生和轉變。治療師可以很自由的依照病人和分析情境的需要而自發性進行。

## 四、治療師在給病人進行精神分析治療時，不要像個外科醫師般把情感放一邊，精神專注的、很有技巧的去執行手術

從事精神分析治療最危險的一件事，就是治療師抱著強烈的企圖心，想要去治療病人，治療師的治療企圖心往往招來病人抗拒。病人是否恢復健康，主要依據的是病人能夠擺平內心的衝突，而不是他人的努力介入。Freud 引用法國外科醫師 Ambroise Pare（1517-1590）所說的一句話：「我只是處理了病人的傷口，上帝治癒了他。」這句話同樣適用於治療師。

## 五、治療師不要為了加速精神分析治療而使用意識層面的技術，例如：宣洩、建議或愛心

這些意識層面的技術，只能處理病人已經知道的事情，無法幫助病人發現自己的潛意識，而且只會使病人更加抗拒對潛意識的探討和了解。Freud認為，治療師應該像一面不透明的鏡子，只會呈現病人的潛意識材料，而不會參雜治療師的個人議題或慾望。

## 六、治療師不要去教導病人如何昇華他們的驅力或慾望

有些治療師會在精神分析治療時，教導病人如何昇華他們的驅力或

慾望。Freud反對這個作法，他認為治療師應該尊重病人依照自己的能力去處理他們的慾望。治療師要能以病人的步調和能力程度去工作，而不是強加自己的期望在病人身上，或提高對病人的治療企圖心，要求病人追求更高的治療目標。治療師不要不小心把自己當成個案的教師和法官，而成為個案嚴厲超我的代理人，以致於失去中立和節制的位置（洪雅琴，私人通訊，2020/9/23）。

### 七、治療師不要推薦病人或家長閱讀精神分析的書籍

Freud不建議治療師推薦病人或家長閱讀精神分析的書籍，他認為病人的神經症只能透過耐心的遵守精神分析的規則，盡量在晤談時排除對潛意識材料的審查和批判，才能獲得改善。推薦病人閱讀精神分析或心理治療書籍，並不會增加病人的自我了解，或增加心理治療的效果，反而會強化既有的防衛。

## 第四節　精神分析的敏感度

精神分析治療並沒有一組使用於所有個案、所有問題的標準技術，但是精神分析治療師隨著臨床經驗的累積，都會發展出一些共同的信念和態度，作為治療技術臨床應用的基礎，以便有效的幫助另一個人自我了解和成長。這些共同的信念和態度，Freud 稱為「使用分析技術的態度」（Schafer, 1983），McWilliams（2004）稱為「精神分析敏感度」（psychoanalytic sensibility）。至於精神分析敏感度的內容是什麼，每位學者的看法不一，筆者綜合幾位學者（McWilliams, 2004; Mitchell & Black, 1995; Schafer, 1983）的觀點，說明精神分析敏感度的內容如下。

## 一、深刻體認人類心靈的複雜性

治療師要能夠深刻理解人的複雜性，Freud 曾經提過「多因決定」（overdetermination）和「多重功能」（multiple function）這兩個概念（Waelder, 1936）。所謂「多因決定」是指，病人的任何一個明顯的心理問題，都有多重而複雜的原因，例如：厭食症患者的病因可能包括父母的過度重視飲食、兒童虐待或疏忽病史、近期的失落、害怕身材的發育、肥胖與懷孕的潛意識連結、對情感強烈渴求感到羞恥、曾經因為瘦身獲得讚美，以及反覆受到瘦即是美的媒體影響等（McWilliams, 2004）。所謂「多重功能」是指，任何一個重要的心理活動一定具有多重功能，例如：病人決定去接受心理治療這件事情，一定具有多重功能，包括：降低焦慮、恢復自尊、對抗家人、迴避誘惑，以及要告訴別人什麼等功能。

我們可以說人的所作所為，包括症狀，都是多因決定和多重功能的，任何症狀都是個案的一種解決問題的方法。每個人都有問題，有問題的不是問題本身，而是錯誤的解決方法。心理症狀便是個案反覆使用錯誤或不適當的方法去解決問題所形成的，久而久之，問題本身和錯誤方法層層疊疊，就愈來愈難以釐清問題真相了。McWilliams（2004）曾說過，如果一個人的心理疾病只是單純的某一個診斷，完全沒有任何其他共病的話，她認為這個人一定是外星人。精神分析認為，所有的症狀和行為都是表面的，真正要探索和處理的是所有症狀和行為底下的根源，那就是心理結構及其衝突和缺陷。

## 二、理解病人要改變是很艱難的

人格問題的核心或源頭是早年的焦慮和危機感，這些早年的焦慮和危機感也是病人當前抗拒治療與改變的主要原因。因此，人格的基本改變需要時間，而且也不能事先計畫，只能在安全的分析情境中慢慢地發生。

Freud在討論分析技術的論文中提到，任何一個變項都不會比抗拒還有力量。在討論夢的處理、移情的動力、強迫重複，以及修通的論文中，Freud一再指出抗拒的重要性，它是伴隨精神分析，亦步亦趨的。精神分析的進展之所以如此困難和緩慢，就是因為有抗拒的存在。抗拒會以各種方式阻礙病人對治療師的依附和合作，包括：違反基本規則和設置、對治療師表現不合理的要求和攻擊（Schafer, 1983）。

Freud認為，抗拒的辨識和詮釋在精神分析裡扮演主要的工作任務，只有透過抗拒的分析，精神分析治療才會獲得進展和療效。治療師以正向、肯定的態度面對抗拒，才能建立一個安全的分析情境。尊重並善用個案的抗拒，有助於進入個案的潛意識。治療師以中立、同理和理解的態度看待抗拒，將可以獲得病人的信任和安全感。

抗拒的主要動機是焦慮。病人的神經症狀、人格特質、強迫重複，以及行動化，都是潛意識嬰兒化的慾望滿足。對這些症狀與問題的探索、了解和改變，都會誘發焦慮和危險而帶來抗拒。接受分析治療時，病人會透過治療師持續追求嬰兒化慾望的滿足。理想上，病人在分析中發展出對治療師的移情神經症，也就是在與治療師的醫病關係中表現出神經症反應和症狀，然後治療師透過抗拒和移情的詮釋，讓病人可以容忍這些被治療師所誘發的焦慮、挫折和痛苦，進一步領悟和修通他的困擾與問題。

## 三、要以發現的態度看待病人改變的複雜和矛盾

個案想要減輕痛苦是明確的，但個案抗拒改變也是一樣地堅定。Freud不鼓勵治療師針對病人的某個特定問題或特定目標工作，而建議治療師採用自由漂浮的注意力，去對待病人的所有材料。Schafer（1983）推薦的分析態度是發現（finding out），發現某些人格特質、症狀或行為背後有什麼涵義？分析的情境是由治療師和病人共同建立的，精神分析

治療的工作便是不斷地對分析的歷程和障礙進行檢視和詮釋，精神分析治療便是一個透過分析對話進行自我研究的歷程。

個案對於改變的心情是矛盾的，想要改變又怕受到傷害，既想要健康、又不想離開舒適圈，自己依賴已久的生活習慣和行為模式，既想要了解、又害怕發現真相。治療師對於個案的求助，包括那些自願的、渴望快速改變的個案，要以發現的態度去看待個案，包括想要改變或不想要改變背後的複雜和矛盾心情。

## 四、持續的探索主體經驗

人的主觀感受很容易受到個人需要、價值觀念和成長背景的扭曲而失去客觀性，但是客觀性也有其缺點，例如：研究者只蒐集可操作、可量化、可隨機分派的資料，必然會碎片化複雜的人類情感和心理，因此很多心理學研究被批評為研究方法很嚴謹，但是內容很空洞。透過更多母嬰溝通的研究，我們發現很多前語言的溝通歷程是難以觀察、描述和統計的，但是卻可以感受到。受過訓練的治療師可以透過他的情緒經驗或主觀感受去了解個案的口語溝通，包括：表情、肢體語言和聲調語氣等（McWilliams, 2004）。

心理治療主要涉及人類情感的處理，也是治療師不可迴避的主題。個案的痛苦、憤怒、悲傷或喜悅經常瀰漫在晤談室的兩人之間，而且情緒的表達有時候是非筆墨或言語可以形容的；情緒具有感染性，個案很容易勾動我們許多複雜的情緒反應。當代精神分析治療師愈來愈依賴主觀感受來了解個案到底怎麼了？個案的經驗出了什麼問題？個案需要什麼樣的情緒歷程才能化解心中的困擾？持續探索個案的主體經驗，應該是心理治療的主要內容。治療師晤談時應開放自己的主觀感受，並與個案的主體經驗共鳴，主觀感受比客觀立場更能夠完整的理解心理現象，讓情緒傳達它們自己的智慧（McWilliams, 2004）。

## 五、心理治療是有紀律的工作

治療師和病人進行知後同意，有助於病人增加對治療師的安全感。Freud曾經用鏡子來比喻治療師，也用對病人保持不透明的比喻。Schafer（1983）認為這些比喻並不好，容易讓人誤會治療師是冰冷、被動和遙遠的。他建議把鏡子改為「用精神分析的方式來閱讀病人的文本」。

同樣的，Schafer（1983）認為，不透明的本意是指治療師不要使用個人的資訊作為分析的內容，但是容易被誤解為不近人情、神秘、難以親近。他建議用從屬（subordination）代替不透明（opaqueness），其理由有二：第一，治療師要做到不透明是不可能的，也是人為做作的；第二，治療師可以保持彈性，針對不同病人和需要，來揭露治療師的私人和人格資訊。在分析關係中，治療師的個人資訊和病人的個人資訊相比較，應以病人資料為主，以治療師資料為次要，治療師應節制揭露自己的資料，而不是什麼都不說。治療師和個案晤談，不適合「直話直說」或隨心所欲的自我揭露，晤談時必須要有為有守、有紀律地進行專業工作。

## 六、容忍模糊不確定的負向能力

負向能力（negative capacity）是治療師的進階能力，但什麼是負向能力呢？負向能力是指治療師在面對不確定和未知（not knowing）的情況時，仍然可以態度從容穩定的涵容個案，給個案一個空間去呈現其混亂和不安、去掙扎，而不是急著要幫助個案或拯救個案。

治療師在與個案工作時，難免遇到一些不確定、未知的情況，例如：雙方不知道要說什麼、不知道個案要把話題帶到哪裡去、冗長的沉默、眼看著個案受苦、晤談一直沒有進展、治療關係曖昧不清等。負向能力也是一種可以和個案同在的能力，和個案一起待在黑暗中，不會急著要做任何事去將個案帶出黑暗。

治療師這種模稜兩可、似是而非的負向能力為什麼很重要呢？這是因為個案在面臨極度困難或不確定的狀況時，需要治療師的陪伴。如果治療師陪伴時顯得不安、不耐煩，或者急於解決問題，就無法提供個案一個空間去與困難、痛苦共處。個案需要時間和空間去長出自己的模樣，而不是什麼事都聽別人的，或等著別人來替他解決。

## 七、同理的態度是很重要的

根據 Schafer（1983）的觀點，Freud 雖然沒有明確的說出同理的重要性，但是會給治療師一些有關同理態度的建議，例如：不要急著去詮釋病人的每件事，面對病人的移情反應，治療師不要去加以教訓、默許、嘲笑或拒絕，而是加以同理和理解，並在病人快要領悟時加以詮釋。治療師的分析態度應該是溫和、不勉強、開放心胸、彈性、耐心、暫時的、情感自發的，以及個別化的。

從病人的掙扎，我們往往看到自己也有類似的議題。由於人性的共通性，每個人都有妄想的、自我傷害的、憂鬱的、虐待的部分，因此治療師可以透過自己的經驗去理解思覺失調症患者、自殺個案、憂鬱症患者，甚至是反社會人格障礙的病人。這種對病人認同和深度同理是很重要的臨床能力。

Bollas（1987）曾說過一句有名的話：「如果要找到病人，我們必須要透過我們自己才能找到。」幫助治療師了解病人的主要工具是治療師對病人的同理，而同理的傳達是透過治療師自己這個人。因此，心理治療的過程，治療師要盡量能夠感同身受的去同理個案，包括：個案的反覆心思、矛盾的情感、面對真實的害怕，以及困難重重的自我追尋。治療師若能真誠的深度同理個案，即便說錯話、做錯事，個案也會原諒的，並且會在治療歷程中持續努力。

## 八、信任病人及其潛力

Freud認為，在分析中出現的每件事情都具有真實或潛在的好處，不僅治療師，病人也應有這樣的信心。分析中的任何事情，包括抗拒都是有用的東西。Freud 鼓勵大家容忍那些沒有明顯目標的分析工作的必要性。他鼓勵大家信任潛意識心理歷程，因為沒有人知道重要的材料什麼時候會出現（Schafer, 1983）。

我們可以把心理治療看做是一個個人成長的機會，治療師提供一個有助於個人成長的安全情境和信任關係。治療師可以預期個案強烈的負向情感一定包含著早年的痛苦經驗，治療師可以幫助個案理解這是成長必經的過程。精神分析治療幫助人的方式是透過親密的、高度個人化的、豐富的情感關係，逐漸讓個案覺察自己的潛意識假設，並加以克服，而採用新的方式去看自己、看別人、看世界。不僅治療師，個案也要信任治療歷程，自然的成長經驗一定會發生。努力去追求自己的真實經驗，本身即具有療效，信任是指對治療的歷程，而不是內容或結果（McWilliams, 2004）。

# 第九章
# 工作同盟與治療歷程

前一章介紹了治療技術，這一章將介紹治療歷程。治療技術是指，治療師做了什麼，以及怎麼做；治療歷程則是指，病人和治療師在治療過程中的互動關係。精神分析治療歷程的內容包括：自由聯想、工作同盟、退化、抗拒、移情、詮釋和修通等。本章分為兩節，第一節討論工作同盟，第二節討論精神分析治療歷程的三個階段。

## 第一節　工作同盟

工作同盟或治療同盟在精神分析治療中是一個重要的概念，本節分為兩小節進行討論：工作同盟的涵義和工作同盟的形成。

### 一、工作同盟的涵義

Freud（1940）認為，分析情境包括治療師和病人的自我結盟，以便進行分析工作；治療師和病人虛弱的自我合作，共同去對付本我的驅力需求和超我的良心需求；治療師與病人形成同盟，幫助自我拿回對心靈生活的主導權。這是Freud對工作同盟（working alliance）的看法，並且認為工作同盟也是一種正向移情。

由於 Freud 經常使用正向移情來表示工作同盟，易造成理解工作同盟的困惑。事實上，病人對分析師表達溫暖和正向情感的態度，並不一定是工作同盟。Greenson（1967）認為，應該將工作同盟和正向移情做清楚的區分，工作同盟是指病人與分析師建立真實的、非移情的治療關係。工作同盟是真實而非人為做作的，但是正向移情和真實的關係都有助於工作同盟的形成。

Greenson（1971）認為，只要病人和治療師之間存在一定程度的真實關係和工作同盟，即使偶爾的移情詮釋失敗，也不會導致治療中斷。充分的工作同盟和真實關係，可幫助病人去忍受又長又痛苦的分析歷程。

心理治療的工作要成功地進行，一定程度的工作同盟是必須的。治療關係在穩定而一致的情況下，病人才能夠在面對移情神經症所帶出的衝突和混亂中，對分析工作繼續維持正向的態度。有些治療師（Menninger, 1958）會用治療契約（therapeutic contract）來建立工作同盟，訴諸病人非神經症的、理性的、良好的自我來和治療師工作。

在醫病關係中，工作同盟和移情神經症是同等重要的現象。Greenson（1967）認為，使用工作同盟這個詞，比其他類似名詞還要好，例如：治療同盟（therapeutic alliance or treatment alliance）、理性移情、成熟移情、正向移情。筆者也認為使用工作同盟比其他名詞好，可以清楚區別工作同盟和正向移情。討論工作同盟的時候，我們通常用來指涉病人投入分析工作的能力，而不是治療師的能力，因此使用工作同盟會比治療同盟要來得適切。

什麼是工作同盟呢？我們可以說在病人對治療師的反應當中，那些非神經症的、理性和睦的反應，以及有能力在分析情境中忍耐挫折，朝向治療目標工作，這些反應和能力便是工作同盟。使用工作同盟一詞，可以彰顯病人在治療情境中，有能力朝向治療目標工作，也就是說，病人即使經驗著強烈的移情神經症，還能夠與治療師維持一個有效的工作關係。工作同盟的核心是病人想要克服疾病和困擾的動機，他有意識、有意願和治療師合作，遵循治療師的指導和尋求領悟（Greenson, 1967）。

Sandler、Dare與Holder（1992）指出，工作同盟是指病人的意識和潛意識渴望去和治療師合作，接受治療的幫助來克服內在的困難。工作同盟並不是想要從治療中獲得快樂和滿足，而是指病人願意在面對內在和外在抗拒時，持續分析工作。廣義的定義是指，所有幫助個案經歷抗拒、讓個案留在治療歷程的所有因素的總和，都是工作同盟。狹義的定義是指，病人覺察自己的疾病，以及在意識和潛意識裡感覺有需要去處理，且有能力在此過程中忍受內心衝突的辛苦和痛苦。

在治療情境中，病人要有能力分開理性我和非理性我、觀察我和經驗我，才能和治療師維持一個工作關係。但是，要清楚分開兩者並不容易，因為工作同盟有可能存在嬰兒神經症的元素，例如：病人在初期為了得到治療師的愛而暫時性配合著努力工作，但最終卻變成強烈的抗拒。

Greenson（1967）認為，工作同盟包含理性和非理性的成分，可分析的病人必須有能力退化，允許移情神經症的反應，同時要有足夠的自我強度去中斷退化，以便恢復理性的、有目標的工作同盟。病人的自我功能在執行工作同盟和客體關係時，扮演重要的角色。分析治療要能進行下去，病人要能夠用語言和情感去表達自己，而不至於行動化。一方面可以用可理解、有順序、有邏輯的語言表達自己，另一方面可以適度的退化和自由聯想。他可以傾聽和理解治療師說的話，並進行反思和內省。此外，他還要能夠去回憶、去觀察自己、去幻想，並說給治療師聽。以上自我功能的能力都有助於建立和維持工作同盟。我們可以說，接受分析治療的病人，一方面要具備與治療師形成工作同盟的能力，二方面要願意冒險在分析情境退化到幻想世界，以及三方面能夠返回現實，恢復理性的能力。

所有的心理治療，包括精神分析治療，都認為工作同盟是很重要的預後因子。Gabbard（1990）指出：「不管治療是偏向表達性或支持性，治療師都必須及早注意工作同盟的建立與維繫……。治療師必須幫助個案確認治療的目標，與個案自我當中健康的部分攜手合作，朝向治療目標邁進。讓個案體會到，治療師是與他一起工作，而非與他作對的人」（p. 109）。多數治療師通常會在初談的時候，盡量排除那些缺少工作同盟能力的人，例如：嚴重精神病患者、邊緣型人格患者。

## 二、工作同盟的形成

病人、治療師和分析設置共同促進工作同盟的形成，因此可以從病人、分析情境和治療師三方面來討論，如何增進工作同盟。

在病人部分，治療師要幫助病人培養形成工作同盟的能力，包括具有現實感、自我觀察、理性，和友好的能力。病人願意遵循精神分析的程序，在面臨退化和痛苦的分析工作時，有能力堅持下去。因此可以說，工作同盟是指病人理性的自我與分析師的分析我合作。神經症的痛苦促使病人尋求治療師的幫助，病人有能力與治療師建立一個理性的、非性慾的、非攻擊的關係，病人的自我功能扮演關鍵的角色。

Sandler 等人（1992）認為，工作同盟的概念並不像字面上那樣簡單，它包括意識和潛意識的層面。有的病人表面上不喜歡治療，對分析工作表達強烈的抗拒，但是潛意識裡卻渴望要接受治療；相反的，有的病人表面上說很需要治療，但是潛意識裡卻想要維持現狀不想改變。他們總結病人形成工作同盟的能力，包括：

1.有能力像觀察別人一樣地觀察自己。

2.有能力忍耐挫折。

3.有基本信任的能力。

4.認同心理治療的目標。

在分析情境部分，分析情境和基本設置不僅有助於退化和發展移情神經症，也可以幫助病人發展工作同盟。治療師有關晤談頻率、長期治療、躺椅使用，以及沉默等設置，不僅促進病人的退化和移情反應，也會增進工作同盟。

在治療師部分，治療師可以透過持續的重視了解與領悟，表現出友善的、同理的、直接的，和非評價的態度，會有助於工作同盟的形成。Greenson（1967）認為，治療師要遵守節制的規則，同時表現人性（humanness）的態度。工作時，治療師對病人要表達同理、關心，以及幫助病人的意圖。治療師不是旁觀者，也不是研究人員，他是一位治療師，他的處方是領悟。人性的態度包括尊重病人的權益、以禮相待等。

治療師在治療初期面對工作同盟能力不高的病人時，該怎麼辦？這個時候，可以透過和病人簽署治療契約或諮商同意書來幫助病人。工作同盟通常會隨著治療歷程而發展，而治療師的工作重點之一，便是協助病人培養形成工作同盟的能力。治療師可以透過詮釋病人的抗拒來發展病人工作同盟的能力（Sandler et al., 1992）。

工作同盟在治療歷程中，並不是固定不變的，它會因為病人的抗拒而減弱，也會因為病人對治療師發展正向情感而鞏固，但也可能因為病人的嚴重退化而瓦解。從事長期心理治療工作的治療師，要特別留意病人是否具有形成工作同盟的能力，因為要經歷很多痛苦的、辛苦的內外在衝突，病人一定要有足夠的能力去忍耐挫折，與治療師合作，如此才能使長期心理治療走得下去。好的工作同盟和治療關係，顯示治療師了解病人，並且有能力幫助他，告訴病人有需要的時候都可以找到治療師。在有穩固的工作同盟和治療關係時，治療師本身就是幫助風險病人最好的工具。

以上所討論的都是指功能相對良好的成人，如果是從事兒童心理治療工作，或者是從事嚴重精神病患者的治療工作，那麼工作同盟的概念一定要延伸到病人的家長和家屬，這是因為兒童和精神病患者要能夠長期接受心理治療，需要家長和家屬的配合和協助。

## 第二節　治療歷程

精神分析治療的歷程是一個非常複雜而難以描述的現象，本節首先說明為何精神分析治療的歷程難以描述，接著嘗試將治療歷程分成三個階段（開始階段、中間階段和結束階段）進行描述。

## 一、治療歷程的描述

許多精神分析師企圖要去定義精神分析歷程，或要去統整共同點，都無法獲得共識。美國精神分析學會曾經組成五人小組去描述精神分析歷程，五人所描述的精神分析歷程也是一樣無法統整出一個共識或共同基礎（common ground）（Frank, 1998）。為什麼很難統整出精神分析歷程的共同基礎呢？Frank（1998）認為有下列幾個原因：

1.分析情境的設置每個人不同，分析情境包括：(1)晤談時病人是躺著還是坐著；(2)晤談時間每個人不同；(3)晤談頻率不同，從每週一次到六次都有；(4)晤談地點不同，家裡的辦公室或外面租用的辦公室；(5)治療師的活動量高低不同；(6)治療師對病人的情感涉入深淺不同；(7)治療師的自我揭露多少不同；(8)病人的抗拒程度不同；(9)治療師的抗拒程度不同；(10)病人的移情強弱程度不同；(11)治療師的反移情程度不同；(12)治療師聚焦在兩人的互動關係還是病人的過去。

2.病人的心理病理不同：Freud 建議治療師分析情境要配合病人，因此不同病理的病人自然會有不同的精神分析情境和歷程。病人之間的心理病理變化很大，因此很難找出一個共同的歷程。

3.治療目標不同：有的治療目標是讓潛意識的壓抑意識化；有的治療目標是抗拒的修通和移情的解決；有的治療目標是提供矯正性的情緒經驗；有的治療目標是提升自我的功能和強度；有的治療目標是增加自我了解或內在資源。

尋找精神分析歷程的共同基礎顯然是困難的，因精神分析歷程隨著分析情境的不同、病人人格和病理的不同、治療師人格和風格的不同、治療目標的不同，以及病人和治療師適配性等，而有不同的歷程變化。勉強地說，精神分析歷程的共同基礎就是幫助病人看清楚，對自己和重要他人的信念、與重要他人互動的期望，以及那些影響他們在世間做為一個人的一切，也就是讓潛意識的東西意識化。

儘管要描述精神分析歷程是如此的困難，Pulver（1995a）也深知精神分析歷程是一個非常複雜的現象，而且不同理論流派會有各自的觀點，但他嘗試以非常簡潔的方式，描述美國一般自我心理學取向精神分析師，每週分析四至五次，持續數年的典型精神分析歷程如下：

1.由於驅力衝突和壓抑導致心理困擾的病人求助於分析師，而病人的心理困擾通常根源於早年生活。分析情境和程序會鼓勵嬰兒期衝突和衍生問題的出現。當病人躺在躺椅上自由聯想時，他的說話會受到意識、前意識和潛意識動機的綜合影響。病人可能談到童年的創傷，意識裡想盡可能地告訴分析師他的訊息，前意識裡他可能會用有順序的方式呈現訊息，潛意識裡可能希望分析師聽完後會為他感到難過。

2.因為驅力衝突會引起痛苦的感覺，病人會嘗試壓抑衝突而不要去知道它們的存在。病人用來壓抑衝突避免知覺的方法叫做防衛，那些在治療過程中出現明顯或隱微的阻抗行為或防衛叫作抗拒。從一開始，病人心裡想到的事情或聯想，有一部分的動機是來自驅力衝突。病人會迴避不說，以免引發痛苦來保護自己。分析師會小心地指出抗拒的現象和原因，分析師對抗拒的詮釋能逐漸幫助病人看見和接受先前害怕看見的衝突和慾望。

3.病人在精神分析情境和治療關係的持續影響下，發生退化的現象。病人的心理功能逐漸回到早期的水準。藉著退化的心理現象，早年衝突的動機變得活躍。

4.當治療關係張力增強，驅力衝突更加嬰兒化，病人對分析師的移情愈來愈多，當這種情感聚焦在分析師的濃度愈來愈大時，可以說移情神經症於焉形成。

5.分析師在認為適當的時候，對驅力衝突的某一面向進行詮釋，病人努力去了解分析師的詮釋。病人逐漸了解和接觸自己較為強烈和原始的內在衝突，並學習更有效率和適應的方式去處理內在衝突。移情神經症發展之後，衝突表現在治療關係當中，並被詮釋和理解，這個階段叫作「修通」。在此階段，病人的衝突和問題會以各種方式表現在治療室之內或日常生活中，透過分析師的詮釋，病人逐漸知覺和接受問題的現象和原因。

6.當修通進展到一個充分的程度，分析師和病人會共同決定一個結案的日期，結束階段開始。結束的決定刺激修通，特別是和分離有關的衝突。修通持續到分析治療結束，病人學習以更為適應的方式處理先前難以處理的動機和衝突。症狀消失，有問題的人格特質獲得改善。在結束階段，分析照常進行，可以聚焦在舊或新的議題。最後，在雙方同意之下結束分析治療。

Pulver（1995a）所描述的精神分析歷程是聚焦在衝突論的觀點，雖然過度簡化和理想化，但是可以提供讀者對精神分析歷程有一個大略樣貌的認識。接下來，再根據Langs（1973）的劃分方式，將精神分析治療歷程分為開始階段、中間階段和結束階段來進行描述，這樣的分階段描述希望讓讀者對精神分析治療歷程可以多一些認識。

## 二、開始階段

精神分析治療歷程從治療師與病人初次見面，雙方談好治療的約定後開始。治療師在心理治療之前，通常會清楚地告訴病人精神分析治療相關的訊息，包括：什麼是精神分析治療、會持續多久、可能的好處和風險、費用、治療的基本設置，以及訂定這些設置的原因。澄清雙方對治療的目標和期待，以減少未來可能產生的誤會。

治療風格是指治療師較為個人化的執業風格，包括：服裝儀容的打扮、晤談室的布置、使用座椅或躺椅的偏好、開始和結束晤談的方式，以及處理假期和收費的方式等。只要治療師遵循精神分析的理論與技術執業，其個人風格會吸引不同的病人，並無對錯好壞之分（Bateman &

Holmes, 1995）。

相較於其他治療學派，精神分析治療師會比較講究基本設置或治療架構，這是因為基本設置是有臨床涵義的。被普遍接受的精神分析治療設置包括：每週一至兩次、每次50分鐘的晤談、使用自由聯想、不預定結案日，以及遵守基本設置等。

在治療開始的階段，治療師可以參考下列的指導語，教導病人自由聯想：「我建議你把出現在腦海裡的任何念頭自由地說出來，包括你對於接受治療或晤談本身的想法和感覺，這些念頭也許是不合理或不適當的，但我希望你都說一說」（Bateman & Holmes, 1995）。

在精神分析治療歷程中，病人要能暢所欲言，治療師要能同理地傾聽，兩者都是不容易做到的事情。所有的分析技術即在催化一個幫助病人自我了解和心理成熟發展的歷程。病人透過治療歷程來深度檢視自己的內在世界和人際關係，有賴於治療師的知識、技術、耐心和彈性（McWilliams, 2004）。

McWilliams（2004）通常在治療初期，會告訴病人下列的話：「我們說話的時候，我大部分時間會很安靜地聽你說話，想要更能夠感受和了解你和你想要處理的問題。當我感覺對你有了解的時候，我會告訴你我的想法，然後你可以讓我知道，我對你的想法和感覺是正確理解，還是錯誤理解。」她在和病人晤談時，會不時地問病人：「和我談話，你感覺舒服嗎？有什麼我可以做的，讓你更容易誠實而開放地談話？」這樣說有助於病人可以很自在地敘說自己，也有助於雙方的溝通和互信。

治療師在治療初期，要盡可能讓病人覺得自己是可以自在地敘說那些令人羞恥和難堪的事情。治療師只要覺得病人因為羞恥或難堪而難以敘說時，便要優先去關注、討論和減少這種感覺。心理治療的目的不僅是增進自我了解，而且還要進一步自我接納。病人若不能接納自己那些羞恥和黑暗的面向，便會永遠被這些面向所控制。治療師可以使用下列的方式來幫助病人減少羞恥的感覺（McWilliams, 2004）：

1.使用「是喔，……然後呢？」

2.使用平常心，一點都不意外的反應，「很正常啊，沒什麼大不了的。」

3.使用因果連結，「在你們家，你會有這樣的問題，一點都不意外。」

4.使用迷惑的口氣問：「你所說所做的，到底有什麼可怕？」

5.直接詢問：「說說看，為什麼你說的事情會讓你很難堪？」

在治療開始階段，病人的主要工作就是自由聯想。什麼是自由聯想呢？其實就是自由表達、暢所欲言。治療初期，我們要鼓勵病人想到什麼就說什麼，不需要檢查、不需要修飾，有擔心說擔心、有顧慮說顧慮。任何感覺、想法、幻想、夢、衝動都可以說出來。培養病人自在地敘說、自由地表達是治療師的主要工作。

所有的技術只要有助於增進病人自由聯想，開放地探索痛苦的或強烈的情感經驗都是適當的。古典精神分析治療師的沉默、中立和節制，即是為此目的而設置。自體心理學治療師的同理鏡映也是同樣為此目的而設。針對不同病人、不同的治療階段，以及治療師的人格，而採用不同的治療態度和技術，但是目的都是為了幫助病人更加能夠自由聯想、自我探索和自我了解。

治療初期建立一個安全的、被理解的晤談情境是治療師最重要的工作。治療師可以透過下列說話方式，發展病人自在說話的能力，更有情感的投入治療歷程（McWilliams, 2004）：

1.「關於這點，你能否多說一些？」

2.「說到這裡，你好像有很多感覺。」

3.「聽起來你經歷了很多的困難。」

4.「你以前有過類似的經驗嗎？」

5.「當你想到這件事，你心裡在想什麼？」

6.「這件事讓你想到什麼？」

7.「當你跟我說這件事，你有什麼感覺？」

如果病人可以自在地說話，不需要治療的催化或指導，治療師通常沒有理由說話，直到晤談結束。偶爾，病人會期待治療師有所回應，這個時候，治療師可能的回應包括（McWilliams, 2004）：

1.進一步澄清病人所說的事情。

2.鼓勵病人繼續說。

3.鼓勵病人向治療師揭露自己的感覺。

4.回饋給病人說，他似乎不帶感情的在說自己。

5.摘述病人說話的內容或主題。

6.以上都是治療師嘗試要告訴病人，治療師有在傾聽。

## 三、中間階段

精神分析治療的歷程大概是這樣的：治療師和病人在了解基本設置之後展開心理治療。治療初期，病人通常會小心地、冗長地講述自己的狀況，當他從治療師那裡得到澄清、同理和協助時，他的自信心會慢慢升高。分析歷程的核心主題包括退化（regression）、抗拒（resistance）、移情（transference）和詮釋（interpretation）等，比較容易在中間階段發生。

治療進行到中間階段，病人會開始不滿意治療的過程，他可能會覺得治療師沒有按照他渴望的方式做治療。他開始的樂觀和一心想要快點解決問題的期待落空。當治療師拒絕病人愈來愈多的要求時，會刺激病人幻滅的感覺，也會很容易回到他早年的關係模式裡，病人因而在晤談室開始有退化行為，病人過去及現在的一些渴望、幻想、失望、挫折和期待等感覺再度出現在治療關係中。經由基本設置的強化，使治療師有機會探索這些感覺的根源，病人童年的感覺和行為模式會再次出現在他對治療師的移情中。但這些感覺不會大到讓病人覺得不能承受，因此病人不會放棄治療，或退化到以病態的方式面對治療設置（Bateman & Holmes, 1995）。

退化是精神分析歷程裡的一個重要概念，是指病人在治療過程中會從成熟的發展階段退化到較不成熟的發展階段，也可以指病人在治療過程中的認知功能從次級歷程退化到初級歷程。Arlow 與 Brenner（1964）指出，退化有下列四個特點：

1.退化是心理功能的一種正常傾向。

2.原始型態的心理活動會持續存在，往往和成熟型態的心理功能並存。

3.多數的退化型態是過渡的，是可恢復的。

4.退化的發生通常只影響驅力生活的一部分，而非全面的，如自我或超我功能。

為什麼病人在精神分析歷程中會退化？影響病人退化的因素可以歸納如下（Pulver, 1995a）：

1.生病本身導致人們退化，痛苦、疲勞和強烈情緒會干擾我們的心理功能。

2.精神分析常會挫折病人的願望，挫折會導致退化。

3.病人求助治療師的需要和行為會促進退化。

4.分析情境本身，例如：像嬰兒一般躺在床上，看不到治療師，治療師很少說話等，會促進退化。

5.在治療室裡，病人專心內在世界的工作，避免日常活動和環境的干擾，也會促進退化。

6.精神分析的基本規則（如自由聯想、治療關係）會降低日常的心理功能，導致退化。

不論是持領悟導致改變的觀點，或持新經驗導致改變的觀點，所有的治療師都認為退化在導致病人改變上扮演重要的角色。許多早年心理發展階段形成的潛意識衝突和幻想，會在病人退化時被激發，被帶進移情關係，成為分析的對象。病人在退化的狀態下，某些防衛也會弱化而變得比較容易接觸。但是，退化是一種雙面刃現象，少許的退化有利於分析，病人必須有能力加以控制；無法退化或退化到失控的病人，則會成為無法分析的病人（Pulver, 1995a）。

退化是自我的「反退化功能」（anti-regressive function）消散了。反退化功能是指，當一個人受到威脅或被激怒時，仍保持好的修養，維持不被遷怒的自主行為，控制不恰當的衝動和需求，並容許合宜的情緒表達。當病人在敘說時，若治療師不過度地打斷、批評或評價，病人潛意識的渴望和早年的經驗會自然流露出來。在精神分析治療過程中，溫和的退化會反覆地出現，病人可能會退化一段時間，然後又回到成人的功能狀態。此種良性的退化會在分析治療裡出現、退去、再出現（Bateman & Holmes, 1995）。

Kris（1956）稱此種良性的退化為「為了服務自我而有的退化」。這種不斷在「當前」與「過去」之間擺盪，能夠協助此時此刻的自我透過得知過去的經驗，而發展出比較好的適應能力。正常的退化不會讓病人失掉好奇心、表達感覺的能力和觀察力。治療師在必要時的介入與幫助，會讓他很快地取得平衡。在這個過程中，還必須維持工作同盟，即使病人在退化狀態下，可能會渴求治療師的愛、情感和肯定，但是不至於到治療師不給予他就無法運作的地步。移情關係讓病人在治療過程的當下，經驗到自己的早年渴望、幻想與感覺，治療師的中立會鼓勵病人放下過多的理性、社會化的禮貌、舉止合宜與顧慮，而盡情的表達自我（Bateman & Holmes, 1995）。

Balint（1949）認為，退化可以成為「新的開始」，因為在退化中，透過在移情關係裡的適當處理，過去的創傷得以被修正。他認為嚴重的心理問題都與「基本缺陷」（basic fault）有關，此基本缺陷發生於早期的母嬰關係，要幫助這類病人，治療師必須處理退化狀態裡語言發展前所無法言說的面向，經由經驗而非詮釋，重新修正這種缺陷。

重新經驗早期的困境，本來就是一件極痛苦的事，儘管病人知道退化可以幫助他們走向更具建設性的結果，但大部分病人還是會抗拒退化。所有接受治療的病人對於過去的困境都已找到一套適應或妥協的方法，這些方法不容易被放棄，因為改變會引發害怕和不確定感，所以大多數人都會抗拒改變（Bateman & Holmes, 1995）。

抗拒是一種臨床上的概念，指的是病人用來阻礙治療進展的種種方法。在臨床上，抗拒會以不同的形式呈現，從意識上的欺騙到潛意識驅動的行動化，從理性化到情緒化，從取消晤談到過分準時，從只談治療關係到逃避談論治療關係，從情慾化的治療關係到全無感覺的治療關係，從發展出新的症狀到問題的快速康復，這些都是抗拒的表現（Bateman & Holmes, 1995）。

抗拒雖然有不同的面向，但是必須注意的是，抗拒會以任何形式出現在治療歷程裡，並且在治療時，分析抗拒應是詮釋的焦點。有時候當病人陷入泥沼，動彈不得，這也是他最需要改變的時候，而抗拒的出現往往意味著改變時機已到。當治療卡住時，治療師必須意識到抗拒的存在，然後再進行辨識和詮釋。

在治療師的指導和鼓勵之下，病人開始自由聯想，晤談時心裡想到什麼就說什麼。雖然病人意識上想要和治療師合作，去進行自由聯想，但是或早或晚，他不願意或不會這麼做，並開始抗拒自由聯想這個基本規則。病人會抗拒自由聯想其實是可以理解的，因為治療師要他去說出那些造成他痛苦的事情，甚至是那些他先前壓抑而不願意接觸的事情。事實上，自由聯想本來就是一件不可能的任務，我們可以說，病人一方面想要和治療師工作，另一方面想要抗拒和治療師工作（Pulver, 1995a）。

早先治療師也認為抗拒是不好的事情，後來才發現抗拒是分析過程的基本內容，也是有價值的內容。抗拒是病人處理關係中痛苦情感、想法和幻想的方式。治療師不僅要幫助病人了解他的痛苦，也要了解他保護自己避免痛苦的方式。有經驗的治療師，面對抗拒的病人，固然會升起討厭的感覺，但是他更會升起一股探究的興趣，他知道治療關係進入一個新的階段，提供一個可以加深治療關係和進展的機會。

有時候了解抗拒本身可能比了解潛意識內容更為重要，因為抗拒會導致治療的僵局。治療師面對病人的抗拒，宜從管理的態度逐漸轉變為理解的態度。幫助病人看見某些行為是抗拒、抗拒出現的脈絡、抗拒如何幫助他迴避某些重要的情感，以及這些情感是什麼。進一步可以幫助病人放棄某些童年的渴望和客體（Pulver, 1995a）。

我們要知道，防衛的行為表現便是抗拒。抗拒和防衛並不會隨著分析而消失，經過精神分析治療，病人只是更加了解和更懂得處理自己的防衛和抗拒。當病人逐漸接受衝突的動機之後，抗拒的需要也就自然地減少了。抗拒是移情的一種，是指阻礙個案自我了解的部分，我們可以說心理治療歷程裡充滿著抗拒和移情，需要治療師的辨識和詮釋。

如果用一件事來描述精神分析的特徵，那便是移情的發展，也就是把對早年重要客體的情感、想法和行為模式置換到當前人際關係中的人，如治療師。移情可以說是病人潛意識裡對治療師不適當的、有情緒張力的反應。廣義上的移情是指病人對治療師的情緒反應，特別是那些不適當的部分。病人會對治療師產生移情，治療師也會對病人產生反移情。治療師覺察自己的反移情，包括來源和影響，有助於了解病人的潛意識（Pulver, 1995a）。

治療師展開工作，放下一切記憶和渴望，運用自由流動或平均懸浮的注意力，有效地聆聽病人的敘說，同時監看自己的反移情，然後以一種對病人有幫助的方式點出核心議題。他容許自己的心遊蕩，覺察某些想法和感覺的出現。他一方面感同身受地同理病人，同時又保持客觀性，試著平衡詮釋與沉默，並調節詮釋的量與時機（Bateman & Holmes, 1995）。

詮釋的主要目的在於幫助病人看見他以前看不到的東西，擴大病人的知覺範圍，協助病人理解他以前無法理解的事情，從看似無意義的事件中發現意義，去感受過去所不能感受的，並且將退化轉化為成長和進步。簡單地說，詮釋就是將以前留在潛意識裡的東西帶到意識層面來（Bateman & Holmes, 1995）。

Strachey（1937）認為，詮釋移情關係是引發病人改變的主要工具。在治療關係中，治療師變成病人的新客體，藉著詮釋移情創造新的意義，使病人以新的觀點來看待世界。治療中的詮釋不只能幫助病人獲得新的領悟，也能獲得新的經驗。

領悟是指病人對自己潛意識的認識，包括了解潛意識對行為的影響，童年潛意識衝突及它們對目前人際關係的影響，同時也指病人對於他內在世界有了更深的了解（Bateman & Holmes, 1995）。真正的領悟包含了認知的理解和情緒的領悟。領悟整合了潛意識和意識的認知，連結了過去和現在，使相互衝突的渴望趨向和諧，並促使病人學會容忍，並修正過去的行為。

Freud（1914a）在〈記憶、重複與修通〉一文中提到：病人需要時間來修通其抗拒，然後他才能真的看見，並信服其潛藏的衝動有多麼強大。當病人接受治療師對他們做的詮釋時，即是修通發生的時候。修通也是連結理性領悟與情緒領悟的過程。領悟帶來修通，修通則強化領悟。

## 四、結束階段

原則上，結案的想法應該來自病人，而非治療師。但在一些特殊的情況下，治療師因為個人的因素，可以提出結案的議題，例如：治療師覺得病人不再能從他的治療中得到幫助，或者治療師對病人有強烈而難以處理的反移情。此時，治療師應該建議病人接受其他人或其他模式的治療。

在臨床實務上，我們可以透過觀察病人的生活和與治療師的關係改善程度，來判斷是否適合結案。適合結案的病人，通常會有下列的行為表現：症狀的緩解、與家人的關係改善、工作效能提高、社交生活改善、性生活的衝突減少、焦慮和罪惡感降低等（Bateman & Holmes, 1995）。

如果病人在晤談室外有明顯的改善，他也會在分析歷程中得到證實，例如：在晤談時，病人的思考變得自由而活潑，比較能夠和治療師討論假期所帶來的分離焦慮，而沒有將內在衝突行動化，也沒有過度的使用防衛機制。他對治療師的害怕減少了，也允許自己挑戰治療師、關心治療師。

結案對治療師和病人而言，都是一件很困難的事。病人一方面想爭取他所渴望的獨立自主，同時又感覺到自己也極渴望退化到依賴、被安慰的關係裡，他必須學習放棄以治療師為涵容者的渴望。當治療關係的重要性和親密度愈來愈高時，這份關係就愈不容易被放棄。因此，從提起結案到真正結案，可能需要數週到數個月的時間（Bateman & Holmes, 1995）。

當精神分析治療結束時，我們可以在移情中觀察到一些改變，經過幾年的分析治療之後，病人逐漸用更現實的眼光看治療師，看見治療師的不完美，看見治療師也是一般人。來自早年過去不現實的感覺、幻想、渴望和害怕，雖然繼續存在，也會經常被生活事件或失敗勾引，但是它們的力道逐漸減少和削弱，也更容易被病人了解和處理。這種轉變稱之為「移情的解決」（resolution of transference）。事實上，這個詞並不正確，因為移情並不會消失，只是更加被了解和更好的被處理（Pulver, 1995a）。

# 第十章

# 了解潛意識溝通

人的潛意識溝通是無所不在的，也是日常生活的一部分，我們會在說話時、行為表現時，以及在做夢時不知不覺的表達我們的潛意識。潛意識的表達和溝通都是願望和防衛妥協的結果，人的適應或不適應行為也都是一種潛意識的溝通。在臨床上，病人會透過晤談（自由聯想）、行為表現（移情）和做夢來表達潛意識的願望和防衛。本章分為自由聯想的潛意識溝通、移情的潛意識溝通，以及夢的潛意識溝通等三節加以說明。

## 第一節　自由聯想的潛意識溝通

治療師無法直接知道病人潛意識的歷程和內容，因此他完全依賴病人提供資料，問題是病人對自己的潛意識也沒有覺察，故無法直接地提供潛意識的想法和感覺。不過這個困境仍然可以解決，如果雙方都理解到，既然潛意識無法透過直接觀察而得知，那麼我們可以透過迂迴的方式來接近潛意識。

### 一、潛意識決定所有行為

精神分析治療師一定要記得「潛意識決定所有行為」的原則，這個原則認為病人在晤談室的口語和非口語行為，都是間接地在溝通他當下認為最重要的事情。換句話說，病人所說或所做的每一件事情，都是經過潛意識偽裝和妥協後的溝通。Auld與Hyman（1991）建議我們對這個原則應該有下列的理解。

這個原則適用在病人任何時候的任何行為和說話，例如：病人晤談時總是遲到，或說話總是沒有重點，或態度總是很被動，希望治療師問他問題，這些言行都是潛意識決定的。這個原則告訴我們，潛意識的表達過程一定伴隨抗拒。病人的前述三種言行，同時也是抗拒，被用來保護潛意識的真正渴望和需要。

這個原則也告訴我們，病人自由聯想的內容，不論是真實事件或幻想，都是潛意識選擇的。病人在自由聯想或晤談的時候，可能會分享最近生活中發生的真實事件，例如：朋友結婚或生病去看醫生，這些真實事件被潛意識選擇作為自由聯想，並不是偶然的。

這個時候，治療師彷彿聽到病人是用這個作為隱喻去訴說潛意識的擔心或渴望。病人若不能接受治療師的詮釋，就會說：「我說的只是一個最近發生的事件，怎麼可能和我內心有關係？」雖然病人說的是一件外在真實發生的事件，治療師卻有不同的看法。治療師會認為一個值得病人在此時此刻說出來的外在事件，一定在潛意識裡具有顯著重要性，也就是具有隱喻（metaphor）的價值。

就精神分析來說，病人的潛意識選擇一個外在真實事件和選擇一個幻想事件來晤談，是沒有區別的。病人選擇幻想、白日夢、噩夢或任何有無事實根據的事件，也都是一種潛意識的溝通。

## 二、潛意識透過隱喻溝通

潛意識的溝通方式是透過隱喻，治療師在聽病人自由聯想或說話時，一定要記得「潛意識決定所有行為」的這個原則。病人在講別人時，有可能也會講治療師，例如：有一位病人在晤談時，提到上週生病去看一位內科醫生，並抱怨醫生對他的態度冷淡、不關心他的症狀和不舒服的感受。但我們並不知道病人是否真的去看醫生或醫生態度的真實性如何？病人在晤談時選擇說這件事，一定有潛意識的原因。很可能潛意識用看醫生這件事作為隱喻，想要告訴治療師：他覺得治療師對他的態度是冷淡、不關心和不投入（Auld & Hyman, 1991）。從這個例子，我們可以說，病人意識裡知道治療師是對他有興趣，也對他很關心。但是在潛意識裡，病人想要去感覺治療師是不關心他，以便可以合理化他參與治療的焦慮。同時，病人透過自由聯想告訴治療師，他想被治療師關心和照顧的潛意識渴望。

在晤談的時候，為什麼精神分析治療師不能夠就事論事的說話和聽話呢？因為這樣做就違背了自由聯想的原則，自由聯想的原則即是把聯想的內容當作潛意識幻想的表達。Auld與Hyman（1991）針對潛意識決定所有行為的原則，做了下面四點結論：

1.治療師要覺察病人的言行，無時無刻都是潛意識在決定的這個事實。

2.治療師要了解，病人的願望和防衛都會用隱喻的方式表達。

3.治療師在聽病人說話時，試著將事實聽成幻想。

4.當忽視本原則有助於治療時，就要忽視它。

## 三、如何了解潛意識的溝通

很多人，包括病人和新手治療師，都會問說：「為什麼不能就字面的意思去了解病人的說話，而總是要尋找潛意識的意思呢？」要回答這個問題，便要回到精神分析的基本概念，那就是人類行為是慾望（衝動、驅力、願望）和防衛的妥協。人有了慾望就會產生焦慮，因此慾望一定要先改頭換面或偽裝才能表達出來。慾望總是透過語言或行動尋求滿足，驅力總是在找各種可能的機會尋求釋放。病人坐在或躺在晤談室裡，也是如此地經驗他的潛意識歷程。治療師遲早要告訴病人，造成心裡痛苦的不是他意識上知道的事情，而是他潛意識知道的事情，心理治療便是在幫助他尋找潛意識的原因和涵義。

Freud（1915b）在〈潛意識〉這篇文章中，說明潛意識具有下列的特點：潛意識想法是不會互相矛盾的，是初級思考歷程的，沒有時間概念和現實感的，只知道趨樂避苦。這些潛意識特點有時在病人的自由聯想中觀察得到，但是不論是否觀察得到，潛意識歷程始終都在影響自由聯想。病人在晤談時，會透過隱喻來講治療師，例如：病人在晤談時談到醫生、老師、主管、警察等，這些隱喻中的人物都有可能是治療師的置換。因此，治療師可以假設病人自由聯想中的這些人物都代表著治療師。

自由聯想是病人想要表達潛意識情感和想要壓抑潛意識情感的妥協，因此病人的自由聯想都是防衛的產物。想要了解潛意識的溝通，治療師要設法去辨識病人用了什麼防衛，以及病人想要表達的潛意識慾望是什麼，治療師熟悉防衛機制有助於病人的分析工作。

病人求助心理治療時，通常是因為有症狀，而症狀代表著原本的壓抑不再有效。病人原本希望治療師可以幫助他鞏固原來的壓抑，但是治療師反而鼓勵他要放鬆壓抑，讓潛意識的材料可以出來。病人即使再有求助動機、再想和治療師合作，潛意識裡還是會把治療師當作敵人，因為病人害怕自己所擔心的危險（潛意識慾望）會出現。病人在自由聯想時，總是會壓抑潛意識的內容。幸運的是，治療師並不會因為病人抗拒而退縮，只要病人穩定出席，盡量想到什麼就說什麼，他總是會告訴治療師他的潛意識內容。

要了解潛意識溝通，治療師要懂得傾聽和形成理解。聽的時候，治療師每次走進晤談室，要放空自己，不帶任何成見、預期、回憶或想法。治療師要盡量像一個空空的接收器，聽盡所有病人的自由聯想和潛意識材料，以及自己對病人的自由聯想。被動地作為各種材料和自由聯想的接收器，治療師不需要刻意的思考，只要單純地讓所有材料填滿他的心裡。

治療師遲早會在心中經驗到所有聽進來的材料會自己組織起來，可能會出現某些主題、某些雙關語會指向字面背後隱藏的意思。當注意到這些組織出現之後，治療師從被動傾聽的模式切換成主動思考的模式。認知到這些前意識的組織是妥協的結果，治療師開始回頭從病人的自由聯想，去找到下列問題的答案（Auld & Hyman, 1991）：

1.病人在這個妥協形成的過程中，運用了什麼防衛機制？

2.是什麼危險或焦慮導致這些防衛的形成？

3.是哪一個特定、具體的潛意識願望和這個危險產生聯繫、被防衛保護著，並且獲得部分的表達或滿足？

治療師以如此的方式從病人提供的材料中，進行心理動力的概念化。治療師形成初步的理解之後，會再比對其他自由聯想的材料，來增加理解的正確性。當治療師對自己的動力形成相當有把握，並且病人也準備接受詮釋時，即可開始進行詮釋。Auld與Hyman（1991）認為，要做到上述的描述，治療師必須要相信自由聯想的方法、要相信病人所選擇的聯想最能溝通潛意識的訊息，以及相信自己終究會聽到潛意識的訊息。

## 第二節　移情的潛意識溝通

精神分析治療是透過移情的辨識與詮釋來幫助病人，將移情的潛意識涵意解釋給病人聽，以增進病人的自我了解與領悟。本節將分別說明治療師看病人的方式、不同治療階段的移情，以及願望—焦慮—防衛三角。

### 一、治療師看病人的方式

透過移情的概念，可以幫助我們了解來自潛意識的溝通。精神分析治療師看病人的方式和其他學派最大的不同之處是，其他學派看重病人在晤談室如何述說他的生活，精神分析治療師看重的是病人在晤談室如何活出他的生活（Auld & Hyman, 1991）。因此，治療師在晤談時，不僅要聽病人說什麼，更重要的是看病人怎麼呈現自己，怎麼看待治療師。

分析治療的情境提供給病人實際生活的情境，透過每次50分鐘，病人會用各種方式知覺治療師。病人會不自覺地呈現他的人格特質和客體關係模式，包括使用扭曲的方式去知覺治療師。因為病人知覺治療師的方式並沒有事實的基礎，而是病人潛意識的態度、願望、恐懼、偏見和情緒的投射，病人知覺和建構治療師的方式來自內在的想像。有人際關係問題的病人，自然也會強迫重複其人際問題在治療師身上。

Auld與Hyman（1991）舉一個例子說明：有一位病人用很長的時間描述自己和老闆的爭論，而最後在他屈服於老闆的願望下結束。針對這個例子，治療師可以有下列的假設：

1.這個故事是一個隱喻，是病人潛意識歷程的表達。

2.故事中的老闆代表治療師。

3.病人害怕被迫向治療師屈服。

4.在恐懼底下有一個屈服的願望。

5.病人和治療師在一起的經驗，是一種早年知覺或幻想的事件的再激發，而早年的事件對病人是有情感的重要性。

6.從病人更多的聯想將可以確認、修改或否認治療師的假設。

## 二、不同治療階段的移情

病人移情與聯想的主題會隨著治療階段而有所不同。在治療初期，治療師對病人而言是個陌生人，因此病人的聯想會比較侷限在意識和前意識上的期待和問題。由於不相信治療師會真的做到中立和沒有評價，病人在治療初期的自由聯想主題多半是恐懼，包括害怕被批評、處罰、誘惑、情緒失控或症狀惡化等。

到了治療中期，病人比較了解治療師和治療歷程，也願意和治療師合作。這個階段，病人開始表達潛意識層面的自由聯想，例如：渴望有一位超級全能又有愛心的人可以滿足他的全部需求，而不需要他做什麼努力。同時，他也會在自由聯想中表達被拒絕、遺棄和分離的恐懼。

隨著治療師對病人的移情和抗拒進行詮釋，病人會愈來愈正向依附治療師，並且信任治療師。病人透過自由聯想，開始潛意識地去經驗治療師，在分析情境中，病人把治療師當作一個客體去經驗和去互動，而不是局外的觀察者。這種潛意識的經驗治療師的例子，例如：渴望與治療師發生性或戀愛關係、渴望和治療師融合為一體、想要和治療師打架、渴望和治療師生下一個小孩。

隨著治療的進展，病人愈來愈容易對治療師行動化他的神經症問題，在當下重演早年的生活，對治療師投射嬰兒化的知覺和情感。自由聯想內容充滿潛意識的幻想和渴望，例如：吞噬的願望、排泄的衝動、謀殺的念頭，以及閹割恐懼等。移情神經症和原始神經症的分析，便是治療的最後目標（Auld & Hyman, 1991）。

## 三、願望—焦慮—防衛三角

病人的自由聯想通常包括三種潛意識的材料：潛意識的願望、願望所引起的焦慮，以及降低焦慮所使用的潛意識防衛。Auld 與 Hyman（1991）認為，要充分了解自由聯想的話，治療師需要在聯想中看到「願望—焦慮—防衛三角」（wish-anxiety-defence triad）。在尋找這三角的元素時，治療師要記得，病人在經驗這些願望、焦慮和防衛時，會使用特定的名詞和特定的影像。病人的潛意識經驗是用具體而特定的方式在生活中呈現。

像生氣、愛、恐懼、情慾和憤怒是有用的概念，但還需要更具體的、特定的願望、焦慮和防衛。以渴望得到治療師的愛為例，Auld 與 Hyman（1991）用對比兩位病人的方式，讓我們體會具體而特定的影像。一位病人渴望治療師愛的經驗是，他渴望坐在治療師的大腿上，嘴裡吸著乳房。另一位病人渴望治療師愛的經驗是，她渴望治療師的陰莖進入她的身體，並且懷孕。這些具體的願望和幻想才是構成移情的材料，也都是潛意識和嬰兒化經驗的原型。

只有當焦慮逐漸減少，防衛逐漸被詮釋之後，病人才會經驗這些具體的嬰兒化願望、情慾或憤怒。這樣的分析過程通常要花很長的時間，才有可能進展到這個階段。移情的現象是超越時空的，也是早年經驗的強迫重複。病人在晤談時，似乎在另一個時空去經驗治療師和自己，病人會不知不覺地用語言、用姿勢、用遺漏等把過去帶到現在。在移情裡，治療師好像變成病人早年的父母，病人童年時認為父母是全能的，在晤談時也不自覺的視治療師為全能。

我們可以說在治療關係中，病人會把早年對父母的願望和情感投射到治療師，那些早年被壓抑的願望—焦慮—防衛三角被活化而表現在移情裡，在治療師的同理接納和鼓勵下，病人有機會去了解願望的內容，經過治療師的協助和詮釋之後，學習用更適合的方式去滿足或放下這些願望。

## 第三節　夢的潛意識溝通

每個人都會做夢，精神分析認為夢是有價值的潛意識材料，透過夢的解析，可以幫助個案了解自己的潛意識願望和衝突。本節將分為夢的理論、治療師對夢的態度、詮釋夢的策略，以及詮釋夢的注意事項等四小節進行說明。

### 一、夢的理論

Freud（1900）在《夢的解析》一書上寫道：「夢的解析是通往潛意識的捷徑。」一次心理治療的晤談中，病人所說的夢會成為該次晤談的焦點，隨後的聯想也和夢裡的情感狀態有密切的聯繫。精神分析治療師會很樂意聽到病人的夢，因為在夢的沙灘上，潛意識的浪潮洶湧而來，防衛的岩石要擋也檔不住（Auld & Hyman, 1991）。當治療師開始要去分析夢的時候，抗拒便會在夢的聯想中出現，但是抗拒終究阻擋不了潛意識的表達。

睡覺時，人會停止對外在世界的注意與興趣，轉移到對內心世界的注意和興趣。睡覺時，人暫停對外在刺激的行動，在沒有行動的情況下，內心世界裡的念頭和感覺可以更自由的活動。我們可以說：當負責大門警衛的意識睡著時，潛意識穿著夢的偽裝，走出大門招搖過街。

夢的材料來自兩個來源：睡前活動的回憶（較不重要）和早年未解決的衝突（較為重要）。潛意識有尋求機會表達的驅力，也會遭遇因為焦慮而產生的防衛。換句話說，我們作夢的材料來自潛意識早年的衝突和白天活動的殘餘。這些材料並不會直接出現在夢裡，而是先轉換成影像，我們做夢後醒來，只會記得一系列的影像。

夢的內容一定會包括當前的心理活動和日間活動的殘餘，但是日間活動的殘餘是不足以建構夢的。一個夢的形成一定是白天的事件和來自早年的衝動，特別是童年的願望，有了接觸。在理論上，夢包括三個部分：顯夢（manifest dream）、隱夢（latent dream），以及夢工作（dream work）。

我們稱作夢者所報導的夢為顯夢，而顯夢所依據的心理結構則稱為隱夢。根據 Freud 的理解，顯夢是隱夢的扭曲版本，不僅是想法和感覺被轉換成影像，而且潛意識材料會以偽裝的方式呈現。如果我們要了解隱夢的涵義，Freud 建議我們可以請做夢者對夢的每個元素進行自由聯想。

病人告訴我們一個夢，這是顯夢，是一個需要解碼才能了解的夢。在顯夢底層的內容和感覺，一部分來自現在，一部分來自過去，有些是前意識，有些是潛意識的，這些叫做隱夢。治療師對顯夢有興趣，但是對隱夢更有興趣。人在睡眠時，將隱夢改頭換面轉換成影像的顯夢的過程叫做夢工作。

為何夢要偽裝出現呢？潛意識的慾望即使在我們睡覺的時候，還是要透過超我的檢查才能現身，如果檢查不通過，夢就會中斷，人會驚醒過來。因為超我的力量在睡覺時還是在運作，所以潛意識慾望需要以偽裝的方式表達。

顯夢的特點是沒有邏輯、超現實、沒有連貫性、男女不分、暴力和性愛不分、快樂和痛苦不分、吸引和排斥不分、驚恐和著迷不分、譴責和讚賞不分。人在作夢的時候，心智活動會退化到初級歷程，或早年心理活動。夢工作主要透過濃縮、置換和象徵等方式，將隱夢轉換成不可理解的顯夢。

病人在回憶和報導夢的內容時，他的自我會採用次級思考歷程，把夢說得比較連貫和合理，補充不連貫的片段，將夢的內容作有順序的呈現，這樣把顯夢說的較有邏輯和連貫性，便是二度修改（secondary revision）（Altman, 1969）。

## 二、治療師對夢的態度

在討論夢的時候，有理論的涵義和臨床的涵義。理論上，夢的涵義是指顯夢、隱夢和夢工作。在臨床上，夢的涵義是指夢、夢的聯想、夢的脈絡，以及夢在治療程序上的位置（Altman, 1969）。在密集的精神分析中，例如：每週五次晤談，夢是日常生活的一部分，和呼吸一樣平常，不需要治療師的提醒，病人自動會說他做了什麼夢，除非有明顯的抗拒。

顯夢的臨床功能是提供一個可以聯想的出發點，夢是潛意識片段的連結點，也是指向潛意識的路標。顯夢如果沒有聯想，他的價值就很少。治療師聽夢的態度，如同聽其他晤談一樣，採取平均漂浮的注意力，保持中立態度，不表現喜歡或不喜歡、相信或不相信病人的夢（Altman, 1969）。

治療師要容許自己的潛意識和前意識去工作，去傾聽病人的潛意識。在傾聽病人的夢時，要留意病人對夢的態度，因為病人對夢的態度反映他的人格結構，會告訴我們很多關於病人的防衛，會提供人格病理的線索，具有預後的重要性。Altman（1969）舉下面兩個例子加以說明：有一位男病人經常告訴治療師一些夢的片段，也同樣的很猶豫地告訴治療師他的其他事情。他的生活分割成很多片段，性與愛是分割的，思想和語言是分割的，所說的事情沒有統整和連貫性。另外一位總是講些散落的夢的女病人，她講話時，總是有頭無尾、掉東掉西的，連精神分析也是如此。

## 三、詮釋夢的策略

當病人在晤談的時候，告訴我們一個夢，很好奇夢的涵義，治療師首先會邀請病人針對夢的元素進行聯想，接下來要怎麼進行夢的詮釋呢？詮釋夢的策略如下（Auld & Hyman, 1991）：

1.了解做夢者一方面想知道夢的意思，同時也會因焦慮而抗拒。夢也是一種妥協，一股想表達的力量和一股防衛的力量的妥協。因此，治療師在進行夢的工作時，不要忽視抗拒的存在。

2.先從自我開始詮釋，詮釋防衛先於詮釋內容。

3.夢的內容固然要了解，說夢的動機和目的更值得了解，兩者都應探索。夢的詮釋靠病人的自由聯想，以及夢的象徵意義，對病人愈了解，愈有助於夢的詮釋。

4.針對夢的每一部分進行自由聯想。治療師要像自由聯想一樣看待夢的材料，病人可能透過夢來訴說他對治療師和心理治療的感覺，病人說夢一定有他的動機和目的。想要了解顯夢的意思，一定要透過病人對夢元素的自由聯想。治療師可以請病人依照夢中每個元素出現的順序做聯想，也可以請病人針對印象最深或衝擊最大的元素做聯想。理想上，請病人針對夢的元素進行系統性的聯想，通常可以幫助治療師了解夢的涵義。但是實務上並非如此，因為治療師請病人做聯想時，病人的抗拒若很強，聯想的結果便會徒勞無功。這個時候，治療師可以先面質病人，是什麼原因讓他想說這個夢，說夢的動機比夢的內容更值得探索。在這種情況下，與其探索夢的內容，不如探索說夢的動機。

5.探索作夢之前、之後的自由聯想，有助於詮釋夢的意義。

當病人說完夢之後，要直接請他自由聯想嗎？要他針對夢的每個元素聯想嗎？可以詢問他前一天發生什麼事情嗎？Altman（1969）認為，夢的分析並沒有一個標準的作法或規則，可以因治療師的風格和當下的情況而不同。Altman 會用很一般的方式，請病人幫助他了解這個夢，或請病人對夢特別有感覺的部分多說一些。他也會根據病人的抗拒、移情、治療同盟，以及當下的感覺，判斷是否要病人做自由聯想或詢問病人前一天發生什麼事。

如果病人對夢沒有聯想，那該如何？或者對夢的脈絡、象徵一無所知？Altman（1969）認為，這是常見的事情，我們只能放下這個夢，等待其他更多的材料，他說他有時候很長一段時間根本做不了夢的分析。

## 四、詮釋夢的注意事項

夢是妥協作用的結果，夢包含著驅力和防衛、過去和現在、前意識和潛意識。我們在詮釋夢之前，要先確認病人是否敞開心胸，準備好了要聽。處於抗拒、焦慮或壓力之下的病人，很難接受治療師的詮釋。治療師也要評估病人的移情、治療同盟，以及病人的理性我的狀態，也要考慮詮釋的時機是否恰當。這些因素的綜合考慮會指引治療師去進行抗拒、移情或焦慮的詮釋。病人的聯想也會指引治療師對夢的詮釋。有些聯想會直指隱夢的內容，有些聯想會提供因果鍊的中間連結，有些聯想則對夢的詮釋毫無關聯，甚至會誤導治療師，成為抗拒的一環。任何的詮釋都不是一步到位的，精神分析沒有神奇的方法，治療或詮釋的效果都是一點一滴累積的結果（Altman, 1969）。

進行夢的詮釋時，Auld 與 Hyman（1991）提醒治療師下列的注意事項：

1.忘記夢的部分內容，這些被忘記的內容更值得探索。

2.夢的詮釋如果在一節晤談時間內做不完，不要分兩節繼續做。如果50分鐘的治療時間，病人說了一個夢，然後做了夢的元素聯想，可是50分鐘時間已經用完了，這個時候，治療師是否可以在下次晤談時，繼續作夢的詮釋呢？Auld與Hyman（1991）並不建議這樣做。他們認為，治療師在50分鐘內解夢可以做多少算多少，不可以延續到下一節。

3.要根據病人的自由聯想做詮釋，而不是根據治療師的自由聯想做詮釋。

4.對病人自我了解沒有幫助的事情不要做，包括夢的詮釋。治療師如果對夢的涵義不知道，就不要勉強詮釋，寧可不說。除非夢的詮釋有助於彰顯衝動—防衛的衝突、某些移情的態度，或者抗拒的姿態，否則就不要勉強去詮釋。

5.當治療師做了夢的詮釋之後，病人卻不同意，這個時候，治療師不要去和病人爭論，或勉強病人接受。治療師可以先放下詮釋，等蒐集更多材料之後，再進行詮釋。

# 第十一章

# 抗拒與移情的分析

抗拒與移情的處理是精神分析和其他學派最大的區別，也是精神分析的核心技術。本章內容包括：抗拒的涵義與臨床表現、抗拒的分析、移情的涵義與臨床表現，以及移情的理解與處理等四節。

## 第一節　抗拒的涵義與臨床表現

我們要辨識病人在心理治療中的抗拒，首先要釐清什麼是抗拒，了解抗拒的臨床表現，以及抗拒的類型。

### 一、抗拒的涵義

在 Moore 與 Fine（1990）合編的《精神分析名詞與概念》一書中，對抗拒（resistance）（又譯為阻抗）作了如下的定義：「在領悟取向的心理治療中，特別是精神分析，經常會出現一種矛盾的現象，病人在尋求專家的協助，去發現神經症問題時，卻用各種方式反對心理治療的目標。」

在臨床上，我們可以觀察到抗拒的現象，例如：迴避自由聯想、迴避對自我的了解等。抗拒是一種自我防衛，由於精神分析透過自由聯想，會威脅到病人不想面對的童年願望、幻想和衝動。因為這些願望、幻想和衝動的覺察會引發痛苦的情感，自我會透過抗拒來保護病人，免於精神分析帶來的威脅（McLaughlin, 1995）。

Freud（1900）在《夢的解析》一書中曾說，病人內在所有反對分析進行的力量都是抗拒，例如：阻礙自由聯想、干擾回憶和領悟、阻止理性我（reasonable ego）的尋求改變等。抗拒可能是意識、前意識和潛意識的，抗拒的表現可能是情緒、態度、衝動、幻想或行為，所有反對或阻礙精神分析進行的言行都是抗拒。

抗拒不是對不能接受的精神內容的完全壓抑，而是對潛意識衝動和記憶的扭曲。扭曲的目的在於使它們在病人的自由聯想中，以偽裝的形式顯現出來。從這個意義上來說，抗拒的運作方式和作夢時的稽查方式完全一樣，也就是防止不能接受的思想、情感或願望變成意識。Freud（1912b）認為，抗拒不是在心理治療中偶爾出現，而是在心理治療中一直存在。

Freud（1912b）曾說，抗拒伴隨心理治療的每一步，治療中的每一個聯想、每一個行為都要考慮到抗拒的存在，而且每一個聯想和行為都是各種想要改變和反對改變力量的妥協。在神經症患者身上，抗拒承擔防衛的功能，抗拒會反對精神分析的進行，以便幫助患者維持現狀。抗拒會反抗病人的理性我和分析情境，以便可以防衛神經症。因此可以說，整個心理生活的各方面都具有防衛功能，它們都可能成為抗拒。

抗拒的概念剛開始只是指病人對回憶和自由聯想的阻抗，後來這個概念很快擴展到包括病人所產生的所有阻礙治療目標和治療過程的阻抗。透過治療師的解釋和其他介入，抗拒是能夠被克服的，而且治療師把抗拒的形式和內容看作是一種有用的訊息資源。

多數治療師對抗拒有如下的共識：使病人意識到自己的抗拒，並且努力使他們認識到這是一個必須明白和克服的障礙，是精神分析治療過程一個重要的組成部分。這絕不是一個簡單的任務，因為病人會經常企圖證明或合理化自己的抗拒。病人會潛意識地認為成功的精神分析，將威脅自己所建立的、安全的神經症式的平衡。這種威脅可能非常大，甚至導致病人透過「逃入健康」的方式，來證明應該停止治療來表達他的抗拒（Sandler et al., 1992）。

病人雖然因為神經症的痛苦產生改變的動機而來接受精神分析治療，但是他有一部分的潛意識力量卻反對改變，要防衛治療師的介入並維持現狀。個案為何要維持現狀呢？因為症狀本身可以部分滿足被禁止的慾望，這些反對治療介入的力量便是抗拒。抗拒起源於自我的防衛，這些防衛是組成神經症的一部分，在精神分析治療期間，病人會以各種方式重複其過去常用的防衛機制。抗拒的分析是精神分析技術的基石，因為抗拒是自我防衛和扭曲功能的表現，精神分析治療第一個要分析的便是抗拒。病人要有效的領悟，必須要有一個理性我，抗拒干擾了理性我的功能，因此抗拒要先被處理精神分析治療才能成功（Greenson, 1967）。

## 二、抗拒的臨床表現

抗拒是根植於生物驅力，具有適應的功能，會透過人類行為的表現而被觀察。抗拒在精神分析中是無所不在的，只是表現的形式和強度會因病人而異，也會因治療階段而不同。抗拒表現的方式包括態度、說話和行為，病人透過這些方式去避免覺察到早年的痛苦經驗和潛意識衝突（McLaughlin, 1995）。

認識抗拒的臨床表現，有助於治療師在心理治療時辨識它的存在。抗拒的臨床表現其實是很複雜的，為了方便初學者理解，Greenson（1967）整理出抗拒常見的臨床表現，簡述如下：

1.病人表現沉默：這是最常見的抗拒，病人在意識上或潛意識裡不想告訴治療師他的想法或感覺。有時候病人說「不覺得想要說什麼」，隨後保持沉默。

2.病人雖然說話，但是不帶情感：這也是一種抗拒，病人說話的內容如果和情緒不一致或有落差，便是一個值得處理的抗拒。

3.病人用姿勢來表現抗拒：如拘謹、僵固、防衛的坐姿、整個晤談過程的坐姿都不動或不斷地變動、握緊拳頭、雙臂抱在胸前、腳裸緊扣在一起、打哈欠、眼睛迴避治療師等，這些都是抗拒的表現。

4.時間上的固著：病人在晤談時，通常會很自然地在過去、現在和未來的時間軸上移動，如果病人晤談只是固著在過去，而不談現在或未來，即顯示抗拒的存在，就好像他在迴避什麼似的，好比情緒和姿勢的固著。

5.總是說一些枝微末節的事情：病人如果長時間都在談一些瑣碎不重要的事情，可能他在迴避某些重要的事情。缺乏反思或內省的談話，便是一種抗拒。

6.迴避話題：病人會迴避那些令他感覺痛苦的話題是很常見的現象，特別是那些涉及性、攻擊和移情的話題。有些病人雖然晤談時侃侃而談，但是對於性或攻擊的衝動，以及對治療師的某些感覺總是迴避，這便是一種抗拒。

7.病人行為重複地出現僵固的現象：在晤談時，病人每次都會說一個夢或報告自己的症狀，或先說一下最近的日常生活狀況，這種儀式化或刻板化言行便是一種抗拒。

8.使用迴避性的語言：有些病人在晤談時會使用專業名詞、老生常談、技術用語或貧乏的語言，這些便是抗拒的現象，顯示病人用這些語言在迴避活生生的、有血有肉的個人語言，目的是在阻止說出個人的真實情感，例如：病人會說「我很憤慨」，而不會說「我氣死了」。

9.遲到、缺席、忘記付費：這些顯然也是一種抗拒，抗拒準時來治療或支付治療費。

10.缺少夢：病人說「作了夢，但是忘記了」，這便是抗拒。夢是進入潛意識和被壓抑生活最重要的材料，忘記夢顯示病人不想揭露其潛意識。

11.病人覺得無聊：心理治療中的病人通常對自己的潛意識渴望和幻想有探討的意願。病人使用無聊來阻擋對潛意識渴望和幻想的覺察，因此是一種抗拒。

12.病人說是祕密不能講：病人把某些事情當作祕密，很明顯地在迴避事情。祕密是一種特殊的抗拒，治療師要審慎處理，一方面要給予尊重，另一方面又希望病人可以不要迴避。

13.付諸行動：在精神分析治療中，病人出現付諸行動或行動化是很常見的，病人用行動化代替說話便是一種抗拒。行動化的抗拒一定要先分析，否則會干擾整個精神分析的進行。

14.經常出現快樂的晤談時光：心理治療通常是嚴肅的，述說的話題多數是令人不安或不舒服的事情，雙方的工作是辛苦的，病人偶爾會經驗到一些進步和滿足，或對某些領悟發出笑聲。但是整體而言，晤談是嚴肅的，經常出現快樂時光或熱情洋溢，顯示病人想要阻止某些令人痛苦的事情。

15.病人持久沒有改變：一段順利的治療時間之後，治療師可以預期病人在症狀上的緩解和行為上的改變，如果順利的治療很長一段時間之後，病人沒有改變，就要思考是否有潛在的抗拒在作用，可能是不明顯的抗拒或是移情抗拒。

## 三、抗拒的類型

根據抗拒的來源，我們可以將抗拒區分為五個類型（Freud, 1926b; Sandler et al., 1992），前面三個類型的抗拒來源屬於自我的抗拒：

1.由威脅引起的抗拒：這種威脅來自分析的過程和目的，例如下列幾種情況：由於分析治療所產生的變化，可能導致病人與重要他人的人際關係出現現實困難而產生抗拒；治療師採用錯誤的程序和不恰當的技術所引起的抗拒；如果治療進行順利，在面臨治癒和失去治療師的危險上，也可能會促進抗拒的形成；因為分析工作是病人自尊的一種威脅，所以發生了抗拒。有些病人難以忍受在治療過程中出現嬰兒化的一面，因為他們認為這些樣子是很羞恥的；由於接受心理治療便是要放棄早年解決問題的方式，於是對要放棄過去已經適應的解決問題方式（包括神經症症狀）產生抗拒。

2.移情的抗拒：這類的抗拒是來自移情，病人用移情代替記憶，將過去的客體置換為當前的客體。Freud（1914a）認為，病人用行為代替回憶，也就是說，病人透過移情（或強迫重複）去抗拒覺察自己對治療師的渴望和行為。在治療關係中，病人會以其獨特的人際行為方式去和治療師相處：病人如何的與人相處，也會如何的與治療師相處；病人渴望從他人獲得某種愛的滿足，也會渴望從治療師獲得。這種透過行為而非透過理解，便是一種移情的抗拒。

3.因生病而獲益的抗拒，也就是次級收穫的抗拒：當人生病的時候，顯而易見的會得一些好處，例如：可以不用上學或上班、可以獲得家人親友的關心和照顧，以及特殊待遇等。個案為什麼抱著神經症不放呢？有一部分的原因就是可以從症狀中獲得好處，因為症狀是潛意識慾望與現實的妥協，部分的潛意識慾望透過症狀獲得了滿足。

4.本我的抗拒：這類抗拒是由於本我想要維持原來的驅力滿足的習性。本我的抗拒通常是指個案從早年時期，透過快樂原則所養成的人格習性和強迫重複，對現狀的任何改變很容易引起本我的抗拒，因為現狀是本我長年部分滿足潛意識慾望的固定模式。本我的抗拒主要是為了維持根據快樂原則所奠定的慾望滿足模式與習性。

5.超我的抗拒：這類抗拒的來源是超我，來自罪惡感和被處罰的需求。在心理治療的歷程中，有的個案會因為超我的作用，例如：良心和罪惡感，而抗拒治療師的幫助。如果個案表現出對心理治療工作的破壞或認為自己不值得被幫助，或者自己渴望被處罰等，這些都是超我的抗拒。客體關係理論認為，超我的抗拒是因為個案有一個內化的嚴厲父母（Sandler et al., 1992），不斷地要求凡事追求完美，或把受苦理想化，認為維持現狀和受苦才是好的，避免人格現狀被治療所敗壞。

# 第二節　抗拒的分析

分析抗拒才是精神分析，迴避抗拒或不處理抗拒的治療就不是精神分析取向的心理治療。本節將說明分析抗拒的技術，以及分析抗拒的規則。分析抗拒的技術主要是面質、澄清、詮釋和修通。

## 一、分析抗拒的技術

治療師要了解抗拒不只是阻礙分析的進行，對於抗拒的探究，還可以了解病人的自我功能和客體關係。抗拒的分析可以幫助治療師了解自我功能是如何的受到本我、超我和外在環境的影響。同時，治療師還可以觀察到病人對治療程序的抗拒，也就是在重複內在不同人格結構的神經症衝突。分析情境提供治療師一個有利的機會去觀察病人的妥協形成（compromise formation）或症狀形成（symptom formation）。病人嘗試自由聯想時，便活生生的表現出各種抗拒。

Greenson（1967）曾說，「分析」（analyzing）這個詞是許多促進病人領悟技術的濃縮用語，至少包括四個技術：面質、澄清、詮釋和修通。詮釋是最重要的分析技術，其他三個技術則是作為詮釋的準備，以及擴大詮釋的效果。透過詮釋，治療師幫助病人意識到某一心理事件的歷史、來源、方式、原因和意義。要幫助病人達到充分領悟自己的抗拒，所需要的詮釋通常不只一次，而是許多次。為了要分析抗拒，病人必須要先認識到抗拒的存在和作用，治療師透過澄清和面質，幫助病人看見抗拒的存在和作用。修通則是重複的詮釋和深化詮釋的效果，幫助病人從領悟發展到行為長久的改變。

Greenson（1967）根據臨床經驗，將抗拒分為兩個類型：一個是自我協調的抗拒（ego syntonic resistances）；另一個是自我不協調的抗拒（ego dystonic resistances）。自我不協調的抗拒對病人的理性我來說，是一種外來的和奇怪的，這種抗拒比較容易辨識和處理。自我協調的抗拒對病人的理性我來說，是熟悉的和合理的，因此比較難以辨識和處理。Greenson 認為，這種區分在臨床上會有幫助，他建議治療師先處理自我不協調的抗拒。因為自我協調的抗拒通常反映病人有人格特質的問題，是一種長久建立、已經習慣的行為模式。只有當工作同盟建立的很穩固的時候，才比較可以進行自我協調抗拒的辨識與處理。

## 二、分析抗拒的規則

早期精神分析的技術是聚焦在幫助病人恢復早年的記憶，以及讓潛意識的內容意識化，後來 Freud 發現弄錯了重點，認為克服抗拒才是重點。他（Freud, 1914a）說分析師的工作就是分析和詮釋病人的抗拒，一旦抗拒處理了，病人自然就會記起早年的記憶，潛意識的材料也就意識化了。

精神分析的目標是要提升自我的功能，以便去適應來自本我、超我和外在環境的壓力。因此，治療師的工作便是強化病人的理性我，以便可以去因應古老心理的危險和威脅。病人由於自我功能太弱，非理性我運用病態的防衛來應付危險，結果發展成神經症。在分析情境中，藉著工作同盟的幫助和適當的詮釋，治療師可以幫助病人增長理性我的力量，可以重新檢視早年的危險，領悟到神經症症狀的不合理性。

Greenson（1967）總結分析抗拒的規則如下：「先分析抗拒再分析內容，先分析自我再分析本我，先分析表面再分析深層。」先分析抗拒再分析內容，有助於理性我的增長，因為抗拒會干擾理性我的發展。先分析自我再分析本我，這是因為自我的抗拒如果不先分析，分析工作就難以進行，導致分析終止，病人惡化，分析變成理智化遊戲，或移情的滿足。所謂先從表面抗拒開始分析，是指由病人決定每次晤談的話題，因為這些話題是病人的理性我和意識比較容易接觸到的材料，詮釋起來比較容易。

分析抗拒的規則有兩個例外：一是微小的抗拒；二是喪失自我功能。對於微小的抗拒，治療師可以不需要緊迫盯人的去處理，這些微小的抗拒，通常病人自己可以處理。至於喪失自我功能的情形，治療師應該放棄分析技術，採用支持或危機處理等非分析技術，例如：精神病發作時，病人處於心理崩潰的狀態，抗拒自然消失了；這個時候，病人反而需要一些抗拒和防衛來幫助自己免於崩潰，治療師要使用的介入不是分析而是支持。又如：當病人的情緒失控時，自我功能也會喪失，此時治療師應該給予耐心、支持和同理，給病人足夠的時間可以宣洩情緒（Greenson, 1967）。

## 第三節　移情的涵義與臨床表現

Freud 是第一個發現移情的人，發現的時間相當早，大約在 1893～1895 年之間（Stone, 1995）。移情現象的發現與臨床運用，可以說是 Freud 最偉大的貢獻之一。本節將說明移情的涵義、移情與真實關係、移情的臨床表現，以及移情的類型。

### 一、移情的涵義

移情是一個非常複雜的概念，Stone（1995）從臨床實務的角度給移情做了如下的定義：「移情是一種重複的傾向，個人與早年重要他人所經驗和形成的態度、感覺、衝動和慾望，會重複在當前的情境。」早年重要他人主要是指父母，也可能是他的主要照顧者。

移情是人世間普遍存在的現象，每個人都會受到移情的影響。一個相對成熟、健康的人，移情會影響他的人際關係，但還不至於出問題。對於人格相對脆弱或不成熟的人，移情將會巨大影響他的自我控制和現實考驗能力（Stone, 1995）。移情的重要性有三：(1)早年記憶和幻想會在當前的人際關係中重現，並且加以影響；(2)負向移情很容易成為抗拒，正向移情則是良好工作同盟的基礎；(3)移情神經症的治療等同於治療導致病人當前人格問題的早年神經症（Single, 1985）。

移情是一種錯覺，當事人把對早年重要他人的情感、態度、想法重複在當前的人際關係而不自知。當事人並不認為自己在重複早年的人際關係，他是真實的認為他對當前人際關係的情感、態度和想法都是適當的。在精神分析的療程裡，移情具有三個重要特點：不適當、抗拒，以及過去的重複（Schimek, 1983）。

治療師從病人那裡獲得的資料，遲早會包含涉及到病人對治療師本人直接的或隱晦的想法和情感，這種與真實的情況有著很大偏離的內容便是移情。這種偏離代表了與病人過去的慾望、經驗及關係相關的感覺和想法（Sandler et al., 1992）。

Greenson（1967）認為，移情代表著當前的個人感情、驅力、態度和幻想的體驗，這種體驗對當前的人是不恰當的，是一種對來自早期童年特殊人物反應的替代。決定一種反應為移情必須具有兩個特點：它必須是來自過去的重複，以及必須是對現時的不合適。Cooper（1987）區別了移情的傳統涵義和現代涵義：傳統上，將移情的概念視為過去的主要關係在此時此地的再現。現代的觀點視移情為新的體驗更勝於將之視為舊經驗的重演，對移情詮釋的目的在於將所有這種包含過去內容的新體驗在意識中呈現。

Sandler 等人（1992）檢視移情在精神分析理論發展的不同階段的涵義，總結移情具有下列不同的涵義：

1.包括治療同盟的涵義。

2.包括Freud所說的，病人錯誤的重複過去，在晤談時指向治療師的嬰兒化情感和態度。

3.包括了 A. Freud 所說的防衛性移情和外化。

4.包括了病人所有不恰當的，針對治療師重演的想法、態度、幻想和情感。

5.包括了病人現時內在客體關係的外化，使得他們能夠影響病人對治療師的感受，包括投射性認同下的各種機制。

6.包括病人將治療師做為過去關係的重複，病人在分析過程中的語言和非語言交流均可能是移情。

## 二、移情與真實關係

所有的移情反應都有一些現實的部分，所有的人際關係都有一些移情的元素。所有客體關係都是移情和真實關係的混合，只是比例不同而已。此處的真實（real），是指真誠而非人為做作，是合乎現實而非不適當或幻想的。病人和治療師之間真的只有移情而沒有真實的人際關係嗎？很多精神分析師認為，病人對他們的反應都是移情和扭曲的。但Greenson（1971）提出不同的觀點，他認為病人和治療師的關係，包括移情的關係和真實的關係。他回顧文獻，總結出兩點發現：第一，在精神分析過程中，除了移情，還有真實的關係發生；第二，區分移情和真實關係有其重要性。

移情是對當前他人的感覺、驅力、態度、幻想和防衛，這些經驗對當前他人是不適當的，而是把對童年時期重要他人的經驗，潛意識地重複在當前他人身上。移情有兩個特點：第一，它是沒有區別的、沒有選擇的重複過去的經驗；第二，它是不適當、忽略或扭曲現實的。所有的客體關係都包括過去經驗的重複，但是真實關係與移情不同的地方是，在重複過去經驗的時候，它是選擇性的、有區別的，而且是適當的（Greenson, 1971）。

Schimek（1983）認為，移情分析是在訓練病人採用多元的觀點去看待人際關係，包括：自己的觀點、治療師的觀點，以及來自早年的期待、記憶和幻想的觀點。Single（1985）也持相同的觀點，認為精神分析工作最重要的意義是對人際關係提供多元的觀點。他提醒我們，移情是人類生存適應的一種現象，我們不要用「扭曲」或「錯誤」的眼光去看待移情，而是要用同理的態度去看待，移情是人類早年面對人際困難或挫折的適應反應。

我們可以說，人際關係等於真實的關係加上移情的關係，真實的關係是根據事實的當前人際關係，移情的關係是根據早年的人際關係，重複在或投射在當前的人際關係（Auld & Hyman, 1991）。移情在治療關係中，只是被發現、被了解，而不是被培養、被發展。良好的治療關係是治療師可以做，可以培養的，但是移情只是呈現與重複呈現而已。良好的治療關係導致個案依賴治療師，透過治療，個案還須學習放下依賴，才能真正獨立成長。

## 三、移情的臨床表現

很多治療師認為，治療初期的移情表現比較少，自由聯想較少移情的內容，除非移情神經症已經發展了。Gill（1979）持不同的看法，他認為即使治療初期，也是可以看到很多間接指向移情的表現，也就是對移情覺察的抗拒。即使病人很自在順暢的自由聯想，也會呈現對移情覺察的抗拒。對於移情，並不是每一個移情都要詮釋，如Freud（1913）對移情詮釋的格言是：移情變成抗拒之前無需詮釋。

治療師如何在心理治療的時候，增加移情神經症（transference neurosis）或移情反應的呈現，以便加以觀察和詮釋呢？治療師在開始精神分析治療的初期，會刻意營造一個分析情境，包括要求病人遵循自由聯想的溝通方式，躺椅上的病人看不到治療師，要求治療師的溝通只限於澄清和詮釋的介入。任何滿足病人慾望的反應都受到限制，例如：對病人的保證、鼓勵和照顧。除了口語的互動，任何的肢體接觸、身體檢查、社交往來都被嚴格節制（Stone, 1995）。

在分析情境中，病人的移情會變得很強烈和持久，而容易傾向退化和抗拒改變，移情神經症的發展於焉形成。移情神經症的形成和詮釋，會被視為真正的精神分析工作。移情神經症將病人的核心衝突帶進治療情境，使得治療師和病人得以在治療情境中觀察和進行詮釋。移情神經症即使在當代的精神分析，仍然占據中心的地位。Stone（1995）認為，在所有的心理治療中，移情都扮演關鍵的角色，如果不了解移情或忽視移情，正向移情可能會造成移情治癒（transference cure）而不知。負向移情如果沒有處理，可能會造成治療的失敗和中斷。

Auld 與 Hyman（1991）舉一個例子來說明：B 病人是男性，小時候曾被父親遺棄，長大後一直擔心被遺棄，並且總是覺得別人會遺棄他。結婚後，他把這種感覺投射在妻子身上，認為妻子遲早會遺棄他。在心理治療時，他也認為治療師會遺棄他，因此他在婚姻關係中和在治療關係中，都不會把真感情放進去，以免將來受到傷害。從這個例子可以看到，B 病人把妻子和治療師當作過去的早年客體（父親），把內在客體（父親）重複表現在當前的客體上（妻子和治療師），透過強迫重複的原理，B 病人把他有問題的人格和客體關係，用行為在當前的人際關係當中重演。

從上述的說明和例子，我們可以說移情是病人把過去的生活，重新活過一次。移情是用過去的經驗去誤解現在的生活，移情反應若被治療師適當的處理，病人就可以經驗到過去那些重要的、而不自覺的人際關係。分析情境的設置是為了催化移情反應的最大呈現。治療師的分析態度也是為了讓病人可以充分的經驗各種移情感覺和幻想（Greenson, 1967）。

## 四、移情的類型

移情以不同的面貌、不同的程度介入所有的人際關係和治療關係。Freud（1912b）在〈移情的動力〉這篇文章中，將移情反應區分為正向移情（positive transference）和負向移情（negative transference）。正向移情是指病人對治療師表現正向的情感和渴望、性愛的願望和幻想等，也包括良好的治療關係等。

負向移情是指病人對治療師表現負向情感，如攻擊、憤怒、嫉妒等。Freud認為，負向移情一定要即時詮釋，否則治療可能就進行不下去。一般而言，正向移情可以不需要詮釋，除非過於強烈或變成抗拒，才要加以詮釋。當移情變成抗拒時，例如：負向的、性的，和退化的移情時，便要加以詮釋。正負向移情經常混合在一起不易區分，例如：病人喜歡治療師之後，得不到治療師正向的回應，感到十分挫折和憤怒（Auld & Hyman, 1991）。

對於 Freud 將移情反應區分為正向移情和負向移情，Menninger（1958）提出不同的觀點。他認為治療師和個案之間不可能有正向移情關係與負向移情關係，只能說在移情關係中出現了「正向或負向」的態度，但是不能說，在這一刻的移情關係是正向或負向。由於治療關係是雙方共同構成的，因此不可能是個案單向的對待治療師，所以正負向移情應該被理解為一種「態度」。

移情的類型除了區分為正向和負向之外，Freud（1915a）還提到移情愛（transference love），也就是有關病人愛上治療師的移情現象。在診療室裡，病人對治療師產生情慾或愛情渴求的情形不少見，病人的這種愛情並不是真愛情，而是移情的一種。移情愛可以說是一種抗拒，是病人拒絕被治療的方式之一。移情愛也就是情慾移情（erotic transference），本章第四節會有更多的討論。

Sandler 等人（1992）認為，情慾移情和色情化移情（erotized transference）是不同的。情慾移情是屬於正常的，可以繼續工作的；色情化移情是嚴重異常的，很難繼續工作。情慾移情病人對移情的詮釋較少抗拒；色情化移情是情慾移情的極端誇大和扭曲的形式。情慾移情和色情化移情可以視為一個連續線，從戀愛的情感到強烈的性吸引，以及從普遍存在潛意識層面的性願望到意識的、自我協調的色情化移情關注。

# 第四節　移情的理解與處理

移情被認為是精神分析的核心技術，如何正確理解與處理移情是本節想要討論的主題。本節內容包括：移情與強迫重複、移情治癒、移情的處理、移情愛，以及超越移情與詮釋。

## 一、移情與強迫重複

Freud（1914a）認為，病人無法回憶他所忘記或壓抑的事情，但是會用行動表現出來。病人不是用記憶去複製，而是不自覺的用行動去複製早年壓抑的事情，例如：病人不會記得他早年是如何叛逆他父親的權威，但是在心理治療時，他會不自覺的對治療師表現出叛逆的行為。只要病人留在治療中，他註定會一再重複他自己，而治療師要理解病人回憶的方式是透過強迫行為來表現。

移情便是一種病人的強迫重複，病人早年生活的態度不僅會強迫重複在治療師身上，也會重複在目前生活中的人際關係和工作。由於移情是一種潛意識的強迫行為，個案自己沒有覺察，即使在陳述自己的問題時，也會因為主觀性太強和病識感不足而難說清楚講明白。這也是為什麼治療師需要更長的時間來評估和治療個案，更重要的是，Freud認為如果個案沒有在治療中重新體驗到回憶的強烈情感，治療會是無效的。

病人在治療中的抗拒愈大，就愈會行動化，行動化即是強迫重複。在分析進展中，移情會變得不適當的強烈，病人愈需要壓抑，也容易變得行動化。病人將早年曾使用過的防衛武器，通通拿出來對抗治療的進行。病人用重複代替回憶，而且在抗拒的時候，愈容易重複和行動化。病人的人格即是由強迫重複的行為和問題、症狀所組成，也會在治療中重複症狀。治療師透過治療當前的問題模式去解決早年的問題。

不同於催眠使被壓抑的早年材料被回憶，移情使被壓抑的早年材料透過行動表現出來。病人在心理治療期間會出現惡化的現象，可以用移情來解釋。病人選擇接受治療，即表明他想改變對疾病的態度，新的態度會激發那些被壓抑的衝突和症狀，治療師可以安慰病人這是暫時的惡化，讓治療師清楚知道有個疾病（敵人）在那裡，若沒有疾病哪來的治療？

治療期間，有些新且深層壓抑的驅力衝動也會強迫重複的呈現，使病人看起來症狀惡化。還有，病人在移情之外的行動化也會惡化他的生活，甚至藉此削弱病人對療效的預期。因為治療期間，病人會有症狀惡化的現象。Freud（1914a）建議治療師，為了保護病人避免因一時衝動而做錯判斷，要提醒病人在治療期間不要做人生重大的抉擇，例如：結婚、換工作等，最好等到治療結束時再做決定。

Freud（1914a）認為，阻止病人強迫重複的主要工具是移情的處理。治療師刻意在分析情境產生移情神經症，這是一種無害的，可以取代原來的神經症，是介於疾病與真實生活的過渡地帶，它具備所有疾病的特徵，可以做為治療介入的對象，它是真實的經驗，只要先克服了抗拒，接下來就可以很容易進行移情詮釋，增進病人對移情和神經症的領悟。

當有人問Freud，為何治療師對病人指出他的抗拒之後，病人的症狀不僅沒有改善，抗拒反而更強烈呢？Freud（1914a）解釋，治療師的介入是正確而滿意的，但是治療師忘記了一件事，僅僅告訴病人抗拒的名字，抗拒並不會立即消失。治療師應該給病人時間去與抗拒對話、去熟識抗拒、去修通它、去背叛它。只有當抗拒在達到最高峰時，病人才能逐漸發現餵養抗拒的是那些被壓抑的驅力與衝動，有了這樣的經驗，才能說服病人驅力的存在和力量。治療師在這個過程什麼也做不了，只能等待，讓事情依照它所需要的速度進行，這個過程是無法加速的，也無法迴避的。了解上述道理的治療師，就不會把順利走在正確道路上的心理治療誤認為是失敗的治療。

## 二、移情治癒

Freud（1913）在〈論治療的開始〉這篇文章中指出，移情可以暫時的緩解症狀，他稱之為「移情治癒」（transference cure）。有些病人會因此認為是神經症改善的證明，而過度強調症狀緩解的程度。但事實上，病人是以移情治癒作為抗拒，去逃避辛苦的分析工作和治療的焦慮，很快的妥協在短暫的症狀緩解。

病人接受心理治療，把內心衝突所產生的壓力與垃圾倒給治療師之後，病人自然減少對周遭人的不當行為，這種暫時性的症狀改善，便是移情治癒。另外，由於治療師的權威建議或影響，而非由病人經由分析而領悟的症狀緩解，都是移情治癒。

當病人說感覺好多了，但是自己和治療師都不了解改善的原因，這種情況可以說是表面的改善。真正的改善是病人通常會對自己的改善有一種情感上的了解，增加內在的自由，不會去做強迫的重複，感覺自己不需要像從前那樣一被刺激就自動反應，感覺生命生活掌握在自己手中，而非神經症反應。

病人不再被古老的思考、情感和行為模式所驅使，去強迫重複神經症的人生。這種症狀緩解和生活適應是來自長遠的人格改變。區別移情治癒和結構改變的線索是：症狀突然改善，這種沒有理由可以解釋的突然改善或戲劇化的好轉，是屬於移情治癒。當病人在接受治療的過程中，愈來愈少抱怨症狀，則屬於人格結構改變。然而，兩者往往不易區分，並且常常混在一起出現（Freud, 1914a）。

如何區別真正的治療性改變還是移情治癒？Auld與Hyman（1991）認為，下列情況的症狀緩解很可能只是移情治癒：

1.治療師是否了解為何病人會改變，如果不了解，病人的症狀改變可能是由於防衛的改變。

2.在沒有針對衝突給予詮釋的情況下，症狀卻消失了。

3.症狀突然的、戲劇化的改變，好像逃避到健康的狀態中。

4.病人的某一個重要問題，如性衝突，有幾週甚至幾個月都沒有拿出來談，卻說問題改善了。

5.治療師和病人對問題改善的評估有顯著落差。

6.病人的問題雖然改變，但是病人的情感反應並沒有同步的改變，如更平靜、更深刻、更少戲劇性。

7.病人的問題雖然改變，但是他的客體關係並沒有同步改善。

8.治療師不相信病人的自我功能有明顯的改善。

## 三、移情的處理

在治療關係中，病人潛意識的把治療師當作早年的客體，而不自覺地把內化的早年人際關係，帶進當前的治療關係，成為當下的經驗與情感。因此，精神分析治療主要關注在病人對治療師的反應，特別是那些移情（神經症）反應。精神分析治療關注的點是病人和治療師的移情關係，即病人對治療師的神經症反應，而不是關注病人講述他在晤談室外的人際關係。當病人將對早年父母的情感和神經症轉移到治療師身上時，移情神經症狀和衝突即出現在治療關係當中，容許病人和治療師可以一起探討研究，並加以充分的了解（Auld & Hyman, 1991）。

操作心理治療時，治療師的兩項基本工作：一是維持設置；二是只詮釋移情不做反應。基本設置愈清楚一致，移情愈無所遁形，愈容易被辨識和詮釋。面對病人的移情反應或神經症反應，治療師只能詮釋，而不應加以滿足或反應。詮釋移情優先於詮釋內容，詮釋抗拒更是優先，抗拒不詮釋，治療便會停頓或失敗（Auld & Hyman, 1991）。

移情的詮釋即是在幫助病人覺察自己似乎以不太現實的方式在知覺治療師和治療情境。幫助病人覺察自己似乎有一種來自早年經驗的習慣性、隨時準備好的反應方式去經驗治療師。因為病人和治療師對晤談內容和互動關係擁有相同的訊息，並共同參與治療歷程，也因此，治療關係成為理想的地方，幫助病人以自己獨特的方式經驗治療師和當前其他人，以及幫助病人覺察自己對人的獨特方式不是來自當前的刺激，而是來自早年的經驗（Auld & Hyman, 1991）。

理想上，治療師會希望病人可以在治療關係中，去經驗、去討論、去澄清移情的感覺和想法，病人對當前情境和治療師的不適當反應有所覺察，不適當反應的早年源頭有所發現。但是有時候，病人害怕意識到或害怕和治療師討論這些移情感覺和想法，於是在晤談室外將移情行動化，對其他人表現出不恰當的言行。

在心理治療的文獻中，我們經常聽到「行動化」或「付諸行動」這個名詞，但是行動化可以區分為晤談室內的行動化（acting in）和晤談室外的行動化（acting out）。病人把內在衝突或移情表現在晤談室內，叫做「acting in」，病人和治療師共同經驗到病人的不適當行為，並有機會進行探討和處理。病人把內在衝突或移情表現在晤談室以外的地方，叫做「acting out」，治療師沒有機會觀察和共同參與，因此很難去幫助病人從中學習和領悟。病人不想用說的或不能用說的，只好用做的方式表達潛意識的慾望或衝突，便是一種行動化。在晤談室內的行動化雖然也是抗拒，但是相對於晤談室外的行動化，晤談室內的行動化比較容易接受詮釋（Auld & Hyman, 1991）。

Gill（1979）認為，移情不一定要強烈到用行動化表現，也可以用態度、感覺和意圖表現。移情的表現有兩種領域：一種是動作領域（motor sphere）；另一種是心靈領域（psychical sphere）。移情的表現很多的是心靈領域。治療師努力去將行動化動作領域的移情轉變為心靈領域的覺察，然而所有的移情都是先從心靈領域開始，因此心靈領域包括對移情的覺察和對移情源頭的回憶。

此時此地移情的詮釋和早年移情的詮釋是同等價值的。Gill（1979）舉一個例子加以說明：一位病人感覺治療師是嚴厲的，如果治療師將此現象詮釋為病人把對父親的感覺置換到治療師身上，這便是早年移情的詮釋；如果治療師將此現象詮釋為可能是分析情境的某個環節讓他有此感覺，便是此時此地移情的詮釋。Gill 認為，Freud 過度強調早年移情的詮釋，反而忽視了此時此地移情的詮釋。先進行此時此地移情的詮釋後，對於早年移情的詮釋就更加容易進行了。對於移情的分析，Gill 提出下列五點建議：

1.盡可能的在分析情境中增加移情，因此精神分析工作主要是透過移情詮釋來完成。

2.在分析情境中，針對隱藏的、指向移情的言行進行詮釋，是增加移情的主要技術。

3.所有的移情都會與當前分析情境的某些事情有所聯繫。

4.移情和分析情境的聯繫可以用來詮釋對移情覺察的抗拒。

5.在分析情境中，此時此刻移情的解決有助於早年移情的詮釋。

Freud（1914a）曾說，如果病人充分遵循分析情境所要求的條件的話，我們通常可以成功的賦予神經症狀新的移情涵義，由移情神經症取代原始神經症，透過分析工作而獲得治癒。讓移情表現在治療中才能方便治療的介入。我們可以說分析情境內的移情，等同於分析情境外的神經症，兩者是一體兩面。Freud（1917）曾說，移情神經症的處理，同時也處理了病人求助的神經症。移情的解決有兩個主要途徑：第一個途徑是檢視和澄清當前情境中是哪些線索，引發了病人的移情，一旦病人檢視和比較自己的移情反應和分析情境的線索有很大的差距時，病人才會接受他的移情反應可能來自其他地方；第二個途徑是此時此刻移情的詮釋帶給病人新的經驗，他經驗到自己所期待的和實際被對待的明顯不同。

第一個途徑是透過領悟而改變，第二個途徑是透過經驗而改變。不同於 Freud 向來強調領悟而忽視新經驗，Strachey（1934）指出，移情詮釋的獨特在於使病人同時獲得領悟和新經驗，意即病人原本期待和治療師的關係和實際體驗到的關係明顯不同，因而獲得領悟和新經驗。

## 四、移情愛

在精神分析的文獻和臨床工作中，我們有時會讀到或遇到病人愛上治療師的故事，Freud 把病人愛上治療師的現象稱作「移情愛」（transference love）。移情愛是一種抗拒的表達，因為它干擾治療的進行。如何處理移情愛呢？第一種作法是訴諸道德，要求病人放棄或壓抑；第二種作法是暫時的滿足病人愛的需求，然後再慢慢引導病人昇華到其他客體。Freud（1915a）認為，這兩種都不是精神分析的作法。精神分析的作法是維持中立態度，不去滿足病人的慾望，不以愛去回應病人的愛。

Freud認為，心理治療必須在節制治療師與病人的慾望下進行，包括節制肢體的接觸和情感的滿足。他認為病人的慾望和渴求，必須在治療中持續存在，成為病人工作和改變的力量。治療師如果滿足了病人的愛，這是病人的勝利，卻是治療的失敗。治療師回應病人的愛情之後，只是讓病人再一次在晤談室成功的行動化他的神經症。

治療師滿足病人對愛的渴求，對治療來說是一場災難。治療師對待病人對愛的渴求，既不是壓抑它也不是滿足它，既不要批評它也不要稱讚它，既不要讓病人覺得噁心或羞愧，也不要攻擊它。治療師要盡量維持病人的愛，但不要回應，把它視為不真實，持續在治療中，並且探索它的來源，只有當病人感覺足夠信任的關係中，他所有性和愛的幻想和渴求逐漸清晰可辨識，看到他對愛的渴求是來自早年未滿足的愛（Freud, 1915a）。

Freud（1915a）說，移情愛具有三個特徵：(1)是被分析情境所誘發的；(2)會因抗拒而增強；(3)是不真實的，較少關注到後果和對象。治療師在分析情境誘發移情愛，是為了治療神經症。Freud說，治療師固然要珍視愛情，但是更要珍視幫助病人的機會。病人必須透過治療師去克服快樂原則，去放棄當前一個社會不允許的滿足，去追求遙遠的、不確定的，但是社會允許的滿足。Freud鼓勵治療師不要放棄透過移情愛去幫助病人的機會，不要害怕去處理危險的心理衝動，為了幫助病人，治療師要精熟處理的方法。

## 五、超越移情與詮釋

古典精神分析認為，移情及其分析只適用在神經症患者，亦即以性心理發展和伊底帕斯衝突為主要問題的病人。但是，當代精神分析認為，移情及其分析也可以適用在更廣泛的個案，包括在前伊底帕斯時期經歷發展缺陷的人格障礙個案，以及在伊底帕斯時期經歷人格衝突的神經症個案。

在一個成功分析的過程中，病人會對治療師表現各種移情反應，從原始的到成熟的，可能是愛、恨、性或攻擊的移情。此外，病人也會對治療師表現現實和真摯的反應，並且形成一個真實的關係。Greenson（1971）認為，這種真實的關係從治療初期就必須存在，病人才能夠走完精神分析歷程。也只有那些能夠和治療師建立真實關係的病人，在理論上才是可分析的，儘管是一般認為無法從古典分析中獲益的邊緣型人格和精神病患者亦然。

Greenson（1971）進一步主張，移情神經症的最終解決有賴於真實關係替代移情神經症的程度。他認為單純的詮釋而沒有真實的關係，是不可能解決移情神經症的。也就是說，病人經驗到治療師正確的移情詮釋，加上和治療師發展真實的關係，並取代移情神經症，將可以最終解決移情神經症。

Basch與Basch（1990）從自體心理學的觀點，認為精神分析治療的核心是治療性移情（therapeutic transference）。病人將有問題的人際關係帶進治療情境，這樣的重複是潛意識的，病人和治療師並無法直接處理。當治療進行一段時間之後，或早或晚，病人有問題的行為模式或人格模式，會表現在與治療師的關係裡，如此將提供機會給病人和治療師去加以辨識和處理，這種病人將有問題的人格特徵或行為模式重複在治療師身上，叫做治療性移情。

Kohut（1971）透過臨床案例認為，Freud 的精神分析不只適用於神經症患者，也適用於其他問題的病人，如自戀型人格障礙。Kohut認為，透過同理的了解，可以對在情感發展和自體發展上出現問題的病人進行介入，病人從與治療師的互動關係中，逐漸整合治療師的功能，來提升自己的功能和自尊，這些過程便是蛻變內化（transmuting internalization）。

Kohut 對精神分析的貢獻不只是擴充了精神分析服務的對象，而且(1)還以新的術語，如自體、自客體等描述心靈；(2)指出這些心靈結構有Freud沒有發現的移情方式；(3)擴充了移情的多元定義（按照自體受損的方式和程度），以及修正了分析的技術；(4)藉由上述的擴充使得精神分析得以適用於神經症以外的個案（蘇俊濠，私人通訊，2020/9/21）。

當代精神分析對於移情的觀點和處理可以說超越古典精神分析所強調的詮釋和領悟，更加重視病人與治療師的人際體驗，認為新的客體經驗可以修正因移情而扭曲的知覺和情感，以更符合現實的方式去經驗自己和他人，成為一個心靈更自由，心理更健康的人。

# 第十二章

# 反移情與個人議題

心理治療是治療師與病人的人際互動，我們不能只談病人的情緒和想法，而忽視治療師對病人的個人反應，治療師對病人的情緒反應或情感涉入，便是本章要討論的主題：反移情與個人議題。本章分為三節，反移情的涵義、反移情作為個人議題，以及反移情作為治療工具。

## 第一節　反移情的涵義

精神分析的學者對於反移情（countertransference）有不同的定義和觀點，本節分為兩小節說明反移情的定義和兩種不同的觀點。

### 一、反移情的定義

就像早期的時候，移情被 Freud 視為自由聯想的障礙一樣，反移情也被認為是治療師理解病人的障礙。後來，Freud 認為移情是一個有用的工具，但是不認為反移情是有用的工具。他認為反移情是需要被分析和克服的缺陷，並反覆強調由於治療師心理上的盲點會導致分析上的侷限，因此他倡導治療師需要接受分析來處理反移情（Sandler et al., 1992）。

早期治療師受到 Freud 的告誡，盡力設法不要讓反移情干擾臨床工作。Freud 很嚴肅地警告治療師們，盡量在臨床工作時，不要受到反移情的干擾，認為治療師自己最好不要有反移情，治療師要像一面鏡子或外科醫師一般，要像一面空白螢幕或一位沒有情感涉入的專家。Freud和多數古典分析師認為，詮釋導致領悟是心理治療有效的唯一方法，他們竭力遵守中立的分析態度，避免個人的情感涉入臨床工作。事實上，治療師不去碰觸反移情，反移情還是存在於治療關係中，並沒有消失（Wolstein, 1988）。

反移情最初被認為是治療師的缺點，需要先被分析和克服，才不會干擾對病人的分析工作。後來的精神分析學者（Heimann, 1950; Racker, 1968）發現，反移情就像移情一樣，可以作為一個很重要的技術工具。也就是說，反移情有可能妨礙、也有可能幫助治療師去了解和詮釋病人的潛意識衝突。反移情在處理病人的移情和修通上具有重要的功能。因此，反移情的正面價值才慢慢地被了解和運用。

Freud以後，有些學者堅持認為反移情應該精確地按照其最初的意義使用，也就是被限定在由於對病人的分析，而喚起的治療師自己未解決的衝突和問題，並因此妨礙到分析工作，例如：Fliess（1953）指出，反移情永遠都是抗拒，必須永遠被分析；Winnicott（1960a）認為，反移情是治療師的神經症特徵，可以擾亂其執業態度，干擾對病人的分析工作。治療師對病人的移情，也就是反移情，在這種情形下，病人代表著治療師過去的客體，治療師對該客體投射了過去的情感和願望，這就是反移情的實質。

反移情現象是精神分析治療的一個必不可少的伴隨物。我們可以說，只要是人，就會有移情，只要是治療師，就會有反移情。Sharpe（1947）指出，談及治療師也有情結、盲點、侷限時，因為治療師也是人，當他不再是一個普通人，他也就不再是一個好的治療師。他還表示，反移情通常被暗示著治療師對病人的情感和態度，可能引起麻煩的反移情屬於治療師的潛意識層面，它來自嬰兒期負向或正向的移情。如果治療師認為自己沒有反移情，那就是在欺騙他們自己。

反移情的定義如下：治療師受到病人刺激而引起的潛意識反應，治療師若不覺察也未適當的處理，便會干擾心理治療的工作，而這些反應主要是在尋求慾望的滿足，或是在避免覺察到潛意識的衝突。治療師對病人的反移情是否都是病人引起的呢？我們可以說，從病人很少的貢獻到很多的貢獻都有可能（Auld & Hyman, 1991）。根據 Sandler 等人（1992）的統整，反移情的概念逐漸被擴充，現在的反移情包括了下列的涵義：

1.治療師的抗拒緣於他的內在衝突被激發，這會干擾他在分析中的理解和行為，造成盲點。

2.治療師對病人的移情，病人在這裡變成治療師童年期重要他人的現實替代。

3.治療師對病人的移情的反應。

4.治療師的人格特徵或在其生活中的重大事件（如生病），反映在他的工作中，可能導致對病人的治療困難。

5.治療師對病人恰當的或者正常的情感反應，這可以是重要的治療工具和同理與理解的基礎。

透過對反移情的文獻考察，Sandler 等人（1992）認為，將反移情這個臨床概念限定為治療師對病人的移情，顯得過於狹隘。反移情的定義若包括了治療師意識和潛意識的態度，甚至包括了他全部人格特徵的概念，這樣的定義又顯得毫無意義。我們要恰當地重視這一概念有用的擴充部分，這些部分包括不會導致治療師對病人出現抗拒和盲點的情感反應。一旦治療師能夠使這些情感反應變為意識，他就可以利用它們，使它們作為幫助病人獲得領悟的方法，透過他對自己情感反應的考察，來理解病人交流和行為的意義。Sandler 等人最後提出三種有用的反移情涵義：

1.治療師有反移情反應，這些反移情反應在分析過程中始終存在。

2.治療師在工作中出現反移情，可以導致出現困難或不恰當的行為。發生這種形況是因為治療師沒有注意到他對病人的反移情反應，或者他注意到了，但無法應對。

3.治療師對自己針對病人的各種情感和態度，持續的、精細的考察，有助於增加病人的領悟。

## 二、反移情的兩種觀點

反移情的概念可以分為古典的（classical）觀點和整體的（totality）觀點。古典觀點或狹義觀點認為，反移情是治療師對病人移情的特定反應，以及治療師對病人的神經症反應。古典觀點遵循 Freud 對反移情的看法，認為反移情是負面的，反移情的來源是神經症衝突，因此治療師要先克服，才能有效地從事精神分析工作。

整體觀點或廣義觀點認為，反移情是指在治療情境中，治療師對病人的所有情緒反應，包括意識和潛意識的、理性和非理性的，特別是指那些會干擾分析工作的反應。這個觀點認為在治療情境中，治療師對病人的真實需求和神經症需求的意識和潛意識反應都是反移情。整體觀點認為反移情固然要處理，它同時有助於治療師對病人的了解（Blum & Goodman, 1995; Kernberg, 1975）。

古典觀點認為整體觀點的缺點，是會使反移情失去它原來的特定涵義，過度強調治療師情緒反應的重要性，損害了治療師的中立態度。狹義的觀點有一個優點，是更準確地指出治療師對病人移情的不適當反應。廣義的觀點會混淆治療師對病人（如病人身材高矮胖瘦）的情緒反應，和對病人移情衝突的潛意識反應（Blum & Goodman, 1995）。古典觀點認為，過度使用治療師的人格和情緒反應作為治療的工具是危險的。

相對的，整體觀點則批評古典觀點有下列的問題（Kernberg, 1975）：(1)狹義的定義讓人覺得有反移情是錯誤的；(2)排除而不使用治療師的情緒反應，不利於治療師更自在的作情緒表達和對病人的了解；(3)古典觀點的反移情難以適用在較為嚴重的病人，如人格障礙、邊緣型和精神病患者工作。

經過多年的論證之後，精神分析學界對於反移情的涵義有如下的共識：反移情是無處不在的，而且不一定是不好的，治療師可以使用他的情緒反應，進一步去了解病人的潛意識。認識到反移情的無所不在，減低了過去大家對於反移情現象的貶抑觀點（Blum & Goodman, 1995）。

## 第二節　反移情作為個人議題

治療師對病人的個人反應或情緒反應，並非全部都是反移情。治療師的個人議題往往會以反移情的方式呈現，並且干擾治療的工作。我們可以說，治療師對病人的個人反應，不論是否屬於反移情，如果沒有覺察和處理，都會干擾心理治療的工作。

### 一、不是反移情的個人反應

Auld與Hyman（1991）認為，治療師對病人的個人反應並非全部都是反移情，他們歸納下列的個人反應並不屬於反移情。

與治療無關的個人因素：有些經驗不足的資淺治療師或實習生，由於對自己的治療能力缺乏信心，在接案的時候會表現出焦慮不安、擔心個案的評價，以及害怕自己能力不足以幫助個案等。治療師對自己的感覺如果是由於缺少臨床經驗、資淺或實習生的職位、某一性別，或某一專業（心理師或精神科醫師），作為助人者的價值觀、謀生的需求，或個人聲望而引起的，這些與治療無關的個人因素，都不屬於反移情。

與治療有關的個人因素：治療師關心病人的感覺，給予個人回應，並不是反移情。如果治療師覺得要為病人的感覺負責，就是一種反移情。治療師要能區分自己和病人的責任，關心病人的感覺是治療師的責任，處理自己的感覺是病人的責任。治療師的責任是向病人收取治療費，而不是告訴病人如何去籌款。治療師的責任是幫助病人探討是否離婚的潛意識原因，而不是建議或反對病人離婚。治療師的責任是對抱怨寂寞的病人表達同理，而不是去設法緩解病人的寂寞（Auld & Hyman, 1991）。

病人的責任是去做自己可以做的事情，多數神經症患者適合接受精神分析治療，並且被期待負起責任穩定出席治療會談、支付費用、處理生活危機，以及晤談時承擔說話的責任。相對的，多數精神病患者由於難以承受精神分析治療對病人的要求所產生的挫折，因此比較需要治療師給予更多的支持和教導，對病人的慾望給予部分的滿足。神經症病人要為自己的治療負大部分的責任，治療師可以提供領悟性心理治療。精神病病人不容易為治療負責，需要治療師的協助，提供教育性與支持性治療。

## 二、反移情與個人議題

Reich（1960）區分持久性反移情（permanent countertransference）和急性反移情（acute countertransference）。持久性反移情是由於治療師的人格問題，而急性反移情則是由於病人的各種移情。治療師要覺察自己的反移情只是針對某些病人，還是針對所有病人。只針對某些病人或某些情境，可以說是暫時性反移情，只要覺察即可。如果是對所有病人或所有情境，可以說是持久性反移情，這是指向治療師有人格上的問題，不僅自己要覺察，也是一種需要處理的個人議題。

那些被同事或病人描述為生氣的治療師、憂鬱的治療師、焦慮的治療師，或被動的治療師等，都會表現出屬於持久性反移情，例如：治療師偶爾會在某些病人面前打哈欠或感覺不耐煩，如果是在所有病人面前會打哈欠或感覺不耐煩，便是反映治療師有人格或神經症的問題，不能說只是對某些病人的特定行為作反應。持久性的潛意識反移情一定會妥協治療師的中立性和客觀性（Blum & Goodman, 1995）。

治療師要自我覺察是否很容易被病人激怒、很容易可憐病人的遭遇而掉淚、很容易被病人高張的情緒嚇到。好像自己有一個情緒按鈕，只要被病人按到，自己就會不由自主的、自動反射地的情緒發作。這些都是治療師的個人議題，需要接受個人治療或自我分析。

## 三、反移情的表現樣貌

治療師在幫助個案的過程中，多少總是會對個案產生某些情緒和感覺，這些情緒和感覺即是廣義的反移情。當治療師對自己這些反移情沒有覺察的時候，就有可能會干擾對個案的心理治療，例如：治療師接案時的焦慮、具有追求完美的需求、過度照顧個案，以及想要替個案解決問題的需求等，這些都是治療師反移情的可能面貌。

Menninger（1958）列出下列治療師可能出現的反移情反應，當中有些是他自己或他的受督者曾經有過的反移情：

1.當個案述說的事情觸及自己的個人問題時，治療師有困難了解個案在說什麼。

2.和某些個案晤談時或晤談後，治療師感覺沮喪或不安。

3.在處理治療的設置時顯得心不在焉，例如：忘記個案的晤談時間、遲到、晤談時間已到卻沒有理由的延長時間。

4.和個案晤談時，治療師經常打瞌睡。

5.在處理個案的治療費用時，顯得過度用力或毫不經意，例如：讓個案有虧欠的感覺卻沒有分析，或者努力去幫個案尋找貸款管道。

6.對個案經常出現性愛或母愛的感覺。

7.容許甚至鼓勵個案用行動化來表達抗拒。

8.為了安全感或自戀的滿足，讓個案覺得治療師很重要，或者用個案是重要人物來讓同事認為自己很重要。

9.經常提供個案不需要的保證，或經常用各種方式鼓勵個案依賴自己。

10.有衝動想在他人前面說某一個案的閒話。

11.和個案晤談或進行詮釋時，沒有需要的使用嚴厲的態度和用詞。

12.為了維護自己的專業聲望，認為個案一定要盡快康復。

13.緊緊抓住個案不放，擔心個案會流失。

14.渴望得到個案的讚美、肯定、感謝和情感。

15.被個案批評或責備時，覺得非常難受。

16.和個案爭論。

17.在個案感覺到焦慮時，治療師不成熟地給予保證，也就是不知道什麼是個案最佳的挫折狀態。

18.提供個案一些分析治療以外的協助，例如：協助個案處理財務、交通或居住問題等。

19.有強迫的傾向，反覆不斷地要去幫助個案。

20.反覆有衝動的想要去占個案的便宜，或想從個案身上得到一些好處。

21.突然增加或減少對某一個案的興趣。

22.作夢夢到個案。

反移情是一個複雜的臨床現象，治療師處理的好，可以有效的幫助個案，提升治療師的專業能力與治療效能。治療師若處理的不好，不僅干擾心理治療的實施，影響心理治療的品質，造成個案心理上的傷害，也會給治療師帶來專業倫理和法律上的訴訟。

反移情的表現是千變萬化的，會表現在對分析架構的影響、注意力、詮釋的焦點、誤解會談內容、干擾同理能力、情感和認知功能損害、價值和判斷失誤、表現出好惡或成見，以及透過口語或行為行動化具有性或攻擊意涵的衝動。治療師可以透過細心的自我檢視，去覺察自己的反移情表現，例如：選擇性的注意力、對病人的談話失去興趣、不想說話、只選擇性詮釋某些衝突等（Blum & Goodman, 1995）。

反移情對分析架構的干擾，包括對治療過度有興趣、有企圖，或沒興趣；影響分析治療的架構，如任意改變治療時間、收費或治療的一致性、遲到、取消晤談、忘記晤談、記錯治療費用等。反移情也會表現在治療的歷程，例如：錯誤的詮釋、該詮釋而沒有作詮釋，或詮釋的時機不對或很粗糙，治療師的情緒變化、猶豫不決，或病人出現在治療師的幻想或夢裡，都是反移情的線索。愈是否認反移情的治療師，反而愈容易出現反移情（Blum & Goodman, 1995）。

## 四、反移情的處理

治療師的個人分析藉由增進對內在衝突的覺察，可以幫助治療師避免扭曲分析工作。經過個人分析和之後的反移情自我分析，可以提供有利於正確了解病人行為和潛意識的線索。治療師透過個人分析和自我分析可以減少反移情的表現。反移情的表現是一個光譜，從細微的，如主觀焦慮的經驗，到公然的，如不想聽或盲點，或更戲劇化的行動化。理想上，反移情可以提醒治療師去覺察自己內在可能的衝突或慾望。如果反移情明顯涉及情欲或攻擊的慾望，會導致嚴重的專業界限模糊或性的、攻擊的行動化，將使精神分析難以進行（Blum & Goodman, 1995）。

反移情一定有一部分來自治療師的潛意識衝突，不會單純由病人引起。反移情的分析有助於恢復治療師的中立性、同理心、正確的理解，以及適當的詮釋能力。病人的內在衝突一定不要和治療師的內在衝突混淆在一起。反移情是治療關係出現考驗和艱難的主要來源，且具有很大的潛力，可能使治療產生破壞性的退步，也可能產生建設性的進步。

治療師被訓練和被要求不可以盲目地把反移情行動化，例如：治療師和病人爭辯「高收費標準的心理治療讓很多人得不到心理治療」此一問題，是否違反專業倫理？治療師的工作是去分析，而不是去反應，一旦治療師加入病人的遊戲之後，便不是在做分析了。治療師保持中立的分析態度，有助於避免將反移情行動化（Auld & Hyman, 1991）。

Auld 與 Hyman（1991）舉一個例子說明反移情的適當處理方式：有一次，一位美麗的女個案在等候室哭得很傷心，軟弱無力的躺在沙發上希望治療師拉她一把，扶她走進晤談室。治療師心中升起很大的同情和衝動，想去幫助她，可是他沒有去拉她，他保持中立態度，幫助個案探索她潛意識希望治療師扶她一把的慾望。治療師用詮釋幫助人，而非用行動滿足病人的慾望。

有一位治療師常常感到有想要為個案多做些什麼的衝動，例如：想寫信鼓勵已經決定不來心理治療的個案，不然就覺得會有更不好的結局會發生在個案身上，自己將愧疚不已。這個時候，治療師要先問自己一個問題：寫信給個案是為了自己的需要，還是為了個案的需要？這位治療師常說：「我很容易產生反移情，個案的無助常常牽動我想要為對方做什麼。看到個案的不舒服，我會以為自己工作不力，有衝動希望直接給建議，希望個案滿意。」這位治療師的心情常受到個案的牽動，便是由於太多的反移情使然。

過於工作取向或成就取向的治療師，在遇到個案的問題不進反退時，容易出現挫折與失望的情緒，因而耿耿於懷。這種容易隨個案的病情變化而心情起伏的現象，也與治療師的反移情有關。當治療師過於看重自己的成就，往往會疏忽個案有其處理問題的方式與速度。重視工作取向的治療師，往往會疏忽與個案之間出了問題的治療關係。

與個案晤談的時候，治療師的心情固然隨著個案的情緒而起伏，但是治療師的心情波動不宜超過個案的心情，亦即個案高興，治療師不宜比個案還要高興；個案傷心，治療師不宜比個案還要傷心。治療師要穩住個案的情緒，便要先穩住自己的情緒。治療師在晤談中的心情必須與個案的情緒方向相同，但是起伏或變化的幅度要比較小，心情自然平穩的治療師，對個案較有幫助。如果治療師諮商時，太過於大驚小怪，就無法如實反映個案的狀況，來幫助個案進行自我覺察（林家興、王麗文，2003）。

針對反移情的處理，Menninger（1958）提出下列五點處理建議：

1.治療師要對自己的反移情保持覺察，而不是擔心害怕。反移情可能提醒治療師有關個案沒有言說的意圖和衝動。反移情是不可避免的，有時候還會有用處，但絕不是愈多愈好。

2.治療師要特別留意那些妨礙治療工作的反移情，並且根據自我了解去分析反移情的涵義。能夠找一位自己信任的同事或督導進行諮詢，將會有很大的幫助。

3.當治療師覺察到那些反覆出現的反移情感覺時，可以嘗試回憶一下，究竟是晤談情境中個案的哪一句話或哪一個動作引發了反移情。治療師可以問自己：我何以如此被激怒？我何以如此被引發性慾？我的反移情的出現何以是現在？

4.治療師在晤談時，要避免掉到自己對反移情的反思，而忘記了個案。和反移情相比較，個案顯然比反移情還要重要。

5.精神分析社群可以說是一個互相支持的地方，既然每個人都會有反移情，也都有各自的盲點，那麼借助同儕的互相提醒和支持，也是一種控制反移情的方式。

如何營造一個穩定的心理環境，讓個案可以放心的對治療師表達自己，以便獲得矯正性的情緒經驗？治療師需要能夠覺察自己的情緒，並且保持一個穩定的治療情境，是一個很重要的關鍵。治療師要先穩住自己，了解自己身為空白螢幕的角色，有足夠的包容力，能夠接得住、耐得住個案張力很大的情緒和行為。

## 第三節　反移情作為治療工具

在 1915 年至 1950 年代，精神分析學界維持 Freud 提出反移情有害精神分析的觀點。1950 年代之後，客體關係學派的精神分析師看到反移情具有正向的潛在功能，可以作為診斷和治療的工具（Blum & Goodman, 1995）。客體關係學派認為，在治療精神病和邊緣型人格的病人時，反移情具有特殊的治療力量。1950～1960 年代，精神分析文獻關於反移情的論述，主要在於探討究竟反移情是分析工作的障礙，還是有價值的工具（Sandler et al., 1992）。

傳統觀點認為，治療師不可以對病人表現出同情、可憐、批評、沒耐心、有情感的態度，必須有技巧地作為一面鏡子去反映病人的情緒和衝突，如此病人才會看見自己問題的源頭，以及無窮盡的強迫重複。1950年代之後，由於客體關係理論的影響，大家開始用正向觀點來看待反移情。傳統觀點把反移情視為一個缺點，使得有些治療師因為害怕自己的反移情，而壓抑原本可以對病人自在表達自己的情緒反應。治療師如此刻意壓抑反移情的結果，會讓病人覺得治療師是沒有感情和人情味的人（Blum & Goodman, 1995）。

Racker（1968）認為，治療師可以借助反移情來形成正確的詮釋，他認為反移情可以作為適當詮釋的可靠指引，因為在治療情境中，治療師是一位具有情緒反應的參與觀察者，他不可避免地會有反移情。病人潛意識地透過移情去經驗治療關係，渴望藉此滿足一些慾望。治療師有需要去檢視自己的情緒反應，增加對有用的反移情的覺察，有意識地覺察自己對病人自由聯想和行為的潛意識反應。

Heimann（1950）首次清晰地描述了反移情的正面價值。反移情被認為能夠幫助治療師理解病人的潛意識溝通，這個認識被認為是一個重大的發展。她認為反移情包括了治療師針對病人的一切情感。治療師的潛意識能夠理解病人的潛意識，治療師對自己情感反應的關注，為觀察病人潛意識層面的心理過程提供一個額外的途徑。

作為訓練分析師，Heimann 觀察到許多被分析的受訓者，很害怕對病人表達自己的感覺，甚至變得沒有情感和疏離。她認為這是誤解了 Freud 對反移情的意思。相對的，有些治療師像是 Ferenczi，不僅認可治療師可以對病人有各種感覺，而且還建議坦誠的表達。他們認為自在地對病人表達自己的感覺，可以使治療師顯得更為人性，有助於和病人建立人性的人際關係。Heimann 認為，反移情就是治療師對病人的移情，而移情經過分析治療之後會愈來愈具有真實感覺的能力。

Heimann（1950）認為，治療師在治療情境對病人的情緒反應是他最重要的工具之一，治療師的反移情是了解病人潛意識的工具。治療師在和病人工作時，如果不參考他的情緒反應，那麼他的詮釋一定是很差的。要對病人的抗拒和移情進行詮釋，光靠理智是不夠的，必須參考對病人的情緒反應。她建議治療師在工作時，一方面要保持平均懸浮的注意力，另一方面要保持對病人的情感表現和潛意識幻想的情緒敏感度。精神分析的基本假設是：治療師的潛意識會了解病人的潛意識，透過反移情，治療師能覺察自己對病人的情緒反應，比較病人引發自己的情緒反應和病人的聯想和行為，可以核對自己是否真正了解病人。

任何強烈的情緒，如愛或恨，會讓人推向行動化，而難以維持冷靜觀察的能力，如果治療師出現強烈情緒，那麼一定是有問題。我們可以說，治療師需要的是廣度，而非強度的情緒敏感。關於此點，Kernberg（1975）根據臨床經驗提出一點修正，在與邊緣型或嚴重退化病人工作時，治療師會很快地經驗到強烈的情緒反應，這個時候，一般適應良好、有功能的治療師都會出現類似的反移情，而這些反移情較多反映病人的問題，而不是治療師的過去。

Heimann（1950）認為，反移情是治療師個人的事情，不應該把自己對病人的反移情告訴病人，這種誠實具有告解的性質，對病人是一種負擔，無論如何，很容易把分析工作晾在一邊。治療師可以透過個人分析或接受督導來處理自己的反移情。總之，只有治療師的情緒反應，能夠被用來幫助病人領悟潛意識衝突和防衛時，才是對病人有價值的。

治療師對病人的個人反應和反移情並不是羞恥或致命的缺點，治療師不需要否認，而是要加以理解。因為，反移情是作為治療師不可避免的個人反應。覺察個人的情緒反應和反移情，提供一個了解病人的途徑。在排除自己的神經症需求之後，治療師對病人生氣，可以知道病人在激怒；治療師對病人產生性吸引，可以知道病人在性誘惑；治療師有種照顧病人的感覺，可以知道病人在經驗依賴的渴求和誘發治療師的母愛（Auld & Hyman, 1991）。

Sandler 等人（1992）認為，治療師的執業態度（即分析態度），既允許他跟病人保持一定的距離，又能夠觸及到自己和病人的情感，這是實施分析工作中最偉大的貢獻。反移情這個概念，很容易被用於精神分析治療以外的領域，對它的關注可以成為一切醫病關係的有用元素，它對臨床工作者調整對病人的反應有潛在的價值，也可以拓展到臨床工作者在治療機構中對其他同事反應的調整。

綜合上述，我們可以說：治療師只要從事心理治療工作，一定會對個案產生反移情，但反移情並非一定是壞事，只有當我們忽視它的存在時才會變成問題。治療師即使接受再長、再完整的個人分析，還是無法拔除個人所有的盲點，因此治療師對自己可能的反移情要保持警覺，並善用它的用處，避免它的壞處。

# 第十三章 精神分析治療的結束

精神分析治療的歷程包括開始階段、中間階段和結束階段，本章將針對結束階段分三節進行討論，包括：結束治療的指標、如何結束治療，以及精神分析治療改變的機制。結案是心理治療的一個重要階段，本身有其特徵和處理技術，值得單獨一章加以討論。

## 第一節　結束治療的指標

治療師要如何知道心理治療可以結束了？病人和治療師都會想知道何時該結束治療，以及有哪些結案的指標可以參考。本節首先說明結束階段的重要性，然後說明結束治療的指標。

### 一、結束階段的重要性

結束分析這個概念首次出現在Ferenczi（1927）一篇名為〈分析結束的問題〉的文章。結束階段（terminal phase）這個詞第一次出現在Glover（1955）所撰寫的《精神分析的技術》這本書。Glover 認為，除非經歷結束階段，否則他懷疑病人是否完成被分析；由此可見，結束階段也是心理治療歷程當中一個重要的階段。

精神分析的結束階段是真的存在還是假的？精神分析真的有結束的一天嗎？根據Firestein（2001）的觀點，精神分析的結束階段是真實存在的，而且時間是包括結束之前和結束之後兩段時間。結束階段有其不同於開始階段和中間階段的特徵，且不一定從雙方同意結案日期才開始，更重要的是病人對於結案的反應，包括：情緒、情感、夢、幻想，以及具體的細節，這些反應是和其他階段不同的。但是訂定一個具體的結案日期，會讓結束階段顯得更真實。一旦具體的結案日期確定之後，病人會開始經驗分離的感覺，而有些病人會直到結案真正結束之後，才真正經驗失落和哀傷的感覺。

結案的形態可大略分為如期完成治療的結案，和提前終止治療的結案。如期完成治療的結案，通常也是雙方同意的結案。提前終止治療的結案，又可分為治療師提出的結案和病人提出的結案：治療師可能因為搬家、長期生病、懷孕或死亡而必須提前終止治療；病人提出提前終止的結案比較常見，終止的原因包括：搬家、生病、沒有錢支付治療費、強烈的抗拒、頻繁的行動化，或者負面的治療反應等。

Novick（1982）以七篇針對精神分析治療中輟率的研究報告進行分析，發現提前終止治療的比例相當高，最低 31%，最高 72%。在 42 個病例中，14.3%屬於雙方同意的結案，45.3%屬於提前終止的結案，其餘 40.5%的病人仍持續接受治療中。事實上，提前終止治療的高比率，並不是精神分析治療獨有的現象，其他學派的心理治療也是如此。病人求助一般醫師後提前終止治療或不遵循醫囑的比率也很高，中輟率介於 20%至 80%之間（Pomerleau, 1979）。因此，很多精神分析的病例根本沒有進行到結束階段就終止了（Glover, 1955; Novick, 1982）。

## 二、結束治療的指標

病人接受心理治療一段時間之後，治療師怎麼去評估該是結束治療的時候？結束精神分析治療的指標有哪些呢？Freud（1937, p. 219）在〈論有止盡與無止盡的分析〉這篇文章中，曾經提到結案的指標有二：一是個案已克服焦慮和壓抑，不再有症狀的困擾；二是治療師評估後，認為個案大部分的壓抑材料已經意識化了，自己所不了解的部分已經被解釋了，內在的抗拒已經征服了，不再擔心舊疾復發。筆者綜合幾位學者（Fromm-Reichman, 1950; Hurn, 1971; Ticho, 1972; Weigert, 1952）的觀點，把結案的指標彙整如下：

1.症狀緩解：病人進入心理治療的原因就是想要消除令人困擾的症狀，例如：憂鬱、焦慮、強迫症、自殺意念、失眠、沒有安全感等。病人的症狀和情緒問題經過治療之後，如果不再干擾他的生活功能，便是一個可以結案的指標。

2.自發性增加：經過治療之後，病人不再強迫重複去討好、去安慰、去照顧、去考驗、去挑釁治療師。當病人可以自在的自由聯想、移情神經症也大部分解決時，便表示可以結案了。

3.焦慮程度顯著降低：所有的心理疾病都可以視為人類用來阻擋難以忍受的焦慮表現和方法，焦慮顯著降低表明心理疾病已經改善了。

4.獨立性增加：病人不再過度依賴重要他人的認可，也不再害怕他人的不認可。能做到這一點的病人，表示他不再受限於症狀、焦慮和壓抑，可以施展自己的才能、技能和權利去過自己想要的生活。

5.工作同盟到達最佳狀態：心理治療到了結束階段，病人的工作同盟通常會到達一個最佳狀態，治療師可以觀察到，即使自己犯了一些失誤，病人也會很容易透過良好的工作同盟加以更正。

6.治療關係更加真實：心理治療到了結束階段，治療師可以觀察到病人對治療師的知覺，顯著的不再受到移情的扭曲。病人可以放棄對治療師完美和不成熟的期待，顯著的可以接受一個事實，那就是要從治療師那裡獲得嬰兒化的滿足是不可能的。並且對治療師的知覺愈來愈真實，更有能力與治療師發展真實的或非移情的關係。

7.自我功能增加：病人更有能力、更懂得適當的處理內外在的壓力，更能夠與人發展成熟的人際關係，對環境和生活發展出更符合現實感的適應能力。

8.治療師的反移情：治療師可以透過自己對於病人的感覺來評估病人是否適合結案。心理治療到了結束階段，治療師感覺來自病人的移情壓力和渴望愈來愈少，且感覺可以比較自在的與病人工作，而不需要擔心引發意外的、不幸的移情反應。病人和治療師彼此的坦誠會明顯增加，治療師自己會覺得和病人工作起來愈來愈自由、愈放鬆。這是因為病人的抗拒和移情神經症已經處理了一大半，治療師不再需要步步為營地去考慮如何詮釋和何時詮釋。

Auld與Hyman（1991）將精神分析治療結案的指標簡化為四項：(1)病人更有能力去工作和去愛人，更有能力享受生活；(2)病人嬰兒化的神經症被解決；(3)沒有其他需要分析的議題；(4)病人自己也同意結案是適當的。

## 第二節　如何結束治療

本節將討論如何結案的具體細節，包括：結案的想法由誰提出、怎麼訂定結案日期，以及病人對於結案有哪些反應等。

### 一、如何結案

精神分析治療的結束階段有兩個步驟：一是治療師和病人共同認為治療可以結束了；二是安排一個確定的結案日期。而且，這兩個步驟不可以同時發生，中間一定要間隔一段時間。這兩個步驟錯開的時間要多久呢？太短和太長都不適合：太短的話，病人對於結案的行為反應缺乏時間去處理；太長的話，病人的行為反應拖太久會感到挫折和抱怨。學者建議錯開的時間有1至2個月（Rangell, 1966），也有3至6個月（Auld & Hyman, 1991）。其實時間錯開的長短要看病人的需要，以及療程的時間長度。

Langs（1973）認為，結束階段最好在數週到3個月之間完成，但是對於分離很敏感或有分離創傷的病人，結束階段的時間可以斟酌延長，例如：邊緣型人格障礙的病人，他們對於結案的反應比一般神經症患者還要複雜、還要強烈和糾結，他們容易因退化而出現依賴、憤怒和妄想的反應。因此，在處理邊緣型人格障礙病人的結案時要特別慎重。

由誰來打開結案話題呢？精神分析的治療目標是要提高病人的自主性，因此結案應由病人提出。多數治療師會尊重病人的自主性，在治療的開始階段會教導病人，將來只要病人覺得可以結案，便可以提出結案。如果病人的症狀已經明顯消除，但是卻沒有主動提出，治療師可以等一段時間之後再主動提出，並與病人探討何以沒有主動提出的原因。多數時候病人會問治療師，他是否準備好了可以結案，治療師可以用下列的原則來幫助病人做結案的決定：(1)症狀的緩解：症狀是驅力與現實妥協形成的，如果治療有效，病人的妥協形成會減少，症狀也會緩解；(2)辨識是否屬於「移情治癒」，還是真正的改變：當病人的症狀緩解是暫時的、突然的，無法解釋原因的，或是因為治療師全然的接納而改變，很可能是移情治癒（Auld & Hyman, 1991）。實務上，治療的結束通常由病人和治療師共同決定。

有的時候為了幫助病人處理某些議題，治療師可以提前幾個月或一年把結案日期訂下來。Firestein（2001）曾舉兩個案例說明這種情況：一個案例是病人非常享受晤談，如果讓病人決定何時結案，恐怕會遙遙無期，於是治療師設置了一個治療的期限，迫使病人可以更有效率的使用晤談時間，而不是沒有限期的晤談；另一個案例是病人非常擔心隨時被治療師遺棄，治療師於是和病人共同決定一年後的某一天作為結案日期，這樣做有助於降低病人被遺棄的焦慮。

即使是病人主動提出結案，中間間隔一段時間可以讓治療師有機會觀察和處理病人對於結案的反應。治療師都知道移情是不可能完全消除的，但是在結束階段，治療師可以預期病人的移情神經症會顯著的減少。在結束階段，到底要不要給病人一些緩衝的時間，將晤談的頻率降低？

這個問題並沒有定論，多數治療師認為不需要，有些治療師認為可以視病人的個別需要而定（Ticho, 1972）。結案日期確定下來，雙方同意之後，最好不要輕易延後或降低晤談頻率。當病人主動提出延後結案日期或降低晤談頻率時，治療師應協助病人探討背後的想法、動機和慾望，再決定是否要同意病人的要求（Langs, 1973）。

病人在結束階段，即使還有一些沒有處理完的移情神經症，治療師也不用對於它們的負面影響太過於擔心，如同哀傷一樣，這些殘餘症狀也會自然的復原。為了有足夠的時間修通病人一些潛藏的移情幻想，Reich（1950）建議安排幾個月的時間來結束分析，但是她不建議配合病人重大生活事件作為結案日期，例如：暑期休假、結婚、買房、換工作、搬家等，因為這些改變生活的重大事件一定會帶來壓力和焦慮，往往感覺治療必須繼續，以致於干擾結案的進行。

Auld與Hyman（1991）認為，從告知病人結案日期到最後一次的晤談，治療師在這段時間仍然要持續進行分析工作直到最後一小時，治療師不適合在這段時間做一些整理和回顧，這樣會不自覺地把分析的工作改為支持性工作。在結束階段，治療師可以告訴病人，在結案之後可以持續自我探索和自我分析，這樣做有助於鞏固療效，並持續成長。精神分析治療的結束階段，有點在訓練病人自我分析，如同在治療師的督導下進行自我分析。等到結案之後，病人把內化的治療師帶著走，在隨後的日子裡持續自我分析。

## 二、對於結案的反應

對於心理治療的結束，病人和治療師都會有反應，本小節首先描述病人對於結案的反應，然後說明治療師對於結案的反應。

到了結束階段，所有的病人都會受到結案的影響，移情反應會更加明顯。由於病人平常會有一個幻想：不管發生什麼事情，治療師都會照顧我。一旦宣布結案日期之後，病人的移情神經症就不再是一個安全的堡壘，迫使病人去面對未來的分離或失落。病人由於經驗到即將來臨的分離或失落，可能會產生抗拒來做最後的掙扎。失去治療師一定會帶來痛苦和哀傷，所有的神經症反應可能被動員起來去避免痛苦和失落。

結束階段的常見議題是：結案很容易引發病人人生各發展階段的分離經驗，早年那些最衝突的、最創傷的分離經驗，很容易在結束階段復發。因此，Glover（1955）才會說，移情神經症沒有經過結束階段的處理，就不能說得到完全的解決。如果治療師可以幫助病人處理分離議題、順利處理結案的困難，以及與治療師好好說再見，那麼病人無疑的將獲得人生未來失落的演練，進一步學習發展更成熟的能力去處理日後的客體失落議題。事實上，病人和治療師對於結案的哀傷反應都會有的，畢竟雙方共同投入無數的時間和情感在彼此的關係上，療程愈長的結案，對分離的感受和反應也會愈強烈，這是可以理解的。

Firestein（2001）指出，早期文獻提到病人對於結案的情緒反應是分離焦慮，但是分離不是只有分離焦慮，也會有分離憤怒、分離失望、分離哀傷等，這些感覺的出現從面臨結案的日期愈來愈近開始，有時會持續到結案後幾個月。治療師要怎麼看待病人對於結案出現的情緒反應呢？Greenson（1992）認為，面對結案和分離，有的病人會哀傷、有的會生氣、有的會抱怨、有的會依賴，這些都是健康的憂鬱反應，也是我們希望看見的。換言之，病人開始有能力去認知到即將來臨的分離，他會想念、渴望和記住治療師，治療師要留意病人可能會增加行動化的行為，病人一方面在測試舊的神經症反應是否還可以獲得滿足，另一方面，開始將行動化轉為記憶而順利度過結束階段。

Reich（1950）根據臨床經驗，觀察到她的病人在結案的時候，都會有下列的幻想：希望得到治療師的愛、希望和治療師保持聯繫、希望和治療師維持友情，而這些幻想都是病人與早年父母關係的衍生物。治療師往往被病人視為擁有特殊力量、權力和智慧的人，如同病人早年視父母為全能的客體一般。在結束階段，病人送禮物給治療師表達感謝也是常見的願望，有些病人在結案的時候會有想要成為治療師的願望，有些病人會直接或間接表達想要懷孕生小孩的重生願望，許多病人會有在結案後再見到治療師的願望，但其中有的病人會對結案後的見面感到害怕，例如：擔心結案後的追蹤晤談，被建議再回去治療（Firestein, 2001）。

在結束階段病人會出現新的症狀嗎？一般是不會的，但是舊的症狀會重複出現。如果病人在結束階段出現新的症狀或舊的症狀持續惡化，治療師或許要重新考慮結案時機的適當性；但是治療師這樣做，同樣會掉入另一個陷阱，新症狀或舊症狀惡化說不定是病人不願意結案，想要脅迫治療師延長治療時間。事實上，多數病人在結案時，都會表達對於結案的遺憾、對於延長治療的渴望，但是他們的症狀並沒有惡化（Firestein, 2001）。Glover（1955）也認為，在結束階段，病人會有出現退化和症狀復發的現象，這些現象是病人針對結案的適應性、哀傷似的反應，不應該把他們解讀為病人透過退化和症狀復發來脅迫治療師去繼續治療。

結束階段其實是包括兩個次階段的：一個是結案日期之前；一個是結案日期之後，病人對於結案的反應在最後一次晤談之後並沒有結束。雖然病人和治療師在一起工作的心理治療，在最後一次晤談時結束，但是病人對於結案的情感並沒有結束。病人可能在結案後會自我分析，或者另外找時間回來諮詢，或者尋求其他治療師的幫助。有的病人會介紹配偶、子女或親友去接受治療，就好像有人可以延續他的治療一樣，也有的病人會寫信或打電話告訴治療師他們的近況，這些都顯示病人在結案後仍然持續在做結束的工作。

為說明病人在結案之後的心理狀態，Reich（1950）引用一位病人的自述，這位病人接受某一位分析師三年的分析，獲得很多的幫助，包括症狀的緩解和生活困難的解決。病人對結案後的心理反應和變化如下：「我覺得我好像突然被單獨留在世界上，我的感覺很像我母親在我十幾歲時過世的感覺。我試著努力去尋找人可以愛，找事情可以做。有好幾個月，我渴望見到治療師，告訴他我最近發生的一切。大約兩年之後，我在一個派對上遇見他，他就像一位友善的老人，一點都不可愛。」

平常病人與治療師分離的經驗品質，例如：暑假安排長時間的休假，是否有助於預測病人結案的反應？Firestein（2001）認為，許多治療師會採用暑假暫停治療去休假的方式，來觀察病人對於休假分離的反應。但每個病人的反應不同，有的很開心，有的很擔心，有的休假回來變得惡化不穩定，有的可以容忍短時間的休假，有的則不行，有的病人知道休假後可以見到治療師，所以會比較安心。因此，這些休假的經驗品質可以做為結案預後的參考，但是治療師也要為例外的情況作好心理準備。

跟病人的反應很類似，每個治療師對面臨結案的感覺也是多樣的，比較常見的感覺是焦慮，對於治療結果好壞的焦慮，擔心病人是否得到充分的改善可以獨自面對生活壓力。有些治療師的感覺是懷疑，懷疑結案的時機是否適當，會不會太早？有的治療師會在結束階段表現得比平常主動和多話，甚至較多的個人揭露。有的治療師會感覺失落，特別是面對那些很聰慧、幽默和很有天賦的病人，以及那些工作愉快而有成就感的病人。由此可見，治療師和病人對於結案總會有一些共同的分離反應和經驗。

治療師的反移情可能會使結案變得複雜，例如：有些求快求好心切的治療師無法忍受緩慢的治療歷程，會提前想要結束治療並看到效果。有的治療師想要終止治療是因為擔心自己無法控制對病人的強烈反移情，例如：情慾衝動。有的治療師十分享受病人對他的依賴，而有困難放下病人，結束心理治療（Reich, 1950）。

有分離焦慮的治療師可能會延長病人的治療，或把結案的日期弄得很模糊，例如：拉長晤談頻率。Auld與Hyman（1991）提醒治療師，不要根據病人的症狀嚴重程度來決定晤談頻率，也不要預約一個追蹤晤談的日期，他們認為這種追蹤晤談其實就是一種恢復治療的邀請。治療師究竟要不要根據病人的症狀嚴重程度來決定晤談頻率？筆者的看法是，經過治療師評估後，適合精神分析治療的嚴重症狀個案原則上可以依照每週晤談一次或兩次來進行。基於臨床的必要，例如：嚴重個案變成危機個案，或嚴重個案已經長期穩定緩解，治療師可以調整晤談頻率。

## 第三節 精神分析治療的改變機制

在進行精神分析治療初期，治療師通常會和病人討論他的治療目標，也就是治療目標的訂定或選擇。精神分析治療結束之後，治療師會對於病人是否真正達到治療目標，以及治療性改變是如何發生的，感到好奇。本節將分別討論治療目標的選擇和治療改變的機制。

### 一、治療目標的選擇

Freud（Breuer & Freud, 1893-1895）曾說，精神分析可以幫助我們從神經症的痛苦變成一般的不快樂，但精神分析不可能消除我們的不快樂，因為人生總是會遇到困難、挑戰和挫折，我們只能在可能的範圍內，讓自己過得更好一點。當然，精神分析治療可以幫助病人減少緊張和焦慮，特別是那些神經症和道德的焦慮，但是治療師仍然還有許多的現實焦慮會持續存在。

治療師在受理一位病人的心理治療之後，通常要在訂定具體的治療目標和籠統的治療目標之間做選擇。根據精神分析的觀點，在治療初期訂定特定的或具體的治療目標是沒有意義，而且不利於病人的自主性。治療師和病人只要知道治療的目標是增加自我了解和自主性即已足夠。病人要面對的問題，隨著治療歷程而出現，只有病人在增加自我了解之後，通常會更有能力去處理所面對的問題（Auld & Hyman, 1991）。而且，治療目標的訂定要適度，不要完美，畢竟心理治療只是一種心理問題的修護工作，不可能重新打造。治療的結果只能讓病人對自己和對生活更加滿意，而不是追求完美。

區分治療目標和生活目標是很重要的事情：生活目標是病人發揮潛

能可以達到的，而治療目標則是消除阻礙病人發揮潛能的障礙。也就是說，治療目標是要消除阻礙病人成長的障礙和發現病人的潛能，而生活目標則是病人運用自己的成長和潛能去追求的目標（Ticho, 1972），例如：病人想要有一個幸福的婚姻，但是由於害怕親密關係，於是尋求心理治療。治療師和病人便可以討論，其治療目標是幫助病人處理對於親密關係的害怕，而不是幫助病人找到理想的對象去過幸福的婚姻生活。如果治療師誤把病人的生活目標當作治療目標，就會出問題。

談到治療目標，不可避免地會碰到人的價值觀，例如：(1)病人想要改變，但是周圍的家人和親友並不希望病人改變；(2)病人和治療師經常會面對一個改變程度的選擇，是要選擇快速有效的症狀緩解，還是要選擇費時費力的人格改變；(3)病人治療性的改變一定會涉及病人、治療師、病人親友，和支付費用的保險公司或政府的價值觀；(4)如果病人求助的要求違反治療師的價值觀，治療師應予拒絕，例如：要求治療師做偽證幫他打官司；(5)根據定義，強制的治療不能說是治療，只能說是說服、教導或勸說等，治療師可以婉拒非自願病人（Auld & Hyman, 1991）。

精神分析治療透過增進病人的自我了解，來達到三個治療目標（Auld & Hyman, 1991）：(1)領悟：精神分析治療特別著重在幫助病人領悟自己的問題模式和人格偏差，即使部分領悟也是有幫助的。透過治療歷程，病人學習放鬆自我的壓抑，逐漸可以釋放糾結的心理能量，讓自己更能夠享受生活。一旦壓抑放鬆之後，病人可以增加思考和選擇的彈性，減少強迫重複的行為；(2)適應性改變：心理治療可以幫助病人覺察和處理嬰兒化神經症，減少對人對事的扭曲知覺和行動化，進而改善人際關係、工作能力和生活適應；(3)症狀緩解：病人求助治療師的主訴問題和症狀，在心理治療的幫助之下得以緩解和消除，可以說是基本的治療目標。

治療師在面對「增加自我了解」和「快速行為改變」之間的治療目標的選擇時，治療師最好選擇「增加自我了解」作為工作重點，因為增加自我了解或領悟有助於完成行為改變或症狀緩解。

## 二、治療改變的機制

精神分析治療如何導致改變呢？不同流派的治療師會有不同的說法，包括：中斷的發展獲得恢復、建立有意義的和統整的內在、內在結構的改變、安全的新感覺，以及防衛機制、信念和關係的調整等（Pulver, 1995a），例如：自我心理學家強調內在衝突的解決和內化導致心靈結構的改變；自體心理學家強調心靈重新成長和蛻變內化導致結構的改變；客體關係學家重視內在表徵世界的改變和與外在客體更適應的關係（Meissner, 1991）。

Pulver（1995a）認為，即使不同精神分析理論對改變機制有不同的看法，但是從臨床現象來看，其實改變機制都差不多，只是說法不同而已，例如：衝突的解決會伴隨新的心靈成長、更一致的自體敘說、內在表徵世界的調整，以及錯誤信念系統的改變等。成功的分析通常會期待下列的轉變：病人的症狀會減少或消失，對自己有更深更好的感覺，內在和外在客體關係會更好，更能夠覺察、忍受和享受自己的感覺。不同精神分析理論對改變的機制雖然有不同的強調重點和面向，但是精神分析治療的改變機制，不超出下列的範圍（Pulver, 1995a）。

### （一）宣洩

宣洩雖然不會產生長久的改變，但是對於遭受情感創傷的病人，能夠在一個安全的治療關係中，重新談論創傷和經驗強烈的情緒，將可降低無助感，增加重新面對創傷的處理能力。

### （二）領悟

情緒的領悟或深度的情感理解才是關鍵，只有認知的領悟是不夠的。情緒的領悟包括對事件、動力或互動關係的認知了解，並且伴隨有能力去經驗各種感覺，對自己的行為和關係有新的理解和連結，例如：一位有情緒領悟的病人會說：「我更熟悉我的感覺，以及處理感覺的方式，我知道我為什麼會得到這些症狀，以及它們的源頭。」

### （三）歷史真相和敘事真相

領悟通常指涉了解歷史的真相，治療師對事件的看法深受過去和他人的影響，但可以透過還原事件，幫助病人看到歷史的真相。另一種幫助病人的方式是從社會建構的觀點，去敘述自己的生活故事和感覺，這些故事和感覺可能不是歷史真實，但是具有敘述真實，可以幫助病人發現生命的意義。

### （四）新經驗的角色

古典精神分析認為，領悟是治療改變最重要的機制。當代精神分析則認為，還有其他改變的機制，例如：認同治療師、同理、安全感的經驗、支持的環境、與良好自客體的新經驗、治療師的支持等。這些可以通稱為與治療師作為客體的新經驗。領悟與新經驗何者相對重要？衝突論的治療師會認為領悟比較重要，而缺陷論的治療師則會認為新經驗比較重要。

Strachey（1934）曾說，領悟是治療改變的關鍵機制，但是僅有領悟是不夠的，病人還必須經驗與治療師的關係。舉例來說，病人的超我認為性的感覺是不好的，經過精神分析治療，病人和治療師發展強烈的情感和關係之後，逐漸讓他經驗到性的感覺並沒有不好，就像所有的其他感覺，只是需要被理解。病人必須從與治療師的相處中經驗到性的感覺，就像病人與父親的相處中經驗到性的感覺是不好的一樣，逐漸發現和治療師的經驗並非如此。

## （五）同理

同理或同理心這個詞有很多涵義，自體心理學使用這個詞有其特定的涵義，是指治療師對病人的感覺和需要有一種適切的知覺和反應。當病人經由退化而發展移情神經症時，病人和治療師的情緒關係是強烈的，病人的潛意識會預期治療師會像他的父母一樣對待他的感覺和需要。然而，治療師以一種中立而同理的態度，對他表達有興趣的了解，幫助他對自己的感覺和幻想獲得領悟。同時，他經驗到與治療師的情感連結是溫暖的、同理的，不同於早年與父母的關係，病人把這樣的經驗和關係內化，透過修通以更正向的觀點看待自己，態度和行為也跟著改變。

精神分析從一開始在認定什麼是主要的療效因子時，即在兩個觀點之間擺盪：一個觀點強調領悟與詮釋；另一個觀點強調治療關係與新經驗。有關詮釋與新經驗之間的爭論至今仍在持續進行。佛洛伊德學派和克萊恩學派的分析師強調詮釋，自體心理學和獨立學派則認為無言的同理心和感同身受本身即具有療效。就臨床實務工作而言，這種二分法是表面而無意義的，因為詮釋與關係都是治療改變所必要的。此外，穩定的治療情境和治療師的聆聽與涵容也都是重要的療效因子（Bateman & Holmes, 1995）。

De Jonghe 等人（1992）提出精神分析的雙療效因子理論：一個是詮釋—領悟因子（interpretation-insight factor）；另一個是支持—經驗因子（support-experience factor）。精神分析的理論發展約略以 1950 年代作為區分，1950 年代之前的精神分析理論，一般被稱為古典觀點，主要理論是驅力心理學。古典觀點主要以伊底帕斯情結和閹割焦慮解釋神經症的衝突。

1950 年代以後發展的精神分析理論，主要是客體關係理論和自體心理學，被稱為當代觀點。當代觀點強調兒童的早年發展經驗和母嬰關係對人格發展與精神病理的關鍵角色，人格問題和自體障礙是人格發展缺陷和發育受阻的結果。當代觀點探討的是前伊底帕斯（preoedipal）的人格發展問題，不僅解釋嚴重的人格障礙，也可以解釋神經症。Pine（1988）也持同樣的觀點，認為精神分析有兩個療效因子：一個是領悟的力量；另一個是關係的力量。

古典觀點認為，精神分析具有兩個基本特徵：一是發展一個充分的分析關係；二是持續的運用詮釋去幫助病人領悟。當代觀點則認為，除了上述兩個基本特徵，還有第三個基本特徵，那就是客體關係理論和自體心理學取向的治療師經常提到的名詞和描述，包括：涵容（containing, holding）、接納、同理（empathy）、自客體（selfobject），以及矯正性情緒經驗（corrective emotional experience）等，De Jonghe 等人（1992）統稱為支持—經驗因子。

治療師經由表現出接納、同理、穩重、容忍、不評價、不反應的態度，提供病人一個新的客體認同，治療師成為類似前伊底帕斯母親，保護嬰幼兒避免受到性和攻擊驅力的過度刺激。病人經驗治療師這個新客體之後，滿足了嬰幼兒的發展需求，獲得矯正的情緒經驗和人格的正常發育。根據本節的討論，精神分析治療的改變機制有二：一是經由充分詮釋的結果導致領悟；另一是經由充分的支持導致人格的發育。兩者殊途同歸地達到人格結構的改變。

# 第十四章

# 總結

本章將總結筆者對於精神分析理論和治療技術的理解，作為本書的結尾。閱讀本章將有助於梳理精神分析的理論，了解精神分析治療技術的彈性運用。本章分為三節：理論與流派、病因與改變機制，以及技術與態度。

## 第一節　理論與流派

本書介紹精神分析的四個主要理論（或流派）：驅力心理學、自我心理學、客體關係理論和自體心理學。本節將分享筆者對這四個理論的理解，並針對主要概念比較古典和當代精神分析的觀點。

### 一、精神分析理論與概念的梳理

精神分析的理論體系包括臨床精神分析、應用精神分析和後設心理學。臨床精神分析是治療師臨床應用的理論，應用精神分析是將精神分析理論應用在非臨床的領域，包括：文學、藝術、電影、戲劇等。後設心理學屬於更為抽象的精神分析理論，Freud用來說明他所建構的與經驗多少有所距離的抽象概念，跟臨床工作的距離比較遠，包括：動力的、結構的、經濟的、起源的，以及適應的等五種觀點。

臨床精神分析便是精神分析治療所依據的理論基礎，又可以分為古典精神分析和當代精神分析。古典精神分析的內容便是 Freud 所發展的驅力心理學；當代精神分析的內容主要是自我心理學、客體關係理論和自體心理學。本書以及精神分析文獻在提到古典精神分析或傳統精神分析的時候，通常是指佛洛伊德心理學或驅力心理學的臨床應用；而提到當代精神分析的時候，則是指自我心理學、客體關係理論和自體心理學的臨床應用。

古典精神分析的一些臨床概念，例如：閹割焦慮（castration anxiety）、伊底帕斯情結（Oedipus complex）、施虐受虐狂（sadomasodism）、手足競爭（sibling rivalry）、陽具欽羨（penis envy），以及原始場景創傷（primal-scene trauma）等，有學者認為這些概念遠離病人的生活經驗，過度簡化人類複雜的生活經驗，並且低估前語言經驗和環境的影響（Peterfreund, 1973）。筆者則認為，現在只有少數治療師在實踐古典精神分析，從事精神分析治療的治療師，大都在應用當代精神分析的理論，因此精神分析的學習最好以當代精神分析理論為主要內容，才是最佳的選擇。

## 二、驅力與心理能量

古典精神分析認為驅力是天生的、生物的，是一種介於生理與心理之間的心理能量，推動著人類的動機和行為。驅力包括生的驅力（以性驅力為代表）和死的驅力（以攻擊驅力為代表）。我們總是靜不下來，總是想要做點什麼，思緒紛飛，有一股壓力想要發洩，有許多慾望想要滿足；相對的，另有一股力量拉著我們不要發洩、不要滿足，要壓抑自己的慾望，避免發生可怕的後果。在慾望與慾望之間，在慾望與防衛之間充滿了衝突，面對內心不斷出現的衝突，我們使用防衛機制來避免焦慮的同時，也獲得部分的滿足，防衛機制的強迫重複形成我們不同嚴重程度的神經症。

當代精神分析認為驅力是尋求客體的、是心理的，是受環境影響的。

良好的母嬰關係會增加性驅力，挫折的母嬰關係會增加攻擊驅力，因此嬰幼兒心理發育受到主要照顧者和照顧環境的影響。嬰幼兒尋求客體的驅力在支持和適當照顧的環境中會得到滿足，並內化為好的客體關係；在缺乏同理、支持和照顧的環境中會感到挫折和匱乏，並內化為不好的客體關係。嬰幼兒的主要照顧者如果本身功能很差，無法提供嬰幼兒成長所需要的支持和照顧時，嬰幼兒為了生存會使用分裂的防衛機制，把主要照顧者認為是好的，把自己認為是壞的，這樣內在的客體關係構成心理結構，將會重演在以後的人際關係。

## 三、心理結構

精神分析文獻在探討嬰幼兒的心理是如何構成時，曾比照自然科學使用不同的名詞來描述，包括：心理結構、心理組織和心理裝置。但是這些名詞都是一種比喻，人的身體解剖中並沒有一個具體的心理結構。

古典精神分析和當代精神分析對於心理結構有著不同的觀點，古典精神分析認為人的心理結構是由本我、自我和超我所組成，在這三個我當中，本我是屬於潛意識，自我和超我則包括意識和潛意識。自我的主要功能在於協調本我、超我和環境的壓力和要求，自我會發展各種防衛機制去因應各方的需要，三我之間的衝突以及三我與環境之間的衝突，需要透過自我的居中協調和妥協，神經症便是衝突和防衛妥協的結果。

當代精神分析認為，人的心理結構是由內在客體關係和自體所組成，自我和自體的發展有賴一個夠好的照顧者，和一個一般良好的成長環境。嬰幼兒先有部分客體的概念，然後有完整客體的概念，先有客體的概念，然後才有自體的概念。嬰幼兒經由與主要照顧者的頻繁互動，經驗著好的和不好的人際關係，這些好的和不好的人際關係會內化成為內在客體關係，或者透過良好自客體的同理和理解，逐漸發展成一個統整的自體。

在描述心理結構的時候，Klein 喜歡用內在客體代替客體表徵，Kohut 喜歡用自客體代表自體和內在客體的經驗；因此，內在客體、客體表徵和自客體的涵義其實是大同小異的，只是理論家各有不同的強調重點罷了。觸及心理結構的治療才是治本，一般心理治療著重症狀的緩解，例如：不適應思考、情緒和行為的改變，因此偏重治標。精神分析治療除了治標，更加重視不適應思考、情緒和行為底層人格結構的改變，可以說是兼顧治標和治本。

## 四、抗拒、移情和強迫重複

如果要用一個名詞來代表精神分析的話，「移情」無疑是最具代表性。Freud很早的時候，就完全放棄催眠、建議和宣洩，改用自由聯想，以及抗拒和移情分析做為治療技術。Freud（1912b）在〈移情的動力〉一文中提到，移情會造成最強大的抗拒，抗拒伴隨精神分析的每一步。Freud（1914a）在〈記憶、重複和修通〉一文中提到，強迫重複是抗拒的一個面向，病人用重複過去的經驗來代替記憶，因此抗拒需要修通才能完全消除。

筆者認為，充分理解抗拒、移情和強迫重複這三個概念，將可以把握精神分析的重要內容。這三個概念其實是相關也相通的，因為抗拒是透過重複來表現，重複不僅表現在分析情境，也表現在分析情境以外，治療師主要是處理分析情境內的重複，分析情境內的重複也就是移情，包括行動化和非行動化的言行。抗拒和移情都是一種強迫重複，Freud（1914a）曾說，移情是一種重複，將已忘記的早年情感、想法和態度重複在治療師和其他人身上，強迫重複取代了強迫記憶。

人有強迫重複的驅力，病人回憶不起那些被壓抑的衝突和痛苦，卻會用行動表現出來。我們可以說，病人不僅強迫重複他的神經症，也強迫重複他的人格模式、人際關係、行為模式、防衛機制，而不自覺地把他有問題的人格和行為模式表現在晤談室裡，這就是移情。治療師透過分析情境的設置，鼓勵病人自由聯想，然後觀察病人的強迫重複和行動化，幫助病人辨識和覺察自己的問題模式，並且幫助病人理解自己是如何受到潛意識或自己所不知道的強迫重複的影響。

我們小時候解決衝突的方式或防衛，如果有效的話就會反覆使用，這些重複使用的防衛和解決問題的方式慢慢成為行為模式和自我認同，慢慢地成為我們的人格特質。我們使用特定的方式處理焦慮和衝突，使用特定的方式處理人際關係，由於習慣成自然，一切變得很自動化，變成不知不覺，愈來愈輕而易舉、愈來愈舒適、愈來愈難以改變和覺察。因此，對於抗拒、移情和強迫重複的覺察和改變是很難的，病人即使有意願想要接受心理治療，也會困難重重。

## 五、精神分析的多元觀點

在精神分析發展的早期，Freud把精神分析當作一個運動，為了維護其理論的純正和正統性而排除異己。當代精神分析強調精神分析多元論（psychoanalytic pluralism），認為理論與技術的多元化是必然的趨勢。很多學者和訓練機構除了介紹驅力心理學、自我心理學、客體關係理論和自體心理學，也會介紹人際精神分析學派（interpersonal psychoanalysis）（以 Sullivan、Fromm、Horney 為代表）、法國的拉岡學派，以及關係精神分析學派（relational psychoanalysis）（以 Mitchell 為代表）。當代精神分析的多元觀點促進精神分析的多元共榮，凡事（助人理論和技術）只問道理，不問學派。

不同地區和文化的治療師在處理不同病理、不同年齡層的病人時，單一的理論或技術是不夠的，勢必要兼採不同的理論和技術。而且治療師一定受到生活環境的影響，例如：法國治療師一定深受Lacan的影響，英國治療師一定深受Klein的影響。也就是說，治療師必然因受其文化和集體經驗的影響，而對精神分析理論持有不同的觀點，這種多元化有其優勢，但是也存在著一些挑戰（Birkhofer, 2017; White, 2008）。

## 第二節　病因與改變機制

在精神分析文獻中討論心理病因的時候，常會提到衝突論（又稱驅力結構論）和缺陷論（又稱關係結構論）兩個觀點。衝突論認為，心理問題的產生是因為內心三我之間的衝突，以及自我與環境的衝突。缺陷論認為，心理問題的產生是因為嬰幼兒早年心理發育缺陷的結果。

### 一、衝突與缺陷

是什麼妨礙了心理的成長與健康？人為什麼會有心理的痛苦與症狀？主要原因是內在衝突還是心理發展出了問題？精神分析根據病因與改變機制，大致簡化地分為衝突論和缺陷論；驅力心理學和自我心理學屬於衝突論，客體關係理論和自體心理學屬於缺陷論。

衝突論以衝突的概念為中心，認為神經症是心理衝突的產物，心靈與它自己作對，心靈被內在的衝突撕裂，因為心理裝置內部不同勢力之間不斷地進行角力。衝突論是根據神經症患者的診療經驗而發展出來的，其認為患者的人格基本上屬於正常範圍，有問題的是驅力的壓抑和抗拒、本我、自我和超我之間的衝突，以及自我面對驅力與環境的衝突。患者發展出各種防衛機制來壓抑驅力的意識化，這些防衛和妥協成為神經症的症狀，限制了患者的心理功能和慾望的滿足。

根據衝突論，心理問題的起源是人有性驅力和攻擊驅力需要滿足，人想要滿足驅力，又害怕滿足，於是自我會運用各種防衛機制來克服心理的害怕，同時又可以部分的滿足驅力。人的驅力是由潛意識的衝動、情感和慾望所組成，這些潛意識的衝動、情感和慾望，包括性的、攻擊的、忌妒的、愛情的慾望和衝動。這些驅力和衝動總是伺機尋求滿足，可是這些慾望和衝動出來的時候，會造成自我的緊張和焦慮，而害怕這些被壓抑的慾望和衝動一旦出來尋求滿足的話，人就會失控、出事或被處罰。於是，自我運用某些防衛來壓抑它們，在討價還價和折衷妥協之後，壓制了一部分的慾望和衝動，滿足了一部分的慾望和衝動，這些防衛機制和昇華活動，經反覆使用成為強迫重複，也就形成人格和神經症。

缺陷論提出發育中斷或人格發展缺陷的概念作為中心，不認為衝突是心理疾病的源頭，心理疾病的源頭是早年發育缺乏心靈成長所需要的條件和照顧。缺陷論是根據人格障礙患者的診療經驗而發展出來的，認為患者的人格是有發展上的缺陷。人格缺陷的發生是在前語言時期，由於照顧者未能提供夠好的支持、同理回應和涵容的關係，以至於內化有問題的母嬰關係成為內在客體關係，導致嬰幼兒無法建立健康的心理結構。缺陷的人格或心理結構，會妨礙患者日後的心理功能和人際關係。

衝突論主要是用衝突的概念來解釋神經症，最核心的防衛就是壓抑，以驅力為基礎的幻想必然會彼此衝突，同時也與調節它的自我功能相衝突，這些令人痛苦的衝突必然被排除在覺察之外，不准接近行動，並且埋藏在心靈的深處。缺陷論主要是用缺陷的概念來解釋人格障礙，最主要的防衛是解離與分裂，而不是壓抑，並認為還未整合的不同自我狀態之間的垂直分裂撕裂了心靈，而不是水平分裂（Mitchell & Black, 1995）。

這兩種病因的觀點對於心理問題的起源，有著非常不同的解釋，然而衝突論和缺陷論並非兩個獨立的觀點，而是持續相互影響的動力。最初發育的不足，導致變為衝突的渴望和幻想，而這些衝突導致在獲得必要發育經驗上的重要障礙，繼而製造出更多有衝突的幻想。

## 二、創傷與幻想

什麼才是心理疾病的起因，是創傷還是幻想？這是精神分析內部長期爭論的主題。心理問題是實際創傷的結果，還是由於童年幻想和扭曲所造成的？對 Freud 來說，驅力本身的衝突性特質是在所有實際創傷發生之前，就已經存在，實際創傷經驗只是加重或惡化了心理問題。

創傷與幻想並不是對立的，事實上也可以是相容的。當代精神分析重新定義創傷，從單一的童年創傷事件，轉變為父母長期無法滿足發育中兒童的心理需要，可以說是累積的或慢性的創傷。當代精神分析認為，孩子並不是受到性事件的創傷，而是受到父母性格病態的創傷。

影響心理發展和心理問題的，究竟是天生的驅力還是後天的環境？Freud認為，人的驅力是生物的、是天生的，人從出生驅力就已存在，驅力是自發形成的內在壓力。本我是驅力的容器，不會和外在的、人際的世界有直接接觸，在本我和外在世界之間，所有的接觸都經由自我居中斡旋。當代精神分析認為，驅力受外在的、人際世界的影響極大，嬰幼兒的人格發展和心理問題主要是經由父母的照顧方式，以及母嬰關係的品質所塑造而成。

## 三、領悟與經驗

到底是什麼使病人得以改變？心理治療如何產生效果呢？古典精神分析認為，改變的中心機制就是經由詮釋而產生的領悟，病人的問題是壓抑的結果，領悟可以解除壓抑，釋放衝動、幻想和回憶。Freud認為，壓抑是兩股力量（被壓抑的內容與防衛）之間的鬥爭，當治療師做出詮釋，他就是在對病人描述這個鬥爭的雙方。

超我是壓抑的強大同盟，Strachey（1934）認為，如果被禁止的衝突從壓抑中釋放出來，但超我卻未受影響，那麼詮釋只是短暫的，因為沒有被改變的超我最後還是會將依舊被禁止的衝動拉回壓抑中。Strachey認為，在精神分析方法中，有某些東西不只能將潛意識的材料從壓抑中釋放，還能證明病人最深刻的期待是不正確的，是一種能打斷投射—內攝循環的東西，進而讓超我本身產生改變。因此在詮釋中，治療師清楚說明的訊息可以幫助病人了解過去的某些東西，而未言明的訊息和治療關係，會讓病人經驗到治療師是一位和自己所期待有很大不同的人（Mitchell & Black, 1995）。

當代精神分析認為，治療改變的機制除了詮釋，還有關係。當代精神分析治療師認為，人從出生的那一刻開始，嬰幼兒都在與他人的經驗脈絡中發展。在心理治療中，治療師擔任某種關鍵性父母的功能，提供支持、鏡映、同理和理解等，這些病人早年錯過的人際經驗，現在經由治療師的提供而導致療效。治療師透過可靠穩定的出席、專注地傾聽，以及深度理解的詮釋等行動，有如體貼的養育，可以用來讓病人中斷的發展過程重新恢復生機（Mitchell & Black, 1995）。

古典精神分析反對治療師自我揭露是有其道理的，治療師有強烈的感覺，便是違反中立的態度，如果還去告訴病人，就會讓問題變得更加複雜，會將病人投射移情的空白螢幕弄模糊，會污染分析的程序。除了詮釋病人聯想的潛在意義外，治療師應該保持沉默。

當代精神分析則有不同的看法，他們認為反移情是理解病人移情動力的重要工具，治療師的感覺和經驗和對病人的理解關係密切；因此，只要將焦點放在病人的經驗上，而不是在治療師身上，自我揭露是可以接受的，甚至是有幫助的。當代精神分析認為，選擇性透露治療師的經驗，可以促進治療關係裡的真實與合作精神、解決棘手的僵局，以及加深治療歷程，並開啟先前在病人經驗中難以接近的內容。

有些當代精神分析治療師強調與病人發展一個新的客體關係，以便可以取代病人舊有的移情關係。雖然 Strachey 認為，治療師只需要作出詮釋就能成為新客體，但現在許多治療師卻認為，治療師通常需要某些更主動的涉入，讓自己的存在更可以被直接碰觸，並讓他的情緒涉入更有效用。

## 第三節　技術與態度

精神分析治療的實務，包括：精神分析治療的開始、分析態度與治療技術、工作同盟與治療歷程、了解潛意識溝通、抗拒與移情的分析、反移情與個人議題，以及精神分析治療的結束等。本節將從多元整合的觀點進行重點整理。

## 一、更有彈性的使用分析與非分析技術

精神分析治療的技術，包括：建議、宣洩、操弄、心理教育、同理的回應、鼓勵陳述、澄清、面質、詮釋，以及修通等。儘管前面幾項不屬於精神分析技術，但是大部分精神分析治療師都會彈性採用上述十種技術，在治療過程中時而使用分析技術，時而使用支持技術，並往復來回，在兩者之間找到平衡。治療師不論使用何種技術，重要的是不要讓病人覺得治療師是個沒有人情味的人。

古典精神分析比較看重詮釋的技術，當代精神分析則認為治療性的態度也有重要功能，包括：治療師的接納態度、友善、中立和客觀的態度，隨時去理解而非評價病人，這些態度不僅有助於病人的自我表達，而且提供病人一種新的人際經驗。這種透過人際經驗的療效日益被重視，甚至和詮釋而領悟的療效並駕齊驅（Bibring, 1954）。

Bion（1970）觀察精神分析處於醫療與宗教的交會點，有的治療師強調它的醫療層面，在從事精神分析治療時，會講究精神分析的客觀性、合理性、技術性和權威性；有的治療師強調它的宗教層面，在從事精神分析治療時，會講究精神分析的存在性、經驗性、人性、浪漫性、合作性和發現性。由此可知，精神分析治療會因為治療師個人的觀點和風格，而有很大的個別差異性。

Freud和歐洲的分析師，以一種有彈性且通常較不正式的方式實踐精神分析；而在美國，精神分析由於過度醫療化和形式化，導致精神分析的實踐方式過於教條、僵化，例如：每週晤談要幾次、晤談是躺著還是坐著、治療態度與技術等，都有嚴謹的規範。

但是，精神分析治療最好的定義不是根據所使用的家具、會談的次數或一組行為規範，而是在最根本上：精神分析治療始終關注如何幫助

病人更深刻的自我了解、更豐富的個人意義感受，以及更多的自由（Mitchell & Black, 1995）。只要治療師從事的諮商與心理治療，消極的可以緩解心理症狀、減輕精神的痛苦、避免強迫重複和行動化，積極的可以幫助病人更深層的自我了解、找到更多的個人意義、更能夠有效能的工作，以及更滿意的人際關係，治療師所做的工作便可以說是精神分析治療。

精神分析治療可以用在個別心理治療、團體心理治療，以及家庭治療。根據臨床實證研究（Blagys & Hilsenroth, 2000），和認知行為治療相比較之下，精神分析治療最明顯的特徵是：

1.聚焦在情感和情緒的表達。

2.針對病人對話題的迴避或固著進行探討。

3.辨認病人的行為、思考、情感、經驗和關係的模式。

4.著重過去的經驗。

5.聚焦在人際經驗。

6.著重治療關係（移情和工作同盟）。

7.針對渴望、夢、幻想進行探索。

## 二、更為兼顧詮釋領悟與同理的新經驗

由於過去 Freud 為保護精神分析理論的純正性，以及美國精神分析學會的過度醫療化，導致逐漸走向式微。後來，由於當代精神分析理論的不斷修正和擴充，使得當代精神分析的影響力超過古典精神分析，才使精神分析從衰敗走向興盛繁榮。古典精神分析理論已經無法滿足各類心理病理病人的需要，當代精神分析理論反而可以廣泛處理不同病因的病人，包括：發展的、神經症的、精神病的，以及人格障礙的病人。當代精神分析不僅重視經由詮釋而獲得領悟，更重視經由關係而獲得新的經驗。

最近 30 年，當代精神分析治療對待病人的態度，從一個有距離的傾

聽和詮釋者，調整為更加同理和深度理解。根據 Bateman 與 Holmes（1995）的歸納，治療師在分析歷程的主要任務包括：(1)協助病人減低內外在衝突，鼓勵病人使用比較成熟的防衛機制；(2)連結過去與現在的事件，提供了解與領悟；(3)提供病人矯正性的情緒經驗；(4)藉由幫助病人退化，促進一個新關係的開始；(5)維持穩定的基本架構和治療關係，使分析歷程可以展開；(6)既要詮釋此時此地治療關係的動力，也要重新建構過去的事件；(7)晤談的重點可以放在過去發生的事件，也可以放在治療關係裡此時此地的經驗。

從上述當代精神分析治療師的主要任務可以看出，好的治療師更為兼顧詮釋、領悟和同理的新經驗，也就是除了幫助病人自我了解和重新領悟過去的事件和防衛機制，也要提供病人新的人際關係，體驗矯正性的情緒經驗，經由深度理解和經驗而獲得人格結構的改變。

## 三、處理早年議題或當前關係皆可

在心理治療時，晤談的主題要聚焦在過去還是現在？古典精神分析認為，病人的心理衝突都來自童年對父母的依附與幻想，所有在治療情境出現的內容，都是從病人的心靈中製造出來，從過去轉移到現在。Freud認為，最重要的童年問題通常不會出現在晤談中，而是以偽裝的方式出現在治療關係裡，這就是移情。處理現在的移情，就是同時在處理早年的神經症。人從反覆出現的早年經驗中獲得偏愛的關係型態，因此很自然地根據過去關係所發展出的期待來靠近治療師，並將他們對治療師的觀察，編織進自己慣有的互動型態（Mitchell & Black, 1995）。因此，我們可以說，晤談的主題原則上尊重病人的選擇，談過去或現在都是可以的，因為彼此是相關的。在治療歷程中，通常會來回交替去談論和處理早年議題和當前關係。

## 四、非口語表達是抗拒也是溝通

古典精神分析很容易把病人的非口語表達，例如：沉默、笑聲、哭泣、肢體接觸，以及送禮，當作抗拒來理解。當代精神分析提醒，病人其實是用非語言的方式在表達前語言時期的經驗，這種非語言溝通並不是抗拒或行動化，是因為病人無法言說。當代精神分析認為，嬰幼兒在會說話之前，所經歷的人生經驗和人際關係是無法言說的，是需要治療師特別去同理和接納的。

我們不妨以沉默為例，說明治療師對沉默的看法和技術，隨著時代的改變而調整。早期治療師通常會期待病人開口講話，如果病人沉默，很容易就認為是病人對治療的抗拒，妨礙治療的進展。後來，治療師逐漸了解，沉默不只是一種抗拒，也是一種溝通，非口語和口語共同組成溝通的全部；一般人沉默代表的涵義包括：智慧、小心、生氣、高興、愛和責備等。精神分析則認為沉默是一種潛意識的表達，沉默的涵義或象徵包括：死亡、攻擊、口腔自慰、肛門快感、性的壓抑，以及替代的處罰等。到了現代，沉默被認為是治療師與病人共享的經驗，沉默可能是雙方對治療關係的表達，而有不同的類型，具有溝通的價值。因此，治療師要留意各種沉默的出現，沉默可能代表愉悅、生氣或害怕，主要視治療情境和關係而定（Ferreira, 1964）。

## 五、誠實面對自己

精神分析是一個專門幫助病人誠實面對自己的治療理論與技術，愈能夠誠實面對自己黑暗面的人，就愈有機會可以擁有一個滿意而成功的人生。誠實面對自己的動機與黑暗，是一個很大的挑戰，也是一件令人痛苦的事情。精神分析治療可以幫助病人釋放那些用來壓抑和防衛內心衝突和慾望的能量，可以幫助病人從神經症或強迫重複的人格問題中解放出來，成為一個更自由、更適應、更能工作和愛的人。深度的自我了解會產生複雜的正向效果，誠實面對自己，也就是放棄防衛，用真我取代假我，是心理健康的關鍵。

Freud 認為，誠實面對自己才能進行自我分析。他曾經說過一句名言：「全然對自己誠實是一個好的練習。」Reik（1948）也一再讚揚 Freud 有一種面對自己的勇氣，去誠實面對自己內心，又客觀地給予分析。借用 Freud 與 Reik 的話，筆者認為不僅個案要誠實面對自己，作為治療師也應誠實面對自己，才能有機會走入自己的內心深處，進行覺察和整理，最終成為一個更自由、更有功能的人。

# 參考文獻


## 中文部分

李宇宙、張書森、賴孟泉、簡意玲、吳其炘、黃宣穎、…曾懷萱（譯）（2007）。**動力取向精神醫學：臨床應用與實務**（原作者：G. O. Gabbard）。台北市：心靈工坊。

林明雄、林秀慧（譯）（2002）。**自體心理學的理論與實務**（原作者：M. T. White & M. B. Weiner）。新北市：心理。

林家興（2020）。**諮商與心理治療實務**。新北市：心理。

林家興、王麗文（2003）。**諮商與心理治療進階**。新北市：心理。

梅當陽（2014）。**概談 SELF PSYCHOLOGY**。取自 https://reurl.cc/k0RxL9

郭本禹（2007）。精神分析運動的百年回眸。載於郭本禹（主編），**中國精神分析研究叢書**。福州市：福建教育出版社。

黃堅厚（1999）。**人格心理學**。新北市：心理。

## 英文部分

Alexander, F. (1933). Development of the ego-psychology. In S. Rorand (Ed.), *Psycho-analysis today: Its scope and function*. London, UK: George Allen & Unwin.

Altman, L. L. (1969). *The dream in psychoanalysis*. New York, NY: International Universities Press.

American Psychoanalytic Association. (2019). *Psychoanalytic psychotherapy*. Retrieved from https://reurl.cc/5q6ARy

Arlow, J. A. (1995). Psychoanalysis. In R. J. Corsini & D. Wedding (Eds.), *Current psychotherapies*. Itasca, IL: F. E. Peacock.

Arlow, J. A., & Brenner, C. (1964). *Psychoanalytic concepts and the structural theory*. New York, NY: International Universities Press.

Auld, F., & Hyman, M. (1991). *Resolution of inner conflict: An introduction to psychoanalytic therapy* (2nd ed.). Washington, DC: American Psychological Association.

Balint, M. (1949). On the termination of analysis. *International Journal of Psycho-Analysis, 31*, 196-199.

Basch, M. F. (1980). *Doing psychotherapy*. New York, NY: Basic Books.

Basch, M. F., & Basch, C. G. (1990). *Understanding psychotherapy: The science behind the art*. New York, NY: Basic Books.

Bateman, A. W., & Holmes, J. (1995). *Introduction to psychoanalysis: Contemporary theory and practice*. London, UK: Routledge.

Berzoff, J., Flanagan, L. M., & Hertz, P. (Eds.) (2011). *Inside out and outside in: Psychodynamic clinical theory and psychopathology in contemporary multicultural contexts* (3rd ed.). Lanham, MD: Rowman & Littlefield.

Bettelheim, B. (1983). *Freud and man's soul: An important re-interpretation of Freudian theory*. New York, NY: Vintage.

Bibring, E. (1954). Psychoanalysis and the dynamic psychotherapies. *Journal of the American Psychoanalytic Association, 2*, 745-770.

Bion, W. R. (1970). *Attention and interpretation*. London, UK: Tavistock Publications.

Birkhofer, C. (2017). Theoretical diversity and pluralism in psychoanalysis: Change, challenges, and benefits. *Psychoanalytic Psychology, 34*(1), 114-121.

Blagys, M. D., & Hilsenroth, M. J. (2000). Distinctive features of short-term psychodynamic-interpersonal psychotherapy: A review of the comparative psychotherapy process literature. *Clinical Psychology: Science and Practice, 7*(2), 167-188. https://doi.org/10.1093/clipsy/7.2.167

Blanck, G., & Blanck, R. (1974). *Ego psychology: Theory and practice*. New York, NY: Columbia University Press.

Blum, H. P., & Goodman, W. H. (1995). Countertransference. In B. E. Moore & B. D. Fine (Eds.), *Psychoanalysis: the major concepts*. New Haven, CT: Yale University Press.

Bollas, C. (1987). *The shadow of the object: Psychoanalysis of the unthought known*. New York, NY: Columbia University Press.

Brenner, C. (1973). *An elementary textbook of psychoanalysis*. New York, NY: International Universities Press.

Breuer, J., & Freud, S. (1893-1895). *Studies on hysteria*. Translated from the German and edited by J. Strachey (1955). *The Standard Edition of the Complete Psychological Works of Sigmund Freud* (Vol. II). London, UK: Hogarth Press.

Canning, J. W. (1966). *A logical analysis of criticisms directed at Freudian psychoanalytic theory*. Ph.D. Dissertation, University of Maryland, College Park, MD.

Chessick, R. D. (2007). *The future of psychoanalysis*. New York, NY: State University of New York Press.

Cooper, A. M. (1987). Changes in psychoanalytic ideas: Transference interpretation. *Journal of the American Psychoanalytic Association, 35*(1), 77-98.

Corey, G. (2001). *Theory and practice of counseling and psychotherapy*. Baltimore, MD: Brooks/Cole.

De Jonghe, F., Rijnierse, P., & Janssen, R. (1992). The role of support in psychoanalysis. *Journal of the American Psychoanalytic Association, 40*(2), 475-499.

Eissler, K. R. (1965). *Medical orthodoxy and the future of psychoanalysis*. New York, NY: International Universities Press.

Fairbairn, W. R. D. (1952). *Psychological studies of the personality*. London, UK: Routledge & Kegan Paul.

Fairbairn, W. R. D. (1954). *An object-relations theory of the personality*. New York, NY: Basic Books.

Fall, K. A., Holden, J. M., & Marquis, A. (2017). *Theoretical models of counseling and psychotherapy* (3rd ed.). London, UK: Routledge.

Fancher, E. (1990). A training analysis for psychoanalytic psychotherapists. *Psychoanalytic Review, 77*(1), 41-57.

Ferenczi, S. (1927). The problem of the termination of the analysis. In *Final con-*

*tributions to the problems and methods of analysis* (1955, pp. 77-86). London, UK: Hogarth Press.

Ferreira, A. J. (1964). On silence. *American Journal of Psychotherpay, 18*, 109-115.

Fine, R. (1970). Psychoanalysis, psychology and psychotherapy. *Psychotherapy: Theory, Research and Practice, 7*(2), 120-124.

Firestein, S. K. (2001). *Termination in psychoanalysis and psychotherapy*. Madison, CT: International Universities Press.

Fliess, R. (1953). Countertransference and counteridentification. *Journal of American Psychoanalytic Association, 1*, 268-284.

Fosshage, J. L. (1997). Psychoanalysis and psychoanalytic psychotherapy: Is there a meaningful distinction in the process? *Psychoanalytic Psychology, 14*(3), 409-425. https://doi.org/10.1037/h0079733

Frank, A. (1995). Metapsychology. In B. E. Moore & B. D. Fine (Ed.), *Psychoanalysis: The major concepts* (pp. 508-520). New Haven, CT: Yale University Press.

Frank, G. (1998). The psychoanalytic process: The search for common ground. *Psychoanalytic Psychology, 15*(2), 297-304.

Freud, A. (1936). *The ego and the mechanisms of defence.*

Freud, A. (1966). Links between Hartmann's ego psychology and the child analyst's thinking in psychoanalysis. In R. Loewenstein, L. Newman, M. Shur, & A. Solnit (Eds.), *A general psychology: Essays in honor of Heinz Hartmann* (pp. 16-27). New York, NY: International Universities Press.

Freud, S. (1900). The interpretation of dreams. *S.E., 4 & 5.*

Freud, S. (1905). *Three essays on the theory of sexuality.*

Freud, S. (1912a). Recommendations to physicians practising psycho-analysis. *S.E., 12*, 109-120.

Freud, S. (1912b). The dynamics of transference. *S.E., 12*, 97-108.

Freud, S. (1913). On beginning the treatment (Further recommendations in the technique of psychoanalysis I). *S.E., 12*, 123-144.

Freud, S. (1914a). Remembering, repeating, and working-through. *S.E., 12*, 145-156.

Freud, S. (1914b). On narcissism; an introduction. *S.E., 14*, 67-102.

Freud, S. (1914c). *The history of the psychoanalytic movement*. Retrieved from https://reurl.cc/odnax5

Freud, S. (1915a). Observations on transference-love. *S.E., 12*, 157-171.

Freud, S. (1915b). *The unconscious*.

Freud, S. (1917). Introductory lectures on psycho-analysis. *S.E., 16*.

Freud, S. (1919). Lines of advance in psycho-analytic therapy. *S.E., 17*, 157-168.

Freud, S. (1920). *Beyond the pleasure principle*.

Freud, S. (1921). *Group psychology and the analysis of the ego*.

Freud, S. (1923). *The ego and the id*.

Freud, S. (1926a). The question of lay analysis. *S.E., 20*, 177-258.

Freud, S. (1926b). Inhibition, symptoms and anxiety. *S.E., 20*, 77-175.

Freud, S. (1933). *New introductory lectures on psycho-analysis*.

Freud, S. (1936). *The problem of anxiety*. New York, NY: W. W. Norton.

Freud, S. (1937). Analysis terminable and interminable. *International Journal of Psycho-Analysis, 18*, 373-405.

Freud, S. (1940). *An outline of psychoanalysis*.

Fromm, E. (1992). *The revision of psychoanalysis*. New York, NY: Open Road.

Fromm-Reichmann, F. (1950). *Principles of intensive psychotherapy*. Chicago, IL: University of Chicago Press.

Gabbard, G. O. (1990). *Psychodynamic psychiatry in clinical practice*. Washington, DC: American Psychiatric Press.

Gill, M. M. (1979). The analysis of the transference. *Journal of American Psychoanalysis Association, 27*(Suppl.), 263-288.

Gill, M. M. (1984). Psychoanalysis and psychotherapy: A revision. *The International Review of Psycho-Analysis, 11*, 161-179.

Glover, E. (1955). *The technique of psycho-analysis*. New York, NY: International Universities Press.

Gomez, L. (1997). *An introduction to object relations*. London, UK: Free Association Books.

Greenberg, J. R., & Mitchell, S. A. (1983). *Object relations in psychoanalytic theory*. Cambridge, MA: Harvard University Press.

Greenson, R. R. (1967). *Technique and practice of psychoanalysis* (Vol. I). New York, NY: International Universities Press.

Greenson, R. R. (1971). The real relationship between the patient and the psychoanalyst. In M. Kanzer (Ed.), *The unconscious today* (pp. 213-232). New York, NY: International Universities Press.

Greenson, R. R. (1992). Problem of termination. In R. R. Greenson, A. Sugarman, R. A. Nemiroff, & D. P. Greenson (Eds.), *The technique and practice of psychoanalysis (Vol. II): A memorial volume to Ralph R. Greenson*. Madison, CT: International Universities Press.

Hall, C. S. (1979). *A primer of Freudian psychology*. Cleveland and New York, NY: World Pub. Co.

Hall, C. S., & Lindzey, G. (1970). *Theories of personality* (2nd ed.). New York, NY: John Wiley & Sons.

Hall, G. S. (1923). *Life and confessions of a psychologist*. New York, NY: D. Appleton and Co.

Hamilton, N. G. (1988). *Self and others: Object relations theory in practice*. New York, NY: Jason Aronson.

Hartmann, H. (1950). Comments on the psychoanalytic theory of the ego. *The Psychoanalytic Study of the Child, 5*(1), 74-96.

Hartmann, H. (1958). *Ego psychology and the problem of adaptation*. New York, NY: International Universities Press.

Hartmann, H. (1964). *Essays on ego psychology*. Madison, CT: International Universities Press.

Heimann, P. (1950). On countertransference. *International Journal of Psychoanalysis, 31*, 81-84.

Hinshelwood, R. D. (1991). Psychodynamic formulation in assessment for psychotherapy. *British Journal of Psychotherapy, 8*(2), 167-174.

Hurn, H. T. (1971). Toward a paradigm of the terminal phase: The current status of the terminal phase. *Journal of the American Psychoanalytic Association, 19*, 332-348.

Jacobs, M. (1992). *Sigmund Freud*. London, UK: Sage.

Jacobson, E. (1964). *The self and the object world*. Madison, CT: International Universities Press.

Jacobson, E. (1971). *Depression: Comparative studies of normal, neurotic, and psychotic conditions*. New York, NY: International Universities Press.

James, C. (2014). *Fun and philosophy: Community education*. Retrieved from https://reurl.cc/VXrAjN

Kernberg, O. F. (1975). *Borderline conditions and pathological narcissism*. New York, NY: Jason Aronson.

Kernberg, O. F. (1995). Psychoanalytic object relations theories. In B. Moore & B. D. Fine (Eds.), *Psycho-analysis: The major concepts* (pp. 450-462). New Haven, CT: Yale University Press.

Klein, M. (1946). Notes on some schizoid mechanisms. *The International Journal of Psychoanalysis, 27*, 99-110.

Klein, M. (1952). Some theoretical conclusions regarding the emotional life of the infant. In *The writings of Melanie Klein (Vol. 8): Envy and gratitude and other works* (pp. 61-94). London, UK: Hogarth Press.

Klein, M. (1955). The psychoanalytic play technique. *American Journal of Orthopsychiatry, 25*(2), 223-237. https://doi.org/10.1111/j.1939-0025.1955.tb00131.x

Kohut, H. (1971). *The analysis of the self: A systematic approach to the psychoanalytic treatment of narcissistic personality disorders*. New York, NY: International Universities Press.

Kohut, H. (1977). *The restoration of the self*. New York, NY: International Universities Press.

Kohut, H. (1979). The two analyses of Mr. Z. *International Journal of Psychoanalysis, 60*, 3-27.

Kohut, H. (1984). *How does analysis cure?* Chicago, IL: University of Chicago.

Kohut, H. (2010). On empathy. *International Journal of Psychoanalytic Self Psychology, 5*(2), 122-131. doi:10.1080/15551021003610026

Kohut, H., & Wolf, E. S. (1978). The disorders of the self and their treatment: An outline. *The International Journal of Psychoanalysis, 59*(4), 413-425.

Kramer, R. (1995a). The "bad mother" Freud has never seen: Otto Rank and the birth of object-relations theory. *Journal of the American Academy of Psychoanalysis, 23*(2), 293-321.

Kramer, R. (1995b). The birth of client-centered therapy: Carl Rogers, Otto Rank, and "The Beyond". *Journal of Humanistic Psychology, 35*(4), 54-110.

Kris, E. (1956). On some vicissitudes of insight in psychoanalysis. *International Journal of Psycho-Analysis, 37*, 445-455.

Langs, R. (1973). *The technique of psychoanalytic psychotherapy* (Vol. 1). New York, NY: Jason Aronson.

Langs, R. (1989). *Rating your psychotherapist*. New York, NY: Ballantine Books

Levine, S. S. (1996). *Useful servants: Psychodynamic theories from a clinical perspective*. Northvale, NJ: Jason Aronson.

Malan, D. H. (1979). *Individual psychotherapy and the science of psychodynamics*. London, UK: Butterworth-Heinemann.

McLaughlin, J. T. (1995). Resistance. In B. E. Moore & B. D. Fine (Eds.), *Psychoanalysis: The major concepts*. New Haven, CT: Yale University Press.

McLeod, S. A. (2017). *Psychodynamic approach*. Retrieved from https://reurl.cc/N6kvbQ

McWilliams, N. (2004). *Psychoanalytic psychotherapy: A practitioner's guide*. New York, NY: Guilford Press.

Megele, C. (2017). *Introduction to psychodynamic theory and relationship-based practice for social workers*. Retreived from https://reurl.cc/0O5AKx

Meissner, W. W. (1991). *What is effective in psychoanalytic therapy: The move from interpretation to relation*. Northvale, NJ: Jason Aronson.

Menninger, K. A. (1958). *Theory of psychoanalytic technique*. New York, NY: Basic Books.

Mitchell, J. (1986). *The selected Melanie Klein*. New York, NY: Free Press.

Mitchell, S. A., & Black, M. J. (1995). *Freud and beyond: A history of modern psychoanalytic thought*. New York, NY: Basic Books.

Moore, B. E., & Fine, B. D. (Eds.) (1990). *Psychoanalytic terms and concepts*. New Haven, CT: Yale University Press.

Munroe, R. L. (1955). *Schools of psychoanalytic thought*. New York, NY: The Dryden Press.

Nersessian, E., & Kopff, R. G. (1996). *Textbook of psychoanalysis*. Washington, DC: American Psychiatric Press.

Novick, J. (1982). Termination: themes and issues. *Psychoanalytic Inquiry, 2*(3), 329-365.

Nunberg, H. (1933). The theoretical basis of psycho-analytic therapy. In S. Rorand (Ed.), *Psycho-analysis today: Its scope and function*. London, UK: George Allen & Unwin.

Ogden, T. (1986). *The matrix of the mind: Object relations and the psychoanalytic dialogue*. London, UK: Routledge.

Ornstein, P. H., & Kay, J. (1990). Development of psychoanalytic self psychology: A historical-conceptual overview. In A. Tasman, S. M. Goldfinger, & C. A. Kaufmann (Eds.), *Review of psychiatry* (pp. 303-322). Washington, DC: American Psychiatric Press.

Paolina, T. J. (1981). *Psychoanalytic psychotherapy: Theory, technique, therapeutic relationship, and treatability*. New York, NY: Brunner-Routledge.

Pear, R. (1992). M. D. make room for others in ranks of psychoanalysts. *New York Times, August*, C.12. Late Edition (East Coast).

Peterfreund, H. M. (1973). *The analytic process: How patient and therapist com-*

*municate*. Chicago, IL: Aldine.

Pine, F. (1988). The four psychologies of psychoanalysis and their place in clinical work. *Journal of the American Psychoanalytic Association, 36*, 571-596.

Pomerleau, O. F. (1979). Behavioral medicine: the contribution of the experimental analysis of behavior to medical care. *American Psychologist, 34*, 654-663.

Pulver, S. E. (1995a). Psychoanalytic process and mechanisms of therapeutic change. In B. E. Moore & B. D. Fine (Eds.), *Psycho-analysis: The major concepts* (pp. 81-94). New Haven, CT: Yale University Press.

Pulver, S. E. (1995b). The technique of psychoanalysis proper. In B. E. Moore & B. D. Fine (Eds.), *Psychoanalysis: The major concepts*. New Haven, CT: Yale University Press.

Racker, H. (1968). *Transference and countertransference*. London, UK: Hogarth Press.

Rangell, L. (1954). Similarities and differences between psychoanalysis and dynamic psychotherapy. *Journal of the American Psychoanalytic Association, 2*, 734-744. https://doi.org/10.1177/000306515400200411

Rangell, L. (1966). An overview of the ending of an analysis. In *Psychoanalysis in the Americas* (pp. 141-165). New York, NY: International Universities Press.

Reich, A. (1950). On the termination of analysis. *The International Journal of Psycho-Analysis, 31*, 179-183.

Reich, A. (1960). Further remarks on countertransference. *International Journal of Psychoanalysis, 41*, 389-395.

Reik, T. (1948). *Listening with the third ear: The inner experience of a psychoanalyst*. New York, NY: Farrar, Straus & Co.

Sandler, J., Dare, C., & Holder, A. (1992). *The patient and the analyst: The basis of the psychoanalytic process*. Revised and expanded by J. Sandler and A.U. Dreher. London, UK: Karnac.

Schafer, R. (1983). *The analytic attitude*. London, UK: Routledge.

Scharff, D. E. (Ed.) (1995). *Object relations theory and practice: Introduction*. New

York, NY: Jason Aronson.

Schimek, J. G. (1983). The construction of the transference: The relativity of the "here and now" and the "there and then". *Psychoanalysis and Contemporary Thought, 6*, 435-456.

Schwartz, J. (1999). *Cassandra's daughter: A history of psychoanalysis*. New York, NY: Viking.

Segal, H. (1981). *Melanie Klein* (Penguin modern masters). New York, NY: Penguin Books.

Sharpe, E. F. (1947). The psychoanalyst. *International Journal of Psycho-Ananlysis, 28*, 1-6.

Siegel, A. M. (1996). *Heinz Kohut and the psychology of the self.* London, UK: Routledge.

Single, J. L. (1985). Transference and the human condition: A cognitive-affective perspective. *Psychoanalytic Psychology, 2*(3), 189-219.

Spence, D. P. (1982). *Narrative truth and historical truth: Meaning and interpretation in psychoanalysis*. New York, NY: W. W. Norton.

Spitz, R. A. (1946). Hospitalism: A follow-up report on investigation described in volume I, 1945. *The Psychoanalytic Study of the Child, 2*(1), 113-117. https://doi.org/10.1080/00797308.1946.11823540

Spitz, R. A. (1965). *The first year of life: A psychoanalytic study of normal and deviant development of object relations*. New York, NY: International Universities Press.

St. Clair, M. (2004). *Object relations and self psychology: An introduction* (4th ed.). New York, NY: Cengage Learning.

Stone, L. (1961). *The psychoanalytic situation: An examination of its development and essential nature*. New York, NY: International Universities Press.

Stone, L. (1995). Transference. In B. E. Moore & B. D. Fine (Eds.), *Psychoanalysis: The major concepts*. New Haven, CT: Yale University Press.

Strachey, J. (1934). The nature of the therapeutic action of psychoanalysis. *The In-*

*ternational Journal of Psychoanalysis, 15*, 127-159.

Strachey, J. (1937). Symposium on the theory of the therapeutic results of psychoanalysis. *International Journal of Psycho-Analysis, 18*, 139-145.

Strozier, C. (2004). *Heinz Kohut: The making of a psychoanalyst*. New York, NY: Other Press.

Teicholz, J. G. (1978). A selective review of the psychoanalytic literature on theoretical conceptualizations of narcissism. *Journal of the American Psychoanalytic Association, 26*(4), 831-861.

The Freud Folder. (2015). *The schools of psychoanalysis*. Retrieved from https://reurl.cc/6l16QV

Thomas, J. (2020). Who is the father of modern psychology and why does it matter. Retrieved from https://reurl.cc/Y62g3l

Ticho, E. A. (1972). Termination of psychoanalysis: Treatment goals, life goals. *Psychoanalytic Quarterly, 41*, 315-333.

Tuttman, S. (1985). Edith Jacobson's major contributions to psychoanalytic theory of development. *The American Journal of Psychoanalysis, 45*, 135-147.

Waelder, R. (1936). The principle of multiple function: Observations on over-determination. *The Psychoanalytic Quarterly, 5*, 45-62.

Weigert, E. (1952). Contribution to the problem of terminating psychoanalyses. *The Psychoanalytic Quarterly, 21*, 465-480.

Weinberg, G. (1996). *The heart of psychotherapy: A journey into the mind and office of a therapist at work*. New York, NY: St. Martin's Press.

Weinshel, E. M. (1992). Therapeutic technique in psychoanalysis and psychoanalytic psychotherapy. *Journal of the American Psychoanalytic Association, 40*(2), 327-347.

White, J. (2008). Pluralism in contemporary psychoanalysis: Theory and practice. *British Journal of Psychotherapy, 24*(2), 138-150.

White, M. T., & Weiner, M. B. (1986). *The theory and practice of self psychology*. New York, NY: Brunner/Mazel.

Willemsen, J., Cornelis, S., Geerardyn, F. M., Desmet, M., Meganck, R., Inslegers, R., & Cauwe. J. M. (2015). Theoretical pluralism in psychoanalytic case studies. *Frontiers in Psychology, 6*, 1466. Retrieved from https://reurl.cc/e8eRkK

Winnicott, D. W. (1953/1951). Transitional objects and transitional phenomena: A study of the first not-me possession. *International Journal of Psycho-Analysis, 34*, 89-97.

Winnicott, D. W. (1960a). Countertransference. *British Journal of Medical Psychology, 33*, 17-21.

Winnicott, D. W. (1960b). The theory of the parent-infant relationship. *International Journal of Psycho-Analysis, 41*, 585-595.

Winnicott, D. W. (1965). *The maturational processes and the facilitationg environment*. New York, NY: International Universities Press.

Winnicott, D. W. (1971). *Playing and reality*. London, UK: Tavistock Publications.

Wolstein, B. (Ed.) (1988). *Essential papers on countertransference*. New York, NY: New York University Press.

Zaretsky, E. (2004). *Secrets of the soul: A social and cultural history of psychoanalysis*. New York, NY: Alfred A. Knof.

# 中文索引

## 二劃



## 三劃



## 四劃



## 五劃

## 六劃



## 七劃

## 八劃



## 九劃



## 十劃

## 十一劃



## 十二劃

## 十三劃



## 十四劃



## 十五劃



## 十六劃



## 十七劃

## 十八劃以上



# 英文索引

國家圖書館出版品預行編目（CIP）資料

精神分析治療的理論與實務／林家興編著. -- 初版.--
新北市：心理出版社股份有限公司，2021.02
面；　公分. --（心理治療系列；22176）
ISBN 978-986-191-943-0（平裝）

1.精神分析學 2.精神分析治療法

175.7　　　　　　110000711

心理治療系列 22176

精神分析治療的理論與實務

編 著 者：林家興
責任編輯：郭佳玲
總 編 輯：林敬堯
發 行 人：洪有義
出 版 者：心理出版社股份有限公司
地　　址：231026 新北市新店區光明街 288 號 7 樓
電　　話：(02) 29150566
傳　　真：(02) 29152928
郵撥帳號：19293172　心理出版社股份有限公司
網　　址：https://www.psy.com.tw
電子信箱：psychoco@ms15.hinet.net
排 版 者：辰皓國際出版製作有限公司
印 刷 者：辰皓國際出版製作有限公司
初版一刷：2021 年 2 月
I S B N：978-986-191-943-0
定　　價：新台幣 420 元